商业地产实战精粹
——项目规划与工程技术

邓国凡　杨明磊　杜　伟　编著

中国建筑工业出版社

图书在版编目（CIP）数据

商业地产实战精粹——项目规划与工程技术 / 邓国凡，杨明磊，杜伟编著 . —北京：中国建筑工业出版社，2015.9

ISBN 978-7-112-18412-5

Ⅰ.①商… Ⅱ.①邓…②杨…③杜… Ⅲ.①城市商业—房地产开发 Ⅳ.①F293.35

中国版本图书馆CIP数据核字（2015）第202909号

本书作者根据多年从事地产业所积累的实战经验，并参考国内外知名地产企业的建造标准，从规划设计、施工、成本控制、招商、运营管理等方面综合阐述了商业地产项目的规划设计和工程技术问题，可作为商业项目从业人员的技术标准或设计指导之用。

本书内容主要包括：商业地产规划设计总述，建筑、结构设计和施工控制，装饰装修设计与施工控制，机电系统的实施要点，商业项目交房条件，部分租户的租赁条件和交房要求参考，参考资料等。

本书可供商业地产从业人员及设计、成本控制、施工管理人员使用和借鉴，也可供有志于从事商业地产的人士参考。

责任编辑：朱晓瑜
责任设计：董建平
责任校对：李欣慰　关　健

商业地产实战精粹
——项目规划与工程技术
邓国凡　杨明磊　杜　伟　编著

*

中国建筑工业出版社出版、发行（北京西郊百万庄）
各地新华书店、建筑书店经销
北京京点图文设计有限公司制版
北京画中画印刷有限公司印刷

*

开本：787×1092毫米　1/16　印张：17¾　字数：307千字
2015年11月第一版　2015年11月第一次印刷
定价：**48.00**元
ISBN 978-7-112-18412-5
　　　（27663）

版权所有　翻印必究
如有印装质量问题，可寄本社退换
（邮政编码　100037）

序

　　在商业地产行业工作就好似在复杂的拼图里找线索。例如，一名建筑师，他／她必定会困惑于一个问题，已经完成一半的建筑物和机电系统为什么必须修改，而且代价高昂，一遍一遍地修改直到项目竣工。又如，一名基金经理，他／她同样困惑，他和他的团队成员做出的且被团队一致认可的数据模型（已经修改至第30个版本）不得不被CEO无情地否认，其否认的根据是商场主管的多次拒绝，拒绝的理由是不符合城市的消费文化。

　　变化是商业地产的不可或缺的一部分，这一特点比其他开发业态更为明显。随着互联网消费的急剧上升，商业项目不但需要应对本行业的竞争、市场的发展变化、运营管理的要求，同时还需要应对互联网对商业地产的影响。

　　作者已充分知晓了上述商业地产行业的运作规则。他独特的优势是亲身经历过商业地产行业内的诸多细分行业，充分了解它的开发模式、运行模式、物业管理模式及其特点。比如，商业项目规划设计不同阶段的工作重点是什么？商场动线设计应遵循什么原则？店铺分隔又有哪些禁忌和策略？商场的精装修如何既满足项目的定位和功能需求，又能提升项目的整体格调？扶梯安全、人性化设计应重视哪些方面？如何实现绿色节能目标？如何为招商和运营创造更多的扩展空间，以应对商业项目的潜在变化。在许多商场中出现的相同错误如何避免？对于商场入口处，在满足消防疏散要求的前提下达到防风防寒、雨雪天气地面的防滑和防污染，有没有更好的解决方案呢？

这本书中包含了上述所有问题的答案。这是一本杰出的著作，反映了作者掌握的大量详实的第一手资料，丰富而且全面的商业地产工作经验。这本书是商业地产行业的"圣经"。书中描述如此细致，甚至连当地设计机构的设计师和工程师都必须拥有它。我必须说，这本书涵盖了商业项目的方方面面，堪称每一位商业地产业界内专业人士必须长期拥有的著作。

张耀光
董事总经理
股权投资基金

Preface

Working in the Retail Industry is like working at a complex set of jigsaw puzzle. One may start as a construction person, and he/she must be wondering why part of the semi-completed structure and MEP system has to be modified at a considerable cost, only to be modified again towards the completion of the project. Or one may start as a asset manager where his team-accepted financial model (already into its 30th revision) has to be torn apart by the CEO, only to be rejected again when the mall director says it cannot fit into the city's consumption culture.

Change is part and parcel of the Retail Trade, more so than any other development types. It is particularly felt with the surge of internet purchase. Supermarket operators are scrambling, clothing brands are reviewing their strategies quarterly.

The Writer is fully aware of the above-mentioned retail conditions. He has the unique advantage of personally moving through many trades inside Retail to understand the Why's and the When's and the How's. Why does mall design have to be guided by a set of circulation pattern principles? What makes a good design concept? When do you need to make what decisions? How do you not make the same mistakes seen in many malls? A good example of the same mistake is the treatment of winter air at the entrances. What is the solution?

This book is thick with all the answers. It is a splendid compilation of information that reveals the work of a person who has truly, on a first hand basis, experienced the full spectrum of work in Retail. It is the "bible" of Retail, so detailed in description even the local design institute architects and engineers will be floored. I must conclude that this all-in-one book is a retail document all specialists must have with them at all times.

Cheong Yew Kwong
Managing Director
Penta Global Advisers Ltd. Penta

前言

商业地产行业经过最近几年的高速发展，已经渐渐趋于平稳，未来将向专业化、精细化方向发展，这就对商业地产的从业人员有了更高的要求，需要有更丰富的从业经验、精湛的专业技术和对行业更高的忠诚度。

商业地产与住宅项目无论是从功能区别、地段区别、客户区别、操作复杂性区别，还是运营管理（物业管理）、专业性程度等方面都有很大的不同，且商业地产要求更高。其中最大的差别是，前者建设过程中及建成后会经历多次的修改、调整和升级，而住宅则大多属于一次性建设。

本书从规划设计、施工、成本控制、招商、运营管理等方面综合考虑项目的规划设计和工程技术问题，并且各专业之间联系紧密，而不是仅从其中的某一个角度思考问题，所以希望读者在读此书时能够综合各专业全方位地考虑。

全书共分为7个章节，由商业地产规划设计总述，建筑、结构设计和施工控制，装饰装修设计与施工控制，机电系统的实施要点，商业项目交房条件，部分租户的租赁条件和交房要求参考及参考资料等内容组成。

本书的雏形来源于我们项目团队在2011年编制的技术标准（编制时参考了一些国内外知名商业地产的行业建造标准）。其中，暖通空调专业由李明纲编制、消防水和给排水专业由王哲和李明纲共同编制、综合布线和安防系统由孔令志和邓国凡共同编制，其他部分由邓国凡编制，杨明磊进行统筹审核。该技术标准在之后的项目实践中得到了很好的运用，并取得了良好的效果。

随着商业地产行业的高速发展和工程技术的快速更新，原来的技术标准已经远远不能够适应行业需求，因此在2015年初，本人萌发了要将原技术标准进行重新编制的念头，经过几个月的整理、修改最终形成了本书。期间杨明磊对全书的编写过程进行了把控，对各章节内容进行审核和调整，杜伟提供了全书的图纸和部分图片及后期的审核工作。

经验只有分享之后才是经验，否则只是经历，也只有通过分享和再次实践的过程之后才更具有普遍性，希望能够与大家共同分享与探讨，共同勉励、共同提高。

本书仅是作者依托所经历的项目，并参考一些优秀资料进行综合整理和总结，很多观点仅为个人的理解和实践经验，难免有诸多谬误，在此恳请大家谅解并能提出宝贵意见，不胜感激。

目 录

第1章 商业地产规划设计总述 /1

1.1 商业地产概论 /2
1.2 商业地产项目策划 /9
1.3 商业项目设计要义 /14

第2章 建筑、结构设计和施工控制 /23

2.1 交通组织、商业动线及业态细分原则 /24
2.2 结构荷载及层高要求 /32
2.3 结构类型、柱网、梁高策略 /34
2.4 项目预降板的位置要求 /35
2.5 地下停车场和人防的设计和施工控制策略 /36
2.6 室外广场规划设计和施工注意点 /42
2.7 外立面的设计和施工要求 /50
2.8 商业项目的无障碍设计 /53
2.9 商业项目功能区域的划分和设计 /55
2.10 附属房间及功能区域配比指标 /62
2.11 功能区域装修标准列表 /63
2.12 商业项目的防水要求 /65
2.13 扶梯、步道梯、飞梯、升降电梯设置及控制 /65

第3章 装饰装修设计与施工控制 /87

3.1 装饰装修项目和控制重点 /88
3.2 商业项目公共区域的天地墙柱的实施要点 /90
3.3 商业项目主次入口的装饰装修项目控制 /105
3.4 商业项目中庭涉及的内容和注意事项 /107
3.5 商场卫生间设计和施工控制要点 /109
3.6 商业项目广告系统的设置和控制要点 /117
3.7 标识和导引系统的设置和控制要点 /120
3.8 商场卷帘门、挡烟垂壁分类及控制要点 /122
3.9 装饰装修项目金属构件的防锈、防腐处理要求 /136
3.10 装修范围内机电设施检修条件的预留和考虑 /136
3.11 室内装饰工程材料要求 /138
3.12 管理办公室的设置标准 /140

第4章 机电系统实施要点 /143

4.1 机电系统设计要求 /144
4.2 暖通空调系统的设计、施工控制要点 /146
4.3 消防系统分类及控制要点 /163
4.4 给水系统设计和施工控制 /174
4.5 雨、排水系统设计和施工控制 /178
4.6 天然气系统设计要求 /182
4.7 强电系统分类及设计施工控制要点 /183
4.8 弱电系统分类及建造要求 /200
4.9 节能项目（选择性项目）——中水和太阳能热水 /227

第5章 商业项目租户交房条件 /229

5.1 通用交房条件 /230
5.2 租赁线上的机电管线要求 /230
5.3 末端机电设施要求 /231
5.4 建筑和装修要求 /232
5.5 交房图 /233

第 6 章 部分租户租赁条件和交房要求参考 /235

    6.1   健身类 /236

    6.2   KTV 与影院 /236

    6.3   电器卖场 /238

    6.4   餐饮类 /239

    6.5   面包、冷饮、咖啡类 /243

    6.6   普通店铺 /245

    6.7   品牌店铺 /247

    6.8   冰场与滑雪场 /249

参考资料 /255

    附图一：空调风系统示意图 /257

    附图二：空调水系统示意图 /258

    附图三：防排烟系统示意图 /259

    附　　表：某项目 BMS 系统监控功能点位表 /260

后记 /272

Chapter 1

第1章
商业地产
规划设计总述

Commercial Real Estate Planning Overview

作为大型商业项目，必须具有易达性。在满足交通先行原则的同时，还需要有合理的交通组织和足够的停车位，使购物者在交通上花费的时间和精力最少，避免因交通和停车问题导致顾客流失。其次根据交通工具的不同，应有不同的交通组织和停车方式。

1.1　商业地产概论

近年来,商业地产方兴未艾,国际及国内知名开发商前赴后继地投入形态各异的商业地产开发中来,国内一线、二线乃至三、四线城市的商业地产开发仍在轰轰烈烈地进行中。诚然,一个成功的商业地产项目不是单纯靠开发商的知名度和资金投入的简单堆砌就可以取得必然的成功。开发商良好的企业文化沉淀和优秀的管理团队是商业项目成功的必备条件。然而,是否能在理性的效益分析和充足资金准备下,依托严格的项目选址进行合理的定位和规划,并在此基础上进行精细的设计和优良的项目建设,会对项目本身及后期运营产生重大的影响。谓曰"欲善其事,先利其器"。必然的是一个商业地产项目的成功除却以上条件外,还需要卓有成效的招商和不容忽视的运营管理。

商业地产所涵盖的范围非常广泛(图1-1),大致可以分为交通设施商业(如:地铁商业、机场商业、车站商业等)、商业购物中心(如综合商场、商业街等)、市场型商业(如:专业市场和批发市场)、社区型商业、底商型商铺、写字楼和酒店等,本书中所介绍的内容主要针对商业购物中心项目(文中简称商业项目)。

图1-1　商业地产项目分类

纵观未来的商业地产发展趋势,主要会朝如图1-2所示的几个方向发展。

图 1-2 商业项目发展趋势

同时,在贯穿商业开发和运营的全寿命周期内我们至少应考虑和关注如下的一些方面。

1.1.1 商业地产开发运营涉及的四个利益体

见图 1-3。

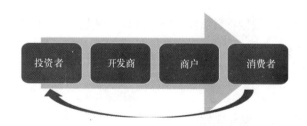

图 1-3 商业项目开发涉及的四个利益体及其之间的关系

1.1.2 贯穿商业地产全过程的三种行为

见图 1-4。

图 1-4 贯穿商业地产开发的三种行为

1.1.3 商业地产在开发和运用中涉及的三个层级

见图 1-5。

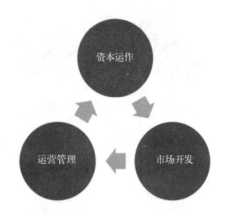

图 1-5 商业地产在开发和运用中涉及的三个层级

1.1.4 商业项目的模式

商业项目的模式可根据项目建设、物业持有、招商运营、物业管理等进行划分。

1. 项目建设模式

从开发商的角度，商业项目可以分为自建和代建两种方式。

（1）自建

即开发商自己投资开发和建设商业项目。

（2）代建

1）定制代建：投资人提出建造标准、功能需求、投资限价，委托开发单位进行商业项目的建设。开发单位根据投资人的要求进行项目选址和项目建设，投资人按照项目的进度和合同约定支付对价款项，项目建设完成，投资人按照合同造价支付全部对价，项目移交完毕。开发单位获取利润的途径，主要是专业的项目开发和管理、建设成本控制、资源整合等。

2) 融资代建：目前比较热门的一种代建概念（众筹和轻资产模式），即由投资商或投资人出资，由开发商拿地、开发和运营管理，所得收益由投资人和开发商按约定分成。

对于开发商而言，代建模式可以减轻资金压力，转移投资风险。

2. 项目物业持有模式

根据开发商和投资人对建设项目物业的处理方式，可以分为自持、销售和自持销售结合模式。

（1）自持

投资人持有项目物业的产权，项目建成后，将物业以出租或联营的形式获得项目的投资回报。

同时还享受物业升值所带来的红利。

其缺点是，投资回收期长，前期资金压力大。要求开发商资金充裕、有良好的现金流。

（2）销售

投资人将所开发建设物业的产权进行销售，以获取投资回报，其优点是能够快速地回收投资并获得投资收益。对于销售后的物业处理有两种情况：

1) 完全销售，投资人将商业物业出售，由购买者将商业物业自行出租。

2) 出售后返租，投资人将商业物业出售后，从购买者处将商业物业返租，由投资人对商业物业进行出租和经营。

（3）持有和销售组合

即投资人将所开发商业的一部分产权自行持有，另一部分产权进行销售。

这种模式可以为投资商快速地回收部分投资，并利用回收的资金进行滚动开发。

3. 对持有物业的经营行为

从投资人或开发商对持有物业（或返租物业）的经营行为，可以分为自营、出租、联营三种模式。

（1）自营

投资商将所持有的物业全部或部分进行开店经营。

（2）出租

投资人将所持有的物业全部或部分进行出租，并收取租金。

(3) 联营

1) 营业额分成（扣点）

商户租赁项目物业进行商业经营活动，商户不支付或者支付部分租金，物业持有人按约定的比例从商户的经营所得中扣除部分营业额，作为物业租金，所以扣点也应属于联营的一种方式。

其优点是：商户的经营效益高时，物业持有人可以同样获得较大的佣金。在项目的培养期，租户的租金压力较小，有利于稳定租户。

2) 利润分成

开发商为了引进项目、吸引和稳定租户，通常会与一些较大规模的主力店铺进行联营，即开发商和租户共同投资兴建项目，经营所得的收益按约定分成。

这种做法因与租户共担风险，且都是一些主力店铺（如冰场、演艺厅、影院等），对项目的推广、运营、升值有一定的帮助。

4. 商业项目的推广与物业管理模式

根据投资人或开发商对持有物业（或返租物业）的管理方式，可以分为自管和托管两种模式。

(1) 自管

物业产权单位(持有人)成立专门的管理公司或团队进行商业项目的招商、运营、推广和物业管理等工作。

其优点是：能够很好地把控项目，有利于项目的推广及品牌价值提升。

(2) 托管

1) 全部托管

物业产权（持有人）将商业项目全部委托给专业的商业管理公司进行商业项目后期的招商、运营、推广和物业管理等工作。

2) 部分托管

物业产权（持有人）将商业项目的运营和物业管理委托给专业的管理公司进行管理，而自行对商业项目的招商、推广进行管理和控制。

一个成功的商业项目，是由投资者和开发单位根据自身的具体情况结合项目特色，将上述各种模式进行合理组合后的结果。

1.1.5 商业地产项目需要做到的三吸引

见图1-6。

图1-6 商业地产三吸引

一个成功的商业地产项目应至少达到或超越下述需求：

(1) 吸引顾客——商业效益成功的要领

1) 如何吸引顾客和消费者。

2) 如何提升项目的滞客能力。

3) 如何提升顾客的消费欲望。

4) 如何培养顾客的忠实度。

(2) 吸引商户——商业项目招商成功的要点

1) 项目的定位、品质和吸客能力。

2) 主力租户和品级规划。

3) 同类业态的比例，排他策略。

4) 项目对租户的支持策略和力度。

5) 项目商（租）户对关注和需求的理解程度。

(3) 吸引投资者——商业项目的盈利要素

1) 商业物业的外部条件对项目是否有利，或者是否创造了或采取了对项目有利的策略和方案。

2) 项目市场定位是否适宜周边的消费群体和客户群体。

3) 商业营销推广策略。

4) 开发商和经营者的实力（包括工程、招商、运营管理团队）。

5) 商业项目的运营及管理服务。

6) 投资人的投资回报率。

1.1.6 商业项目运营和提升循环

商业项目运营阶段至少应满足图1-7所示四方面的要求，并不断地提升和改善，使得项目能满足顾客和投资方的需求。

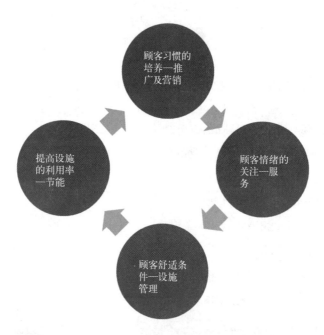

图1-7 商业地产项目运营升级循环

1.1.7 商业项目的开发和升级循环

随着市场的发展变化，商业项目的全寿命周期内会经历多次的升级和调整，其规律应是图1-8所示的不断循环和升级，使得项目始终能够适应市场的发展变化。

图1-8 商业地产开发及品种升级循环规律

因此,一个成功的商业项目需要多方面资源的整合,除了天时地利之外,拥有优秀的管理团队对于商业项目的成败来说至关重要。

1.2 商业地产项目策划

1.2.1 项目信息资料

商业项目的成功至少取决于5方面的因素,即项目区位(选址)、项目定位与规划、项目设计和施工、项目招商、运营管理。为了能准确地定位和规划,在定位和规划之前,必须对项目周边的信息做详细的调研和分析,建议包括下述内容。

1. 项目所在城市主要经济指标

采集的信息有(数据采集时间段,建议至少前一年度):项目所在地的城市GDP、商业GDP、人均GDP、人均月收入、可支配收入、恩格尔系数、人口总量、分布、年龄结构、性别结构、就业状况、城市机动车保有量(私家车、计程车、公交线路等)。

2. 项目所在城市商圈状况分析

调研和分析的内容有:

(1) 商圈结构组织:商圈的建成时间及演变过程时间节点。

(2) 商圈现状:布局、规模、店铺数量、各业态数量、租金水平。

(3) 商圈的主要消费特点：品类数量占比、业态数量配比、租金水平分段占比。

3. 项目周边个案分析

调研和分析的信息有（选取原则，对类似项目进行分析）：整体规模、业态结构、业态配比；租金水平、营业情况、坪效；辅助及配套设施情况、在建新项目调查与分析。

1.2.2 项目策划

作为大型商业项目，在项目定位和规划时需要考虑的事项至少应包含如下内容。

1. 项目分析

(1) 商圈容量测算、客户群体分析、消费能力分析、竞争对手分析、未来商业预测分析；

(2) 项目周边的环境、交通组织、配套设施调研和分析；

(3) 拟建项目的 SWOT 分析和经济分析等。

2. 项目体量和客户群体定位

在经过上述市场调查和分析研究后，根据选址情况确定项目的规模和客户群体定位，这就需要对周边商圈的饱和指数和商圈内的消费群体进行分析。其中饱和指数表明一个商圈所能支持商业的最大数量。

(1) 饱和指数分析参考

1) 商圈的消费饱和指数计算：

$$TRS = C \cdot RE / RF$$

式中，TRS——饱和指数；

C——商圈内的潜在顾客数目；

RE——商圈内消费者人均消费支出；

RF——商圈内商店的总营业面积。

如：假设在商圈内有 10 万个家庭；每周在消费中支出 300 元人民币，共有 15 个店铺在商圈内，共有 500000m² 商业面积，则该商圈的饱和指数为：

$$TRS = 100000 \times 300 / 500000 = 60$$

假设在商圈内有 10 万个家庭，每周在消费中支出 300 元人民币，共有 10 个店铺在商圈内，共有 400000m² 的商业面积，则该商圈的饱和指数为：

$$TRS = 100000 \times 300 / 400000 = 75$$

由上式得知，IRS 越大，则意味着该商圈内的饱和度越低，该数字越小则意味着该商圈内的饱和度越高，应选择零售饱和指数较大的商圈开店。

注：饱和指数与所在城市的人均 GDP 有着密切的关系，在实际操作中根据不同城市应取值不同，该内容不属于本书的研究范围此处不做详述。

2) 商圈的人均饱和商业面积计算：

按照城市人均 GDP 进行计算，即：一个城市的人均 GDP 超过 3000，人均饱和商业面积是 $1.0m^2/$ 人（随着 GDP 的增长，人均饱和商业面积会大于 1，如北上广深等城市的饱和面积肯定就相应的要大一些）；低于 3000，人均饱和商业面积是 $0.8m^2/$ 人。人均饱和商业面积 = 城镇人口 / 为城镇本地人口服务的商业面积。则：在不超过前述饱和面积指标的情况下，所在商圈的人均饱和面积越小对新开项目越有利。具体项目还需要结合所在区域的经济、收入、实际消费群体、消费特点来综合考虑。

注：人均饱和商业面积与所在城市的人均 GDP 有着密切的关系在实际操作中根据不同城市应取值不同。

(2) 城市商圈与消费客户的关系

应根据商圈周边的消费群体进行分析和计算，以便准确的进行项目业态定位（图 1-9）。

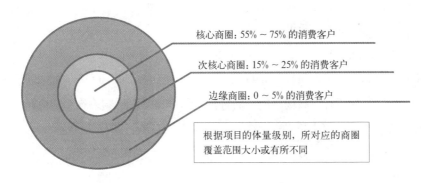

图 1-9　商业地产城市商圈与消费客户分级

关于饱和指数和商圈的计算方式有很多种，上述的饱和指数和商圈消费客户分析仅是城市级商圈计算方式之一（仅供参考），具体项目（城市级商圈、区域型商圈、社区型商圈等）需要根据实际情况结合多种方式并考虑多方面的因素进行综合分析和评估。

3. 拟建项目业态规划

在确定项目体量和业态后，大型商业项目应注重业态规划、细部处理和创新设计意识，以营造富含商业气息的高质量空间，尤其需要注重主要业态的定位和规划，包括业态的结构、规模、空间布局，主要体现在：

（1）针对区域，项目新引入业态的增加及比重。

（2）项目各主力店（包括次主力店）的比邻关系及匹配情况。

（3）项目中各种业态的比例关系及分布情况。

4. 拟建项目与城市总体规划结合的商业规划

项目所在地的城市总体规划中对街道、交通、市政、公共设施、居民住宅以及其他建设和改造规划，将影响项目的近远期的优劣势，甚至成败，所以商业项目规划时需要结合城市总体规划进行综合考虑。

5. 周边环境和市政条件的利用和考虑

在进行商业项目规划设计时应充分了解周边的环境和条件，利用和协调，达到共同升值的目的。目前很多商业项目在做方案设计时仅对红线范围内项目本身进行了详细规划，外部环境完全或部分忽略（在总图中只体现红线内的规划内容），这种做法其实对项目的实际风险和潜在的价值不能够很好地表达。

市政条件是潜在的，是方案阶段最容易忽略的一项，在规划阶段应对市政供电、供水、燃气、供暖、污排水、通信等专业的技术参数、接驳位置、接驳条件等作充分的了解，以便在规划时做出合理的应对方案。

6. 室外广场的设计

对于大型的商业项目而言，室外广场不仅是项目的需要，也是城市空间的需要。

我们经常会看到有些商场在门口临时搭个台子，或是时装表演，或是抽奖促销。跟原来的卖东西方式不同的是，这些活动都是现代商业演化出来的形式。如今已经变成一种模式，所以，商业物业的设计有必要提供这样一个场地。

7. 交通组织

大型商场的交通组织非常复杂，需要考虑的因素有：

（1）交通的易达性

作为大型商业项目，必须具有易达性。在满足交通先行原则的同时还需要有合理的交通组织和足够的停车位，使购物者在交通上花费的时间和精力最少，避免因交通和停车问题导致顾客流失。其次根据交通工具的不同，应有不同的交通组织和停车方式，需要考虑到达项目的交通形式有：

1) 自行车及电动车，大多数城市自行车、电动车是市民出行的主要交通工具之一，商业项目规划时应结合当地实际情况考虑此部分人群的便利性和需求，合理设置非机动车行车道和停车位。

2) 公交车，适合步行出行的消费者，可以借用公交站点或向当地公交管理公司申请站点，以增加消费者的便捷性。

3) 家庭私家车，随着私家车的普及，自驾车购物越来越多，商业项目必须要预留足够的机动车停车位，并考虑车辆能够便捷地进入项目的交通路线（项目停车位配比指标见本书第2章表2–3）。

4) 地铁和轻轨，无论已有还是正在规划中的城市地铁和轻轨，都对项目的开发和经营具有极其重要的价值，所以项目在规划时必须考虑如何将此部分人群快速地引入商业项目。

5) 出租车，在主要出入口要预留出租车的上下客区域，方便消费者搭乘出租车，提高此类人群达到和离开项目的便捷性。

6) 过街通道、天桥，应充分利用市政道路上的过街通道和天桥的引导效果，使之能够便捷的与项目连接，满足人群便捷的进入项目。

(2) 人流、车流、货流

1) 人流：

首先，考虑便捷地将人流引入商场，并往深处引导。因为在商业项目中，只要顾客能够看到、走到的地方就有产生效益的可能。所以，人流引导对大规模商业建筑来说是最重要的因素。可以通过入口、中庭、天窗、天桥等的引导作用来进行人流动向的规划，通过人流动向规划达到店铺的均好性。

接着，需要考虑如何将人流合理的分开，比如设置合理的扶梯和垂直电梯，我们经常会发现很多以前老商场的电梯都很挤，特别是在高峰时期商场各电梯、扶梯处的人流压力非常大，容易造成交通堵塞，甚至发生安全事故。这就是没有对人流进行合理导流的缘故。

2) 车流：

大型城市广场应结合城市主要交通道路设置，根据项目周边交通的复杂程度，为方便客流出入，考虑增设车辆港湾停靠站。

根据实际情况考查当地购物消费出行习惯，在合理设置机动车停车位的同时，还应考虑在项目地上及地下设置较为充足的非机动车停车位；并合理地规划交通路线及出入口的数量、位置、宽度、高度、门厅大小等。

停车场出入口设置时应考虑：地下和地上停车场的出入口设计的合理性；停车场的出入口位置，是否有利于车辆出入的交通组织；通过对地下停车场吞吐能力预测，判断出入口是否可能造成室外路面的交通拥堵，如有必要考虑在适当位置增加出入口，形成便捷的车流动线。

3) 货流：

货运通道及卸货区域的设计应合理，包括：货运通道不应占用商业的临街主通道、卸货区应当设置在背街面，货运通道应能够满足货车的行走及转弯半径要求，货运通道及卸货区不应影响营业期间车辆的通行等。

在项目整体交通组织设计时，必须考虑：项目整体交通组织方面与环境（项目各业态板块间、项目周边的大环境）应合理衔接；大、小交通动线组织（机动车、非机动车、人流），平面、立体（各车道、楼梯、客、货、扶梯等）的动线组织之间应顺畅衔接且不应产生冲突。

1.3 商业项目设计要义

1.3.1 商业项目的设计层次

(1) 第一个层次是项目定位，包括确定项目规模、主要业态、业态配比、主要功能确定等方面。

(2) 第二个层次是项目的概念设计，包括整体规划、建筑体量和造型、交通组织、景观分布等方面。

(3) 第三个层次是功能区划，包括内部业态细分、功能需求（辅助用房、设备用房和机房、垂直交通等）、配套设施等方面。

(4) 第四个层次就是专业设计，即为满足项目的业态、功能需求而涉及的专业设计，商业项目包括建筑、结构、机电、幕墙、装饰装修、景观、市政、交通、停车场、标识指引、广告位（含LED屏）和信息发布、楼体灯光和氛围灯光（包括室外点光源等）、太阳能热水系统、中水处理、虹吸雨水等。

(5) 第五层次是细深化设计和专业整合,并能够将上述专业进行统一整合,来达到功能性和美观性的完美结合。

上述层次的逐步实现过程,是一个从粗放到精细的过程,唯有对整个过程进行严格把控,才是成就一个商业项目的关键。

1.3.2 商业项目设计和施工原则

1. 大型商业物业的空间个性展示

现代商业物业已经不仅仅在外观设计、建筑材料方面进行凸显,还包括用装饰材料、灯箱广告、干花、灯饰、座椅、摆设、垃圾桶、招牌等各种各样的软性装饰进行提升,目的是为了营造商业氛围,并能突显项目特色。这些细部的处理,应与项目定位、展示主题、业态、店铺档次有关。

2. 大型商业物业的建筑尺度考虑

在商业项目里,恰当的建筑尺度更能让人感觉舒服、亲切。为了营造商业气氛,并让消费者对购物环境产生良好的感觉,就需要精心地对商业物业的各种尺度进行把握和设计。

这些尺度应在商业项目的街道宽度、走道宽度、门头高度、天花高度、门洞高度、栏杆扶手高度、洗手台高度、踏步高度、小便器高度、无障碍卫生间等方面无处不在地体现。

我们现今有很多大的商场,设计得雄伟挺秀,颇为美观,但缺乏人情味,所以难以营造出很好的购物环境,不能达到长久牵滞人流的效果。

商业项目要特别强调购物体验,而合适的建筑尺度是最关键的因素之一。所以,我们的商业尺度应能从地域(南北差异、东西差异)、客户层次(年龄层次、消费习惯等)方面体现,而不是一味地模仿和拷贝。

3. 大型商业项目体验感的考虑

随着O2O商业模式的发展和升级,实体商业项目应更加关注顾客的体验感,发挥自身优势,体验消费将是未来一段时期内的发展趋势,所以大型商业在规划和设计过程中需要更多地在体验上下功夫。

体验感可以从业态规划、公共设施、配套功能、购物便捷性、共享空间、推广体验互动等方面进行考虑。

4. 内部空间的可视性设计

对于大型商场，商家应强调内部空间的可视性，加大可视性可以对公共购物产生引导作用。提高商铺的被关注度，减少商场的视觉死角，对后期店铺的租售至关重要。

整个空间可以通过天窗和中庭的变化、人流动线的合理规划，增强顾客的空间位置感和愉悦感，而不是感觉像是进了迷宫。

5. 设计整合达到的最佳效果

作为一个大型商业项目，发展商一般会分别委托不同的公司来做项目的整体规划、建筑设计、机电设计、装修设计、景观设计、标识设计、灯光设计、软装设计、交通设计及一些辅助项目的设计，各专业之间难免会出现重复或者遗漏。这就需要发展商具有非常强的整合能力和辨别能力，或者委托其中的一方（或者专业）进行全局把控（建议前期建筑专业、后期装修专业），方能使项目有条不紊地进行。

在商业项目的实施过程中，设计整合是一个不容忽视的重要工作；切不可任由各设计专业各自为政、尽情发挥，更不可任由开发单位的管理人员在对设计文件的处理上，仅仅是一种上传下达式的传递工作。

6. 项目业态变更的应对策略

因商业项目的特殊性，项目始终会经历招商变动、租户布局调整、业态调整、项目升级等方面的变动，并且很多变动可能是在建设过程中就发生的，所以商业项目的设计人员必须以一种前瞻性和扩展性的视界来思考设计。

目前很多设计单位和发展商在商业项目的前期设计过程中，将项目策划定位阶段的业态图作为建筑、结构、机电等专业的最终设计依据，在此基础上生搬硬套设计规范和标准，而不做其他考虑，这种没有前瞻性的做法显然是不可取的，所以在设计过程中应对各专业进行深刻的讨论和思考，如：

（1）结构：有些租户需要有内部电梯或者挑高层及架空层，还有些租户对结构层高、荷载等有特殊要求，像这些要求是很难在后期予以弥补的，即使能够通过改造实现，也是浪费资源，甚至影响工期。所以在结构设计时就需要有所考虑，如采取的预控措施包括：选择合理的梁板形式、结构层高、降板措施、结构荷载（部分业态和区域的荷载可参考第 2 章表 2-1）、柱网尺寸、预留坑洞等。

（2）建筑：因为业态的调整和变动，会对消防通道、疏散要求、隔墙进行改动或者调整，这就需要在防火分区、消防楼梯、通道的划分及设置上做一些考虑，如：

防火分区划分时预留一些冗余量、疏散楼梯规划成剪刀梯、防火卷帘不占租赁线、分户隔墙采用轻钢龙骨石膏板墙体等。

(3) 机电配套：各种业态的租赁条件会对供水、供电、燃气、电话网络、空调等各有不同的标准和要求。其中餐饮业态对于机电条件的要求就非常高，并且这些条件如果在规划设计时通盘考虑欠妥，将会造成后期变动和大量的拆改；所以为了应对这种变动，目前通常的做法是在规划时加大餐饮业态的比例，且不管最终是否按餐饮进行出租均按餐饮进行机电条件预留，以便能够适应更多的业态，减少业态调整时的拆改。

(4) 与租户工程界面的考虑：考虑商业项目的多变性，应在工程界面上尽量做到灵活，避免后期拆改造成资源浪费，以独立店铺为例，给水排水预留到接驳口和计量表，配电仅需安装计量电表和隔离开关，燃气进户且仅安装完阀门，排油烟仅安装管道和防火阀，租户内的排油烟风机由租户自行提供，墙体施工仅完成分户隔墙即可，内部墙体由租户自行施工等。

7. 招商配合的工作内容

(1) 提供租户工程条件列表：应由设计和工程部门共同向招商部门提供准确的租户工程条件，使招商人员在招商过程中能够清晰地掌握每一租户的详细工程条件，以便快速和准确地回复租户，避免因工程条件含糊不清，影响招商进度，甚至因工程条件不符合而造成拆改。

(2) 工程进度与租赁进度协调：商业项目的施工进度应能够与招商进度相协调，特别是到了后期机电施工、墙体砌筑、精装修等过程，务必与招商团队进行严密的沟通，避免因招商进度和工程需求不同步造成过多的拆改。

(3) 综合考虑租赁条件的变更：工程设计和施工部门、成本控制部门应与招商团队协调和沟通，及时了解特殊租户的工程条件需求，综合平衡租户特殊要求造成的拆改，平衡时需要考虑的方面包括租金回报、租户对商场的潜在贡献、工程成本的增加、工期延误等方面。

8. 运营管理对工程条件的需求

商业项目开发的每个环节都要考虑到后续运营的特殊要求。至少应包括如下几个方面：

(1) 广告位的预留

1) 充分利用公共设施并将其设置为广告位，如在路灯杆、指引标牌、外立面、外立面设置橱窗、中庭栏杆、公共区域柱面、墙面、电梯轿厢、重要的转角和出口（如扶梯出口、电梯出口、商业大门处等）等位置考虑设置广告位；

2）中庭栏杆应预留广告挂件的挂设条件，高大中庭应设置挂设活动道具的电动滑轮和导索；

3）对应广告位置应考虑电源及广告信息源的解决方案。

（2）节能

从节能方面降低运营成本，如采用节能灯具和光感控制、变频设备（电梯、风机等）、智能楼宇控制系统、中空LOW-E玻璃、太阳能热水和太阳能路灯等。

（3）车位及车场管理

1）随着私家车的发展,购物中心在停车位数量及分布上应有一些前瞻性的考虑，同时还要充分考虑人流、车流、货流三分离。

2）对于综合体项目，应对商业车位、酒店车位、住宅车位、办公车位等进行合理的规划，避免出现车流混乱、收费困难等现象。

3）对货物流量需求特别大的租户，还要设计专用的送货及卸货的堆场、装卸平台和专用通道。

（4）防刮碰、防夹塞

1）顾客能够触碰到的装饰面层应要求平整、圆滑且不伤人；

2）对存在隐患的阳角进行圆角或倒角处理等；

3）地面缝隙不得挂夹女士高跟鞋；

4）栏杆缝隙不得有夹（挂）儿童的潜在风险等。

（5）防脱落和坠落

公共区域的天棚、柱面、墙面及中庭栏板、扶梯下方的装饰面层材料及设备等，应考虑震动、老化、气温变化等因素而导致脱落、坠落的风险，应有预控和解决方案，以免误伤人员。

（6）低音降噪处理

1）空调设备采用低噪声设备，机房采进行降噪和隔声处理；

2）公共区域回风口合理规划，避免因风口设置和选型不合理而出现较大的气流产生噪声；

3）背景音乐的喇叭不得有沙音和噪声；

4）电梯扶梯的噪声处理。

(7) 维修检修的操作条件预留

在高大中空设置检修马道、对隐蔽或封闭部位设置合理的检修口、考虑设备安装后的拆除或更换方便,对管道系统的干支管进行合理规划并设置相应的切断阀门等,避免维修过程中的大面积停水。这些都需要在设计和施工过程中进行把控。

(8) 设备吊装孔

商业项目在施工期间为吊装大型设备而留置的设备吊装孔,一般在设备吊装完成后就进行封闭,大多数项目没有考虑再次启用时的开启方式等,因商业项目的特殊情况,此种做法是不可取的。所以应在设计和施工时,需要对吊装孔的位置、空间、周边影响及封闭方式等方面进行综合考虑,保证再次开启时操作方便,且不造成大的破坏。

(9) 货运和垃圾运输

应对不同业态的货运通道和垃圾运输通道进行合理的划分,避免混用而导致管理难度加大且影响商场环境(详见第 2 章 2.1.1 节 2. 特殊通道和 2.9.2 卸货区和垃圾房)。

(10) 人性化考虑

1) 设置醒目、准确的指示和引导标识,使得顾客能够快速准确地到达目的区域(详见第 3 章 3.7 节)。

2) 底层扶梯下方 1.8m 以下部位采用安全电压或装设漏电保护,防止触电。

3) 设置人性化设施(见第 2 章第 2.8 节),公共区域和室外设置休息座椅及充电处等。

4) 商业后场区域集中设置给水取水点和排水点给无水源租户装修使用;并设置沉砂池,避免工人用水时堵塞下水管道。

5) 设置集中开水锅炉解决商场员工的饮水问题,设置物业人员卫生间和淋浴间为值班人员提供方便。

6) 按照商场面积或公共走道长度设置适量的卫生间,缩短顾客寻找、到达和使用卫生间的时间(见第 2 章 2.10 节表 2-3,及第 3 章 3.5 节)。

(11) 管理方面

1) 从运营管理的角度,合理设置管理机房、管理通道、特殊业态和租户的专用通道(包括照明、通道封闭等)。

2) 机电、信息管理、弱电等系统和专业选用操作简单、实用的系统和设备,不应选用复杂、功能过剩、价值低的系统或产品（注：因为市场上的一些潜规则，一些产品的推销人员夸大某些产品的优点和功能，导致设计人员会在机电系统中增设一些可有可无的附加系统或功能，这就需要开发单位的技术人员能合理的把控和筛选）。

3）设备材料选择故障率低、市场评价高、维保方便的设备，不可一味地选择低价产品。

9. 建造标准和技术

鉴于近几年商业地产市场的火热和跟风表现，很多非专业商业地产公司也已涉足商业地产项目，这些公司基本没有或缺少商业地产方面的经验、建造标准，更难以提出一些具体的技术要求，在实施过程中依靠领导者或老板的个人喜好来执行一些标准和做法，这就导致在实施过程出现没有标准，或者标准过高或过低现象。

所以，刚刚涉足商业地产的开发商应该相信专业的顾问公司或专业技术人员和团队，可以聘用专业人员和团队为商业项目进行全过程的管理和服务，通过专业技术和成熟的标准将开发商的想法进行实现，打造具有开发商独特文化的商业项目，切忌以似懂非懂的态度做商业，以致延误时机和增加成本投入。

商业项目因其体量大、技术复杂、资金投入大，如果一味地追求高端、豪华，则会耗费大量的财力和物力，在建造过程中应遵循"好钢用在刀刃上"的原则，做到该投入时不吝啬，该省钱时不大方，所以在规划和设计时一定要划分界面和确定标准。如，装修专业在确定标准时考虑：主次入口通道及门厅、卫生间、客梯（观光电梯）前室、中庭等区域则属于装修的重点部位，需要体现舒适感和奢华感；卸货区、后场通道、消防楼梯间、卸货电梯前室等部位则只需要满足使用功能即可，该区域的砌筑墙体可以为清水砌筑不做抹灰处理，地面为水泥耐磨地面即可，楼梯间普通乳胶漆即可（见第 3 章 3.1.2 节）。

10. 工作界面管理

商业项目涉及的专业较多、各专业相互交叉，为便于施工管理和成本控制，应有清晰的界面划分规定，避免在设计、计价、施工过程中出现重复计量或缺项漏项，从而导致成本增加或工期延误。

商业项目的界面应贯穿于设计阶段、招投标阶段、施工阶段，且最终在合同界面中进行描述，此处暂不做详解。

11. 设计管理

因商业项目的特殊性，会在建设过程中多次出现修改和变更，从而导致图纸版本过多，对于如何管理和保证图纸的一致性，就需要有一套完整的控制和管理系统。

施工图管理建议：

（1）出图之前对版本号、出图日期和变更标注说明、图纸的表现形式等进行统一要求；

（2）做好图纸管理台账，记录任何一次变更的详细信息，进行图纸整理和归档；

（3）确保任何时候有一套最新版本的完整施工图纸（CAD电子版为准），不再使用的图纸放入过期栏，以便追索；

（4）任何阶段都必须保持纸质施工图和电子版施工图同步保存，并保证两份文件的一致性。

Chapter 2
第 2 章
建筑、结构设计和施工控制

Architecture、Structure Design and Construction Management

可见性在购物中心设计中是一个非常重要的内容。一个商铺的可见性强弱决定了这个商铺所在地段的租金价值,一个商铺被看见的机会越多,位置就越好。在设计中要提高整个商场内商铺的可见性。

2.1 交通组织、商业动线及业态细分原则

2.1.1 商场交通组织和通道

1. 室外交通组织

商业项目的室外动线按不同的功能对象可以划分为：人行动线、环形消防车道、车行通道（又分为货运通道、客运通道）。

应合理规划室外交通动线，并处理好相互之间的关系，从使用功能、运营管理、安全性和环境保护、人性化等方面加以综合考虑，通过交通动线有效的带动客流及人员分流。条件允许的场地，货运通道与客运通道建议分流设置，并采用不同的出入口。

2. 特殊通道

因使用功能、使用时间不同等，商业项目需要设置专用和特殊通道，这些专用通道应在前期阶段就进行规划和设计。

（1）专用通道

商场的员工通道、特殊租户营业专用通道、货物运输通道、垃圾运输通道、餐饮店铺食品及泔水运输通道。

商场的干湿垃圾通道尽量分开设置，且干湿垃圾间必须分开设置，当有超市时需独立设置垃圾通道和垃圾间。

（2）特殊汽车通道

须有至少一条通道满足轿车能够进入首层中厅，以便商场后期做车展时能够驶入。

（3）特殊租户通道

需要考虑与商场营业时间不同步的特殊租户夜间营业通道，该通道应能在商场闭店后贯通机动车停车场、非机动车停车场，可直接通往建筑体外的出入口。

考虑的特殊租户有：超市、影院、健身房、网吧、KTV、电玩、溜冰场等租户，专用通道内的照明、空调应能独立控制，并由使用用户承担费用。

其中超市需要考虑设有一条专用营业通道，货车应能直接通往超市卸货区的通

道，超市卸货区尽量靠近仓库区域，卸货区应该考虑货车调头的转弯半径。超市除需要考虑前述通道外，还需要考虑外部的货运通道、垃圾运输通道和超市员工通道等。

设计中应考虑公共区域通道运营期间的安全问题，如KTV场所的通道墙面，不建议采用玻璃及其他易碎材料作为饰面材料。

3. 出入口

(1) 首层出入口

商场营业出入口、塔楼（如有）出入口、消防疏散出入口、地下停车场出入口、卸货场出入口、垃圾外运出入口等出入口应进行合理的划分，避免不同业态和功能的出入口混搭在一起，从而影响项目的交通组织，增加管理难度，同时还会降低项目的品质。

不同功能的出入口应按其需求的不同合理布置，以免造成使用上的冲突，如：地上卸货区的出入口距离地下停车场入口距离不可过近，垃圾通道或卸货区设置在商场或塔楼（住宅、公寓、写字楼等）等出入口附近也是不合适的。

(2) 停车场内部出入口

室内停车场的出入口包含，通往商业、独立业态（影院、超市、KTV、演艺吧等）、塔楼（住宅、办公、酒店）、轨道交通等的出入口；所以，应对停车场的布局和车行、人行路径进行合理规划，避免线路混杂，造成顾客辨识和找寻困难。

4. 疏散楼梯

(1) 特殊业态的消防疏散楼梯

如儿童娱乐、教育类、KTV、演艺厅、网吧、影院等人员密集的业态，需要有满足其独立使用，且能够直通室外的消防疏散楼梯，其中儿童类的要求更为严格。这些业态的疏散楼梯需要在规划设计和业态布局时进行统一考虑，避免后期增加。

(2) 消防楼梯的布置

从提高商业项目的使用效率考虑，商场消防楼梯建议采用剪刀楼梯设计（但2015年实施的新消防规范中对剪刀梯的设置有较严格的要求，在设置时应能够合理考虑）。

消防疏散楼梯必须考虑符合最佳的营业布局（应便于业态的灵活租户），每层消防疏散梯不宜设在商场中央；宜设在建筑边缘位置，但从商业外立面的利用效率和首层临街商铺租金回报方面考虑，消防楼梯不建议沿临街面外墙侧布置，如不可避免，应减少对临街面外立面的占用。

2.1.2 商场动线

1. 动线设置的基本原则

（1）避免顾客走重复路

动线设计首要一点就是避免顾客走重复路，尽量做到顾客一次性地逛完商场内的所有商铺。可以将店面布设于步行交通量最大的动线上，并使该动线集中于某些通路，形成回路。所以动线规划时不可以有回头路、重复路，或者有多条环路。同时还需要避免出现死角、断头路等（死角或断头路会增加顾客的重复行走，而产生厌倦心理）。

（2）最大化地环顾商业店铺

商场动线应能够最大化地环顾商业店铺，保证店铺最大化地展现在顾客的视线范围内，增加顾客的逛街和购物欲望。这又需要增加或延长动线的布置来得以实现。

（3）为顾客提供便捷性的购物路径

针对消费或购物目的性很强的顾客，购物中心应有便捷的路径使得顾客快速抵达目的地，如：可以通过垂直升降梯、飞梯、连廊天桥等来实现。

（4）商业店铺的可见性

可见性在购物中心设计中是一个非常重要的内容。一个商铺的可见性强弱决定了这个商铺所在地段的租金价值，一个商铺被看见的机会越多，位置就越好。在设计中要提高整个商场内商铺的可见性。当出现转角或交叉时，不得出现90°的直角，可以采用圆弧或斜角进行处理，以增加店铺的可见性。另外，公共区域通道的宽窄，同样会影响顾客在中庭对上下楼层租户的可视性。

（5）商业店铺的可达性

可达性和可见性是有联系的，可见性是可达性的基础，只有"可见"，才会有"可达"。因此，在可见的基础上，经过最少的转换路径到达则为可达性高。

（6）为顾客提供位置感

如果顾客在购物中心中无法确立自己的位置，就会迷失方向，将花费更多的时间找到自己想要去的商铺，同时，很多商铺的客流量也将降低。难以找到位置感的购物中心是不受顾客欢迎的。在设计中，通常的做法是提高动线系统的秩序感，通过中庭的差异化、装修变化、装饰摆设品的个性化，来提高顾客的位置感。

(7) 关注顾客逛街的舒适程度

舒适度主要体现在，购物逛街的路径长度、视觉的舒适性、空气及温度的舒适性等方面，从动线方面考虑，大型项目的平面动线总长一般在 300～450m 之间，动线过长增加顾客的疲劳度，令顾客难以一次性逛完整个楼层的店铺，从而失去逛街的兴趣。

合理和流畅的动线，有利于提高顾客逛街的兴趣，提高顾客的舒适度。所以应避免出现动线繁杂、无序和压抑感。

2. 动线长度与店铺的关系

在相同标准层面积下，平面动线总长与店铺平均进深成反比。从店铺经营角度考虑，进深过长是不利的。如果想让店铺降低进深，获得更多的直接面对动线的展示面，平面动线总长势必要增加。所以应对动线、店铺面积、店铺数量、店铺划分方式等进行综合分析，以提高商业项目的坪效。

3. 动线设置要求

商业项目在动线布置和平面规划时应考虑下述要求：

(1) 注重内外沟通，脉络清晰。

(2) 注重立体人流的自然顺畅，平均分配关系。

(3) 主动线与各功能分区应顺畅连接。

(4) 主动线与各主出入口、外围主干道应顺畅连接。

(5) 主力店、次主力店与独立商铺应顺畅连接。

(6) 动线设计要求简洁明晰、通达明快，忌繁杂、凌乱、回头路、视线不通透等。

(7) 商铺尽可能沿项目周边排布，动线流畅，不得出现盲区和死角，尽量不要出现断头动线。

(8) 合理设置通道的宽度：所有主公共步行通道的宽度应不小于 4m，首层通道可以达到 6m 以上（二层以上通道可以比首层窄一点），次公共走道的宽度应不小于 3.5m，主入口通道宽度一般为 1.5～2 个轴距，次入口为 1 个轴距。如果为步行街，二层以上的通道宽度应不小于 6m，首层通道宽度宜为 12～16m（有中庭的双向通道）。

(9) 中岛范围不宜设置消防楼梯与到顶商铺，中庭应能环顾 60% 以上的店铺；

当为步行街时应能环顾80%以上的店铺。

(10) 电梯与卫生间等服务区各楼层宜集中设置，便于顾客寻找。

(11) 不可以在紧贴中空的部位设置隔墙到顶或封闭的租户，以免破坏中庭环形通道的完整性和通透性，影响其他租户门脸的可视性。

2.1.3 业态细分

1. 布置原则

(1) 先定位原则：在进行项目业态划分之前，必须先确定项目的定位和项目主题。

(2) 业态比例：完成项目定位后，需要根据项目实际情况，制定合适的业态配比，如传统商业业态配比约为：零售63%、餐饮20%、休闲娱乐12%、服务5%。随着电商的冲击，在新的商业项目业态配比中，应减少零售业态的配比，增加体验业态的配比，建议调整餐饮、娱乐休闲、服务等业态的比例。如：零售35%～38%、餐饮30%、休闲娱乐30%、服务2%～5%。

(3) 主力店铺先确定原则：业态划分时应遵守依次确定主力业态、次主力业态，最后将其他业态进行填充的原则。

(4) 餐饮业态的原则

1) 上天入地，相应点缀：由于排油烟系统的设置和聚客方面的原因，餐饮业态应设置于项目的最高层，或者地下室，地下室则以小型餐饮为主，中间楼层则用少量餐饮进行点缀。如有重油烟餐饮业态，必须放置在顶层，以减少油烟对整个商业的影响，并尽量高空排放，同时还可以减少排油烟风管竖井设置时对商业面积的占用。

2) 扩大比例：餐饮业态是整个商业项目中机电条件相对比较苛刻的业态，考虑项目的招商和未来发展空间，在工程条件预留时，应扩大餐饮业态的比例，其比例至少应在30%以上，从前瞻性考虑最高可以按50%～60%预留餐饮条件。其主要体现在排油烟井道、配电、给水排水及暖通空调的预留上。

3) 排油烟井道提前规划：应根据项目的业态比例，规划相应数量的排油烟井道，井道应通往屋面，建议屋顶油烟井距高层建筑水平距离大于50m以上，且在逆风方位。

(5) 首层商业面积最大化：因为首层是商业项目中租金最高的区域，如非必须设置，在首层尽量避免设置非租户店铺类的房间（如卫生间、物业管理用房、社区用房、机房等）。

(6) 动线精炼原则：商业项目里过多的动线容易造成顾客失去方向感和方位感，单一直线动线难以产生回头效应。所以在商业平面动线规划时，应避免动线繁杂，且尽量采用单路环形动线。

(7) 多首层规划：可以利用地形条件、项目条件，规划成多个首层，以提升商业价值，如：增加下沉广场，将项目内部中庭延伸至地下室，利用坡地在地下室或2层以上甚至屋顶设置商业出入口。

(8) 双边疏散：按照消防规范，店铺面积大于120m²，或者深度大于14m时就需要设置两个疏散门，且两门之间的距离不得小于5m，这就为店铺划分和调整增加了难度，所以建议在业态规划时尽量考虑店铺可以开后门并增加后场通道，这就形成了双边疏散，并且店铺后侧的通道可以兼作货运通道使用，也达到了人货分流的目的。

2. 店铺划分原则

在业态划分的时候，应考虑业态划分格局的合理性，包括商铺门脸的宽度、进深、面积大小、大小店铺的位置分配等。

(1) 定位：商场铺位布局必须考虑到经营商家的实用性与合理性，根据整个商场定位来划分商铺的面积。

(2) 尺寸：除特殊店铺外，店铺应满足进深 $2m \leqslant D \leqslant 20m$，门面宽度 $W \geqslant 3m$，100m² 以上店铺的面宽不得小于8.4m（或1个轴距）。

(3) 弹性：商铺分割时需要考虑拆分和合并，要便于后期的自由组合。

(4) 大店铺拆分：尽量避免同一大租户占用过大的租赁线，可以考虑划分出小店铺（图2-1）。

图2-1 大店铺拆分方案示意

(5) 一拖二店铺划分：为增加首层店铺数量，增加主力店铺对商业的影响力，提高坪效，应考虑划分一拖二的店铺，一拖二店铺的首层面积应小于二层面积。

(6) 店铺连续性原则：店铺划分时，应保证在动线上店铺的连续性，切勿出现因墙体、消防楼梯或大店铺的封闭隔墙破坏店铺的连续性，即使采用广告画面进行假象连通也是不允许的。

3. 划分时的注意事项

(1) 室内所有店铺的门脸必须能够面对公共区域。

(2) 小租户范围内不得出现防火卷帘，并且同一个店铺应在一个防火分区内（个别大店铺除外）。

(3) 租户门脸上不得出现防火卷帘，以免影响公共区域和租户门头的装修。

(4) 避免店铺内出现沉降缝或伸缩缝，特别是主力店的区域内尽量不出现沉降缝，减小由于地震、漏水等对店铺造成的影响。

(5) 商场的中空应能环顾周边大半以上的店铺。

(6) 不可在商场租户内设消防通道，除非规范要求。如规范规定必须设消防通道，设计必须按消防通道要求创建入口，并提供空调装置、应急照明及疏散指示，且电源不得与租户内的应急电源在同一个回路上。

(7) 不可以在紧贴中空部位设置隔墙到顶或封闭的租户。

(8) 室内商业步行街各商铺不能有门对门式设计，一则影响商铺引客的便利性，再则做店招形象也不方便，同时有些商户对于门对门的做法比较忌讳。

(9) 室内各商铺主立面，除预留店招位置外不应有其他遮挡物。

4. 关于商铺面积

商铺面积不宜太大，一般控制在 $60 \sim 150m^2$，零售和服务类商铺面积一般为 $100m^2$ 以下，餐饮类商铺面积一般为单间 $100m^2$ 左右。店铺面积划分过大会增加租户的租金承受压力，且不利于后期的拆分和组合；单个店铺面积过大时，其机电系统的灵活性相对会差些，当后期需要拆分和组合时，其拆改费用也会高一些。

尽可能减少不符合设计要求的商铺数量（如：不规则店铺，小面积店铺位于偏僻角落等），避免因商铺的划分增加招商难度。

5. 关于商铺的调整

(1) 对于商户提出的特殊或具体设计要求与规划设计发生冲突时，应有合理的解决方案。

(2) 应考虑商户升级换代的前瞻性,建议商业区域考虑设置百变租区,以适应后期招商调铺的面积需要和工程条件的需要(如零售改为餐饮,就需要在前期的零售业态里预留餐饮条件)。

(3) 建议商铺尽可能地按柱距进行分割,以方便日后商铺布局调整。

(4) 建议设计合理动线,将墙体改为防盗卷帘和防火卷帘,使同层不同业态的经营场所能够连通,充分调动客流(但防火卷帘不得出现在租户正门脸的租赁线上)。

(5) 根据具体情况,室内中庭附近以及其他层的端部等部位可布置轻油烟的餐饮、快餐、咖啡、冷饮等餐饮业态。

6. 主力店的设计

(1) 主力店对设计影响

1) 交通:有些主力店铺需要有独立的出入口、独立的卸货通道设计等。

2) 布局:主力店对于平面的特殊要求,如一些主力店铺对楼层、位置、形状等有严格要求。

3) 空间:主力店铺所在位置与平面垂直动线的组织,人流的衔接。

4) 硬件:主力店铺对层高、降板、载荷、柱距、机电配置等都有一些特殊要求。

5) 业态:主力店铺布局与周边业态的衔接和互补性。

6) 仓库:一些主力店铺除了需要营业区域外,还需要在商场内租赁库房,在设计时就需要考虑对地下室及地上部分的一些空间和位置进行利用,将其规划成租户仓库,并考虑通道和机电配置问题。

(2) 主力(次主力)店布局原则

1) 边角原则:主力(次主力)店布局在动线末端,同时主力店的布局也是规避一些商业死角的最佳处理手法,实现消费客流在商业项目内的均衡分配。

2) 居中原则:将主力店设置在中央地带,形成平面商业核心,利用这个核心起到吸引、聚集、发散人流的效果。

3) 顶层原则:大客流量的主力(次主力)店铺可以考虑设置在顶层,以达到拉动客流的效果,如:影院、KTV等尽量布置在商场的最高层,同时需考虑有专用通道。

4) 底层原则:对于一些租金承受能力小,且面积需求大的租户,可以考虑设置在底层,如:超市原则上应布置在地下一层,并考虑有一条专用营业通道,货车应能直接通往超市的卸货区,超市卸货区尽量靠近仓库区域,卸货区应该考虑货车调头的转弯半径。

5) 一拖二原则：为了平衡租金，及充分的带动客流，应对部分主力（次主力）店铺按一拖二进行规划，将主力店铺的入口设在首层，可以往上一个楼层或者下一个楼层进行扩展。

6) 首层原则：对于商业项目，主力（次主力）店铺不但有很好的吸客和滞客能力，更有利于店铺的品级提升，所以在首层会设置一些主力和次主力店铺。

7) 租金回报方面的考虑：在进行店铺切割时，应对租金回报进行预估测算。通过不同的业态组合、店铺组合，选择租金回报最优的方案，但不能一味地、不切实际地追求最高租金回报率，需要根据项目的投资收益方案、运营推广策略综合考虑。

2.2 结构荷载及层高要求

结构荷载，除满足设计规范要求外，还应满足表 2-1 所示的要求。

商业项目结构荷载与层高要求　　　　　表 2-1

业态或区域		结构高度	净高	结构荷载
公共走廊、中庭（净高为精装修完成后的高度）		首层≥5.5m，二层以上≥5.0m	首层≥3.7m，二层以上≥3.5m	4kN/m²
入口大堂、提供给车展时的汽车入口		≥5.5m	≥3.7m	5kN/m²
普通租户（运动、电器、餐饮、桑拿、健身、零售、电玩、百货、儿童娱乐），净高为交房时机电管线的最低高度		首层≥5.5m，二层以上≥5.0m	首层≥3.6m，二层以上≥3.3m	4kN/m²
独立酒楼	就餐区	首层≥5.5m，二同所在层	首层≥3.6m，二层以上≥3.3m	4kN/m²
	厨房和卫生间			4.5kN/m²
演艺厅（或根据专业运营公司提资）	观众区			观众席处至少5kN/m²
	舞台区	≥9m	≥8m	舞台处8kN/m²
冰场	冰面区域	≥8.5m	≥8.5m	静荷载7.5kN/m²，动荷载6.5kN/m²
	制冷机房		≥4m	静荷载10kN/m²，动荷载8kN/m²
	整冰车房		≥4m	静荷载7kN/m²，动荷载6kN/m²

续表

业态或区域		结构高度	净高	结构荷载
电影院（或由专业单位提资）	影厅、大堂	≥9m	≥8m	4kN/m²
	走廊、卫生间、办公室	在净高基础上考虑机电管线及装饰高度即可	3m	4kN/m²
	放映区和设备层	≥4m		至少7kN/m²
超市（超市区域净高，包括商业公共机电管线和超市自行安装的机电管线和灯具后的净高）	营业区	≥6m	≥3.6m	7kN/m²
	水产、生鲜、冷鲜区	≥6m	≥3.6m	8kN/m²
	外租区	同所在层	≥3.6m	4kN/m²
	办公区	同所在层	≥3m	3kN/m²
	冷库结构下沉区域、仓库区和室内收货区、室内卸货区、压缩机房	≥5m	≥4m	10kN/m²
冷冻机房、开闭所、变配电室、发电机房、给水泵房、电梯机房		≥6m	≥5m（为梁底净高）	10kN/m²
屋面冷却塔、太阳能等设备基础		—	—	10kN/m²
顶层消防稳压水箱间、太阳能水箱间		—	≥4m（梁底）	10kN/m²
普通设备机房（楼层空调机房、排风机房等）		同所在层	≥4m（梁底）	8kN/m²
消控室、中控室、空调机房		同所在层	≥3.6m	4kN/m²
室内停车场	单层停车（包括车道）	≥3.8m	≥2.4m	5kN/m²
	双层机械停车	≥5m（采用无梁板时≥4.5m）	≥3.6m	6kN/m²
大型设备进出口、重物仓库（食品、超市）		—	≥5m	12kN/m²
地下停车场坡道	有地下卸货区，同时还需考虑货车的转弯半径	—	≥4.5m	12kN/m²
	无地下卸货区	—	≥2.4m	4kN/m²
地下车道入口	有地下卸货区	—	5m	12kN/m²
	无地下卸货区	—	4m	4kN/m²
屋顶花园等结构荷载				7kN/m²
停车卸货区		≥5m	≥4m	15kN/m²
办公区、物业管理用房、卫生间			≥3m	3.5kN/m²
室外停车位		—	—	12kN/m²

2.3 结构类型、柱网、梁高策略

(1) 商业项目的柱网最优选用 10.8m×10.8m，最小不低于 8.4m×8.4m。

(2) 商业项目梁高不应超过 700mm。

(3) 应采用钢筋混凝土框架或框架剪力墙结构。

(4) 考虑商业项目升级改造的特殊性，不建议采用无梁板结构或者预应力结构形式。

(5) 商业设计时，应根据车道路线、停车方式、车位数等进行综合分析，选择合适的柱网，以提高停车场的利用效率、降低投资成本。

图 2-2～图 2-4 给出了几种停车场的柱网形式。

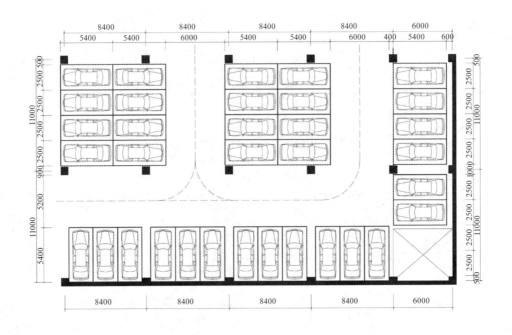

图 2-2　8.4m×11.0m 轴距标准停车位布置示意

第2章 | 建筑、结构设计和施工控制

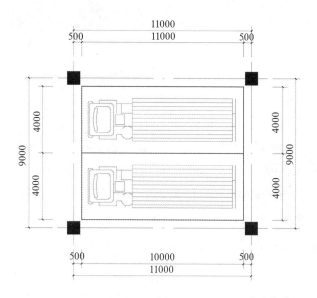

图 2-3 9.0m×11.0m 轴距中型货车停车位布置示意

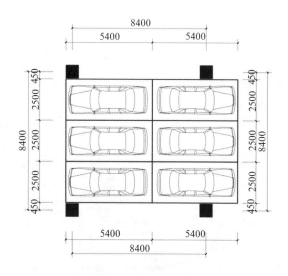

图 2-4 8.4m×8.4m 轴距标准停车位布置示意

2.4 项目预降板的位置要求

（1）超市的冷冻冷藏库房需预降板 250mm，厨房＋生鲜准备室区域有排水的地方需预降 100mm（同层排水需降板 250mm），以配合最终完成面达 1% 的排水坡度。

（2）商场卫生间应按同层排水考虑，并进行降板 350mm，或者将卫生间楼板降至次梁的梁底同高。

（3）美食广场后厨区域需降板 250mm。

（4）考虑降板区域会因积水导致渗漏，要求在除最底层以外的降板区，需要在最低位置设置排水地漏，以供排泄回填层内的余水，地漏需有防堵塞措施。

（5）冰场的冰面区域预降板一般为 450mm（具体根据不同的做法有所区别），冰面外有管沟，管沟降板为 600mm，管沟宽 1.5m，上盖盖板，在铲冰车进出口的部分要能承受铲冰车的重量，其余部分能承受人的行走及活动的荷载。

2.5　地下停车场和人防的设计和施工控制策略

2.5.1　人防位置

商业项目一般都需要建设人防地下室，应根据项目情况合理设置人防区域，图 2-5 是人防布置方式的参考意见。

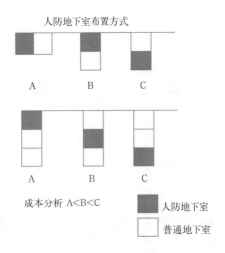

图 2-5　人防地下室布置方案成本分析对比

2.5.2 地下停车场

(1) 应合理规划车位,尽量避免侧面提车,且停车场面积指标应控制在 27～35m^2/车位,当有人防时,一般为 40～42m^2/车位。

(2) 人行走道与车行通道之间建议有明确区分,避免人车混行;可以通过地面划线实现(人行区域及斑马线),见图 2-6。

图 2-6 地下停车场地面划线机护角实景图

(3) 为提高停车场的效率,停车场内建议划分主次通道,主通道为"双向单车道",次通道应设计为"单循环"交通形式,尽量避免交叉口,但车道净宽度应不小于 5.5m;见图 2-7。

图 2-7 地下停车场单向车道地面划线实景图

(4)进出口设计的合理性,尽量实现"单进单出";在无法满足"单进单出"的情况下,可以设置为"双向单车道"。

(5)当项目有2个及以上业态(商业、酒店、住宅、写字楼)时,应对停车区域、出入口(车行、人行、货物)进行合理规划,并设置相应的管理及计费系统,避免混乱而增加管理难度,同时还会增加用户或顾客的停车难度。

(6)当因场地受限时,地下车库可以考虑预留或设置机械停车位,由于机械式停车位的后期维护、保养成本较高,管理难度较大,顾客的认可度不高,在地下平面停车位可以满足的情况下,建议不采用该种停车方式;当设置立体车位,还需根据车位需要考虑车位动力电源、接地系统及车位喷淋系统等(图2-8为立体车位尺寸参考,该尺寸为净尺寸,实际设计中需要考虑前后、两侧的空间,及后侧机电管线和设备控制箱的检修和安装空间)。

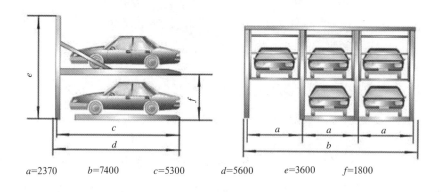

$a=2370$　　$b=7400$　　$c=5300$　　$d=5600$　　$e=3600$　　$f=1800$

图2-8　立体停车位布置及尺寸

(7)针对个别大型车辆无法进入地下车库,以及鉴于以后商户上换货、内部调改的需要,建议增加大型、重型车辆停车位及货车回转空间的设计,以供其及整座商业项目广场日后的使用。

(8)洗车区

地下停车场应规划洗车区,洗车区需要降板处理,设置排水沟、给水点及电源等。

(9)特殊车位的考虑

1)指引标识:特殊车位应有指引标识,以便顾客能快速找到车位。特殊车位包括大体积私家车位(大型SUV车)、无障碍车位等。

2) 小型车位：根据项目场地情况，可以在一些边角位置，设置部分小型车（两厢车）的停车位，这样可以提高停车场的场地利用率。

3) 大车位：随着大体积私家车辆的增多，项目设计立体机械停车应考虑大型SUV车辆停车位，建议至少按总车位数的20%进行考虑。

4) 无障碍车位：商业项目应考虑无障碍车位，无障碍车位的尺寸按3.7m×5.4m考虑（图2-9）。

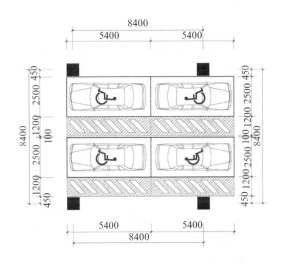

图2-9　8400×8400柱距无障碍车位平面布置示意

2.5.3　坡道及入口

（1）坡道的上下两端均要设置排水沟，以防止雨季雨水流入停车场。

（2）车库出入口道闸应尽可能设置在水平路段位置，并需要考虑车辆的停靠距离和转弯半径。

（3）坡道应设置防滑措施，考虑耐用性，建议在坡道土建施工时压制防滑槽，压防滑槽的图案应规整统一。

（4）坡道出入口应设置防盗或者防风卷帘，可采用地感式快速提升卷帘，快速提升卷帘必须有手动控制、遥控功能，且必须有防砸车（人）措施。

2.5.4 车道范围内的机电管线和标识

1. 有机械立体停车时

停车场的机电管线应敷设在车道上方,且管线最低点不得低于2.7m(预留0.4m的导示指引系统的安装空间),尽量减少车位上方的机电管线,当车位上方必须敷设机电管线时,管线和支吊架的最低点不得低于3.7m,大体积私家车位处不得低于4.3m。

2. 全部水平停车(无机械立体停车)时

停车场的机电管线应敷设在车道上方,且管线最低点不得低于2.7m(预留0.4m的导示指引系统安装空间),尽量减少车位上方的机电管线,当车位上方必须敷设机电管线时,管线及支吊架的最低点不得低于2.3m,如有条件应不低于3.7m(可以考虑后期扩展为机械停车位)。

3. 机电管线标识油漆

停车场所有非镀锌管道、管道支吊架,表面在除锈后需刷银粉漆,并涂刷色环,以增加管道的识别性。

2.5.5 地下停车场标识和划线、油漆方案

1. 车道标识和指引系统

在停车场地面安装反光分段漆、减速档、停车场交通指示标识和防滑线等。

必须在所有车道交叉路口位置的地面和天棚上设置交通指引标识,且地面指引应与天棚上悬挂指引的方向一致且方向正确(图2-10)。悬挂式指示牌不能安装在管道上。室外和屋顶停车场必须设站立式指示牌。

图2-10 双向车道地面划线机指引标识实景

2. 防撞护角

地下停车场停车位及行车道区域的结构柱及结构墙体的阳角安装防撞设施，应为交通设施专用防撞橡胶垫；卸货平台的外边阳角处预埋 800～1000mm 的防撞角钢及橡胶防撞垫。

3. 油漆方案

（1）应在停车场混凝土耐磨地面的基础上增加地面装修面层，做法可以采用环氧树脂耐磨地坪，厚度≥2mm，应对车道和车位在颜色或做法上有所区分。

（2）在地面装饰面层的基础上进行交通划线。

（3）停车场汽车主入口到整个停车库，所有的柱和墙面必须涂漆。为便于顾客快速记住停车位置，在柱子上采用不同颜色和区域号区分不同的停车区域，且在可视面都必须涂刷。柱面上还应有通往商业区域的方向指示。

（4）停车场的墙面、柱面应涂刷 300mm 高的灰色环氧踢脚线，以避减少地面清洁时对墙面和柱面的污染。

2.5.6 手推车回收处

当商业项目规划有超市业态，并且超市的手推车能够进入停车场时，应在停车场设置超市手推车的回收处，并有醒目的标识。停车库设手推车回收区域，数量视项目而定，具体位置按停车场区域均匀布置。

2.5.7 防潮防霉措施

地下停车场应有防潮防霉措施，墙面可以采用防潮防霉涂料，并且还需设置自然通风口和机械通风系统，保证地下室空气循环及通风良好。

2.5.8 汽车尾气排放

地下停车场应设置排风系统，对汽车尾气进行外排，排风口距地 500mm。

2.6 室外广场规划设计和施工注意点

2.6.1 总体要求

（1）临街面设置城市广场：为满足项目的推广和各种促销活动的需要，商业项目应在临街面设置城市广场，并且主次入口门前的广场也可以尽量扩大。

（2）硬装和硬景尽量简约：广场景观的整体格调应以简约为主，并考虑维修保养的方便。简约的广场能够为后期商业项目做各种主题活动、促销提供场地，可以根据商业需要对广场的软装、场景摆设进行任意更换，为商业项目提供氛围及新鲜感，还可避免因商业外广场设计了大面积的硬景及小品而导致后期无法更改。

（3）广场做多功能考虑：考虑后期运营中经常会在室外广场主办促销活动，所以室外广场应考虑具有多功能的作用（既可以做室外短期商业场地出租又可以搭设活动舞台，还可以作为车位使用）。

（4）外广场地面应设计上车条件：商业广场应考虑后期运营中车展及促销活动时车辆上行的条件，包括通道、地面荷载等。

（5）公共设施隐蔽：室外广场上独立突出地面的人防出口、燃气调压站、风井等公共设施在设计时应能避开交通动线；且这些公共设施外墙的装饰要与周围景观相协调，建议设计成广告位或指引图例，以提高利用价值。

（6）营造商业气氛、提升项目特色：在项目前期设计中根据项目特色设置相应的座椅、标识灯箱、标识塔（指引系统）、广告箱（柱）、可悬挂两面广告旗的路灯、广场椅、地灯、花台、树池、塑像等，达到营造商业气氛、提升项目特色的效果，能够使之成为城市区域地标。

（7）醒目的广场标识系统：需设置室外广场的标识指引系统，在交叉路口、入口等位置设置醒目的标识塔（或者精神堡垒）、指示牌，能够通过标识系统准确地告知顾客或司机停车场、卸货区、商业入口、主力业态（店铺）、候车区的区域方位和行走方向。

（8）预留喷灌水源和保洁电源：根据室外广场及绿化的布置，设置一定数量的喷灌水源及保洁电源。

(9) 做到安全防护：室外广告能够触摸到的部位不管是装饰，还是硬景，均应避免出现尖锐或直角，避免行人和顾客磕碰受伤，存在潜在安全隐患的部位应进行消除或警示。

2.6.2 外广场地面及铺装

(1) 管网综合排布，井盖位置统一规划、合理排布：

外广场的市政管网必须进行综合排布，并有综合管网图，应包括各种管线位置、标高，各种井（雨污水井、阀门井、电气井、卧式消火栓）的位置、大小、形状、标高，各种井盖的位置、标高、形状等；做到事前控制，避免因各专业管线交叉打架，导致拆改，及因管井和井盖的杂乱无序而破坏地面铺装的完整性和协调性，降低景观效果。

(2) 井盖应耐压、不破坏铺装效果：

铺装区域采用抗压型、便于开启、防盗型的金属型井盖；绿化带内可以采用复合型井盖。

室外广场铺贴部分的雨污水、电信、自来水、消防光缆、电缆等井盖必须采用与室外广场铺贴材料一致的检修井盖，井盖边框建议采用不锈钢边框，井盖上的图案应能与铺装拼花连续，避免破坏拼花的整体性。井盖上应有识别标识。见图 2-11~图 2-13。

图 2-11　方形隐形井盖透水砖铺装实景

图 2-12　方形隐形井盖花岗岩铺装实景

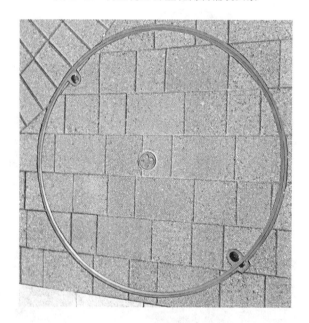

图 2-13　圆形隐形井盖烧结砖铺装实景

(3) 设置隐形雨排水系统：为保证雨季时积水能够迅速排出广场，外广场应设置雨水排水沟（井），并能形成自然的导流带，向市政管网分流，避免广场积水；广场排水箅子的位置和形式应与铺装图案协调一致，建议采用隐形或者装饰型的雨水箅子（图 2-14）。

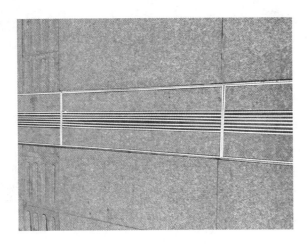

图 2-14 装饰型不锈钢雨水沟铺装实景

(4) 室外铺装材料：广场地面应采用防滑、耐用、抗压、便于清洗的材质，建议采用天然石材，规格不宜过大，便于日后维修更换，且更换后色差也不会很突出。

(5) 广场铺装应考虑季节性温差变形：室外铺装无论是垫层（基础）还是面层施工，应从材料选择、施工工艺上考虑当地气候条件造成的温差变形，如石材或地砖的铺装需要预留一定的缝隙等。

(6) 少用木质铺装：由于木质材料易腐烂且有味，不易保养，建议尽量少采用；当必须采用时需考虑防腐、防积水。

2.6.3 关于外广场配套设施

(1) 外广场应设置保洁取水点、绿化浇灌水源：加装计量装置，为避免北方地区的寒冷季节给水管道冻裂，建议在有防冻措施的基础上安装阀门和泄水点，冬季时切断室外水源，并能将管内余水放空。

(2) 预留运营所需机电条件：考虑后期营运及商业活动的需要，广场应间隔布置给水、排水、电源的预留接口。

(3) 电气设备的安全防护：所有安装于室外广场上的配电箱应有防水、防漏电、防渗考虑，所有外场灯柱、雕塑等应有防雷措施，室外可触碰的灯具、带电设备的金属外壳等均应考虑防漏电措施或者采用安全电压。

(4) 室外景观中地埋灯的选用：由于地埋灯的边框一般会高出地面，如果安装工艺不到位，会产生松动或脱落，从而影响使用安全，再加上地埋灯易损坏、发热烫伤人，建议尽量少采用地埋灯；如若必须设置，应对灯具安装位置（需要排版，并不得破坏地面铺装的整体效果）、灯的形式、施工过程、施工工艺进行严格把控，避免出现前述问题。

（5）外广场售卖亭：建议在广场较大人流的外围增加售卖亭设计，每个临街面可不少于2个，设置的方式为：前期预留给排水、电源等机电条件，后期根据项目运营情况再安装售卖亭。

（6）室外自动扶梯：外广场扶梯应在实用、美观、便于维护保养等方面综合考虑，必须选用可在室外运行的扶梯，或在扶梯上增加雨棚，且外形风格要与建筑及室外环境协调。

（7）室外灯光照度：室外广场及外立面的灯光、LED、点光源、标牌、广告等应根据使用功能和需要表达的效果选择合适的照度，突出主次，避免因灯具或点光源的照度过高而影响LED屏、广告位、LOGO的效果；当商业项目主楼或附近有住宅时，还需要保证商业的突出性且不影响住宅的使用。

（8）室外垃圾箱设置：外广场应配备一定数量的固定式垃圾桶，垃圾桶应有可回收和不可回收两部分，并配备烟灰缸；室外垃圾桶的内胆应考虑防盗措施，外广场垃圾箱间隔距离应不大于50m，且应靠近绿化带、休闲椅等附近设置。

（9）休闲设施：室外应配备休闲座椅，休闲椅要坚固，不能轻易拆卸，也可以结合花坛、树池、小品、项目标志等综合设置成座椅，既达到装饰的效果，又满足座椅的使用功能。

（10）娱乐设施：室外广场可以考虑设置一定数量和规模的娱乐设施。

2.6.4 坡度、台阶、挡墙

（1）台阶设置：在商业广场及各主次入口应避免出现台阶，尽量用缓坡代替；当必须设计台阶时，禁止有一步台阶的情况出现，以避免顾客因踩空而跌倒；因调坡不能解决高差而必须设置台阶时，应以3~5步台阶为一组进行设置。

（2）坡道及广场坡度：室外广场或入口需要设置坡道时，坡道的坡度最大不要超过8%；室外广场需要调坡时，考虑雨雪季节的防滑，其坡度北方城市不大于1%，南方城市不大于1.5%。

（3）尽量减少垂直挡墙设计：当解决室外广场非通行区域的高差时，尽量避免设置垂直挡墙，以减少生硬感，同时降低安全隐患。

2.6.5 绿植配植

（1）空间开敞、透露商业气氛：当室外广场临近城市主干道时，靠近市政道路的区域，可以用绿植予以隔离，但建议采用组团式栽植，以区别于行道树；实现空间开敞，透露商业元素，突出商业氛围。

（2）大树不得遮挡商业广告等：若广场空间较大，在不影响立面的情况下，可考虑栽植大规格、分至点高的大树组团，但不得遮挡商业广告、标牌、LOGO等。

（3）设置室外花坛：室外广场可以设置绿化及花坛，选择适合当地的种植条件、外形美观、四季皆宜的植物，花坛的形式可以是永久固定的，也可以是临时或活动的（图2-15）。

图 2-15　树坑装饰实景

2.6.6 室外停车场

（1）尽量减少地面停车位：设置地面停车位既使得车流动线复杂且不安全（人流混杂，容易刮碰等），又增加了物业管理成本，建议将停车位统一设置在地下。室外地面停车位还会占用室外大面积的场地，影响广场的效果。

（2）预留立体停车场扩展条件：可以在项目背街面的地面规划少量停车位，作为项目管理人员内部停车位使用,该车位可以在项目后期扩展为立体停车位。

(3)不在道路上设停车位:为保证项目整体形象、品质,项目周边的车道边不设或少设机动车停车位,并在道边位置设置高度适宜的路缘石,同时兼具拦车桩功能。

(4)当有停车场时应考虑绿化设计:室外停车场需结合绿化进行设计,停车位应考虑绿化、遮阳及满足荷载的要求。

(5)设置自行车停车位:应根据当地居民的出行习惯,设置一定数量的自行车及助力车停车位,停车位尺寸不小于800mm×1800mm,并应符合规范要求。

(6)设置临时落客点:提供至少2辆出租车和私家车的临时落客位及应有的回转空间,如若有条件,可以将临时落车位引入项目红线范围内,以提供便捷性。临时落客点建议凹向项目侧,避免因落客而影响市政交通(图2-16)。

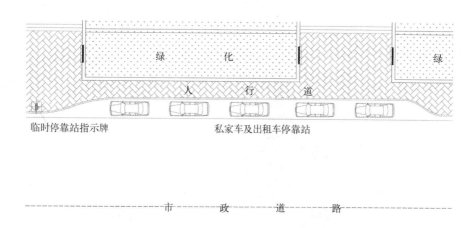

图2-16 临时落客处与市政道路的关系做法示意

(7)停车场管理岗亭:管理岗亭应设置在水平路段,且进出口应有一定的直线距离,满足车辆停靠时司机取卡和刷卡缴费的距离要求;安全岛应有警示标线;地感线圈应在地面施工之前进行预埋,避免后期切割地面埋设线圈时破坏地面效果。

(8)当项目有超市时

1)提供手推车回收处:应考虑超市购物手推车的临时存放处、行走路线和能够到达的范围,并在必要的位置设置手推车护桩,以防止手推车丢失;手推车的行走路径若使用无障碍坡道,其坡度设计不得大于1∶12(垂直∶水平)。手推车临时存放处的护栏应有足够的强度,以承受碰撞。

2)提供超市班车停车位:应根据超市方的要求,提供一定数量(一般 4~8 辆)的超市班车临时停车位及应有的回转空间,班车停车处应设置有候车区,候车区应设置站台及预留候车雨棚安装空间、指引标识等。

2.6.7 室外交通及道路

(1) 优化道路设计,采取防噪措施:采用降噪路面、声屏障、绿化隔声带等降低交通噪声影响的措施,根据不同的载重要求对道路基础及面层进行合理的设计,避免因过厚或过薄造成浪费或荷载不够,道路应根据不同的部位和用途选择不同的路缘石,以免造成浪费。

(2) 设置清晰的道路引导标识系统:室外交通和道路应设置清晰、正确的引导标识系统,包括立式标牌、地面指示划线等;交通指示牌应设置于路口、交叉口和广场四周的醒目处。

(3) 关注场内交通与城市交通的关系:关注广场内外动线及交通与城市大交通的关系和交通组织情况,并能使之协调。

(4) 汽车坡道周边不宜设置水景:出于后期维护保养和维修方面的考虑,汽车坡道周边不建议设计水系景观,以免出现渗漏,增加维修成本。

(5) 人车分流:人行走道与车行通道之间建议有明确区分,避免人车混行,并且人行通道不要有明显高差,符合人的行走习惯,以免造成行人的摔伤。

(6) 车行道路不用铺装:车行路面(如车库出入口)不宜铺装,应采用沥青路面,如出于环境装饰的需要,则应对铺装和垫层按照车载要求设计。

(7) 考虑公交车站:应结合实际情况,结合人车动线合理设置公交车站的位置;如项目原没有公交车站,建议向交通运输部门申请增设公交车站。

(8) 避免车辆穿越广场:为保障整体交通流线的通畅,建议尽量减少车行流线对商业广场的穿越。

(9) 体现城市道路斑马线:城市道路的斑马线应在景观设计图中体现出来,并与外广场的人行动线衔接。

(10) 特殊部位路缘石下沉:人行过街或者车辆出入口等位置应考虑路缘石下沉,以便于通行,下沉弧线应自然过渡,铺装拼花应协调对称。

2.7 外立面的设计和施工要求

2.7.1 外立面

(1) 新建项目采用预埋件：对于新建项目幕墙龙骨预埋件，要采用结构混凝土浇灌时预埋的方式，以降低成本造价，不建议采用后置埋件、加药剂螺栓或膨胀螺栓的安装方式；当采用后置埋件时，必须做现场拉拔试验。

(2) 承包商提供深化设计：若外立面为幕墙形式，考虑其专业性，建议由幕墙承包商依据建筑图纸设计和深化，设计图及幕墙材料在施工前由业主及原建筑设计单位审批，材料必须封样，以作为施工及验收的依据。

(3) 四性试验报告：幕墙施工单位应提供各幕墙单元的四性试验报告，试验时应由监理公司及甲方共同验证其抗风压性能、空气渗透性能、平面变形能力、雨水渗透性能检测，满足设计规范要求，同时还需要考虑当地的气候条件。

(4) 非主立面可以简约：从成本考虑，在不影响整体效果的情况下，非主立面（背街）和屋面机房外墙等可以局部降低幕墙标准或做法（如采用外墙涂料等）。

(5) 外墙面广告设置：充分利用外墙面设置广告、标识、LOGO、LED 屏等，甚至可以将一些无效空间设置成橱窗式广告位（预留电源及检修通道），外幕墙设计时应考虑这些广告位、LED 屏的安装空间、距离、结构荷载等，还需要考虑其与幕墙的接驳及防水措施。应在项目方案阶段就需考虑好 LED 屏和大型广告位的尺寸、安装位置，并在施工图阶段考虑结构荷载、检修通道等方面的条件，以便在主体和幕墙施工时进行预留。

(6) 通透式店铺：通透式店铺外墙玻璃的透明度宜为 70%～80%；通透式店铺的隔墙及天棚边线应顶靠在玻璃幕墙的龙骨上，不得从外侧看见室内的租户隔墙或天棚线；当幕墙和租户隔断之间存在空间或缝隙时，必须封闭或封堵。

(7) 外立面灯光：为了烘托商业气氛，外立面会设置一些灯光照明及点光源，外立面照明的照度应进行核算，并能与 LED 屏、广告、LOGO 等相协调，突出主次。

(8) 外立面上的风口及百叶：外立面上的百叶风口位置、尺寸、形状等需要与暖通专业核对，并确认，百叶的颜色应与外立面一致，尺寸尽量满足外立面饰面材料的模数；百叶安装完后的收口及防水问题和界面需要在合同中明确。

（9）清洗及维修条件预留：外墙面需考虑标识、广告等更换画面及幕墙清洗的条件。采用玻璃幕墙时还应考虑内侧便于清洗；根据层高、外立面的形式确定是否需要提供全方位的吊车系统，当未设置吊车系统时，需安装固定锚锭配备供蜘蛛人外墙维护和清洁工作，其承重宜为300kg以上。

（10）管道需要隐蔽：外幕墙上的机电管道（雨水管）需做隐蔽或包装处理，在幕墙设计前应由机电专业对管道的安装位置、空间进行详细提资，以便在幕墙设计阶段对这些条件进行考虑，在施工过程中及时跟踪和反馈信息，确保尺寸位置、空间在控制范围之内。

（11）预留燃气入户路由：因为燃气专业的特殊性，其设计方案和施工图的进度往往滞后于主体工程的进度，这就需要机电专业人员对项目燃气的入户路由进行初步规划，并在主体和外立面施工时预留安装空间和入户孔洞的位置。

（12）节能考虑：外立面的玻璃宜采用LOW-E钢化中空玻璃；LOW-E膜应设置在从外往内的第二面（最外一层玻璃的内侧）。

（13）外立面可视部位的处理：玻璃幕墙处，外墙的可视部位需进行包饰处理，避免从室外看见幕墙内侧裸露的混凝土结构（梁、柱、层间结构楼板）及外墙砌体。

（14）商场入口大门编号：为了给顾客提供准备的位置信息，建议对商业项目的各入口进行编号，编号应简洁、易于记忆。

（15）幕墙的龙骨模数关系：外立面上龙骨的模数应能够与结构柱、梁等对应；同时还需要注意首层外立面上疏散门（门的位置、高度、洞口尺寸和门扇尺寸、开启幅度）对幕墙的影响（图2-17）。

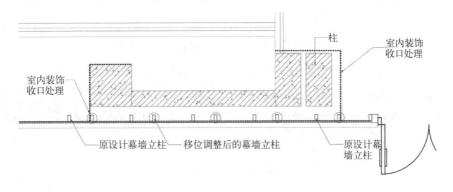

图2-17 外立面幕墙立柱龙骨优化对比

2.7.2 雨棚

（1）在出入口、地下停车场入口、出租车及班车候客区、车辆停靠点设置雨棚。

（2）当采用玻璃雨棚时，玻璃天顶必须达到遮阳系数（Shading Coefficient）=0.4。

（3）主入口雨棚玻璃应根据计算采用钢化夹胶玻璃，且膜厚≥1.14PVB，不建议采用自由排水，应在外幕墙与雨棚内侧交接位置设不锈钢排水沟（靠近室内侧应设置保温，避免冷桥造成滴水），排水立管需隐藏于幕墙装饰内；并接入雨水系统。雨棚下设照明灯具。

（4）主入口雨棚应有淋水试验记录，雨棚下灯具应采用防水型灯具。

（5）雨棚的钢架颜色必须和立面协调。

（6）候车亭雨棚的悬挑长度，其外边应覆盖路缘石的边线+200mm，尽量减少乘客上车时被雨淋的机会。候车厅应考虑坐凳、预留广告位和照明。

（7）地下停车场入口雨棚应考虑悬挂入口标牌和限高杆，雨棚的照明应采用光感控制。

2.7.3 屋面

（1）屋面的设备、桥架、管道等应布置合理、紧凑。

（2）屋面风管与风井接驳处的防水及接口方式需要重点关注，避免后期因环境温度的变化和日晒雨淋导致接口部位开裂、脱落、渗水。

（3）屋面需有绿化处理，应按上人屋面考虑其做法，充分考虑屋顶的承载能力，设计合理的覆土厚度，选种的植被应与之相符。

（4）建议应考虑功能性设置，在允许上人的前提下，考虑设置休闲区域。

（5）屋顶花园应充分考虑整体排水系统，倒流流向设计、排水沟流向设计应均匀合理设置，避免出现向一个方向集中倒流的设计。

（6）屋面设备基础应根据设备厂家确认的尺寸和要求施工，在按尺寸施工时需要考虑保温层和屋面铺装厚度对基础高度的影响。

2.7.4 采光顶

（1）采光顶的所有玻璃应采用 LOW-E 夹胶钢化中空玻璃（LOW-E 膜应在从外往内的第二面，夹胶必须在最下层玻璃上）。

（2）采光顶需有遮阳措施，可以采用遮阳帘或遮掩格栅，当采用条形固定遮阳格栅时，应注意格栅的排布方式和方向，避免阳光直射。当设计为电动遮阳帘时，设计选型需注意轨道、电机、控制机构的选择，以避免后期实际使用时频繁出现故障。

（3）采光顶下需有电动吊钩、手动开启扇，采光顶应设机械排风系统，采光顶四周立面的高度应考虑排风开启扇和排风管道的安装高度（需与暖通专业核对）和检修方式。

（4）中空采光顶需考虑机电的检修措施。

（5）中庭采光顶应预留悬挂 LED 显示屏的荷载，及电动吊钩的荷载。

（6）采光顶钢结构与建筑墙体接驳处的防水需要重点关注。

（7）采光顶下电气管线及线缆接头应考虑日晒及高温的影响（绝缘胶带温度高时容易脱落，金属线管受热后容易烫伤线缆）。

2.8 商业项目的无障碍设计

2.8.1 无障碍车位

在停车场应设置一定数量的无障碍车位，并有醒目和正确的指引标识。

2.8.2 无障碍通道

（1）在一些有台阶的入口和通道，应设计无障碍坡道及通道，并设置护栏和扶手。

（2）主力店正门口通往市政道路的人行过道处，建议增加"无障碍通道"设施。

（3）出入口、主要道路、主要建筑等应进行无障碍设计，并与城市道路无障碍设施连接。

(4)"无障碍通道"建议采用不锈钢护栏制成,避免用土建矮墙,以免显得过于生硬,欠缺一些人文的感觉。

(5)在商业项目的主通道及主要楼梯处,当无法设置无障碍通道时,可以考虑设置轮椅升降电梯(图2-18)。

图2-18 轮椅升降电梯

2.8.3 市政盲道

按规范设计盲道并敷设盲道砖,市政盲道应连贯畅通。

2.8.4 无障碍卫生间

商场应设置无障碍卫生间,卫生间门应为净宽不小于900mm的平移门,以满足轮椅能够顺利通过,还应设置紧急呼叫按钮、马桶扶手、洗手盘扶手等设施和设备。通往无障碍卫生间的通道不得有台阶出现。

2.8.5 电梯无障碍设计

垂直升降电梯应有无障碍设计,包括电梯按钮增加盲人按键、设置扶手,进出口的宽度应满足轮椅通行;考虑轮椅进出可能会碰撞厢壁,轿厢内装饰设计和材料选择时,需要考虑防范和保护措施。

2.9 商业项目功能区域的划分和设计

2.9.1 卖场区域划分

(1) 卖场内区域：一般设营业区、推广区、休息区、客户问询区、办公区、卫生间区域，还可根据项目情况选择性设置家庭间、吸烟室、员工茶水间等。

(2) 卖场外区域：设室外广场展示区、卸货区、垃圾房、停车场及停车收费区、出租车站。

(3) 商场管理用房：员工餐厅（如需）、员工更衣室、储藏室、运营用房、市场推广部库房、物业库房、物业管理用房、商场管理办公室等。商场办公室尽量布置在地下室，当地上最高楼层出现出租死角时，可以考虑作为办公室的临时位置，以提升商场人气。

(4) 美食街：如果商场有自行运营的美食街，则需要在前期进行规划，建议档口不少于 10 个（面积不小于 $20m^2$/档口），其附属用房需有：洗碗间、冷荤间、储藏间和垃圾间、员工卫生间和更衣室。

2.9.2 卸货区和垃圾房

(1) 卸货区设置要求：按项目的实际要求合理设置卸货区：普通卸货车位为 3m×7.5m、普通卸货平台高 900mm；12m 长货车卸货平台高 1200mm；卸货平台必须设置上下坡道，坡度为 1:12；超市卸货区应设置地磅坑位；卸货区需有排水沟，且需有沉沙池，卸货区需要有给水、独立的供电电源。

(2) 卸货区墙面保护：卸货平台周围水平方向外边阳角处预埋防撞角钢及橡胶防撞垫，卸货平台周围垂直方向外边阳角处预埋 800~1000mm 的防撞角钢及橡胶防撞垫。防撞角钢必须涂饰警示漆；卸货走廊必须有 1.1m 高防撞墙裙（如：采用压花镀锌钢板墙裙），或 200mm 高防撞护栏，阳角需安装防撞角钢。

(3) 超市需设置独立的卸货区：超市卸货区应和商场普通商铺的卸货区分开设置，并通向各自的货梯；超市的卸货区应尽量靠近超市的仓库区域（超市卸货区应有纸箱包装回收处、管理办公室等附属用房)。超市卸货区需有不少于1个12m车位和2个9m车位。超市卸货区的装修及二次设备安装应由超市负责(自营超市除外)。

(4) 卸货区高度：卸货区及进出车道净高应不低于4.5m，以确保大型货车能够到达停靠。

(5) 商场主卸货区：商场应至少设置一个主卸货区，供零售业态公共使用，主卸货区车位最少不少于5个，并且12m车位不少于1个，具体数量视商场实际情况考虑，最终卸货区车位数需根据项目体量大小确认。

(6) 餐饮业态独立卸货区：考虑到项目有较多的餐饮业态，建议在地下停车场(或首层非临街面)设立各主力店及小商户的多个卸货区域(最好能够相互独立)，卸货区域应接近各业态入口处，并与货梯区、垃圾房组合设计，垃圾房应相对独立，分设干、湿垃圾房，每组(1干+1湿)面积以不小于60m^2为宜，不建议主力店共用垃圾房。

(7) 卸货区应设置防盗卷帘：因卸货区直通货梯，为保证大厦安全，应在卸货区设置防盗卷帘(寒冷地区应为保温防盗卷帘)，卸货区应有消防设施(包括报警探测器、喷淋、消火栓等，寒冷地区管道应有电伴热进行保温，防止管道冻裂)，且卸货区应有视频监控系统。

(8) 垃圾房的位置：垃圾房的位置应设在靠近地下停车场出入口或者首层的背街面，并兼顾货梯及卸货区，充分考虑垃圾运送通道的畅通性(应注意当地垃圾车的高度)，垃圾运输通道尽量设置在靠近主通道标高最高的区域。

(9) 垃圾房设置：除餐饮业态的干湿垃圾房外，按实际要求合理设置综合垃圾房、建材垃圾房和危险品垃圾房。在垃圾房的门前区域设置垃圾车停车位，垃圾车的行走通道需要考虑当地垃圾车的实际高度和宽度。

(10) 干湿垃圾房的设置：项目应给普通商铺设置一组垃圾房(包括干垃圾房约40m^2、湿垃圾房约20m^2)；超市需要另行设置一组垃圾房(干垃圾房约20m^2、湿垃圾房约20m^2)；餐饮业态独立设置卸货区时，还需要根据实际情况设置相应的垃圾房(干湿垃圾房，面积根据实际情况设置)。

(11) 垃圾房的建造标准

1) 湿垃圾房：湿垃圾房的墙面、地面、排水沟均应统一铺贴瓷砖和地砖，墙面需铺贴到顶；地面采用耐磨、防滑易清洁的地砖；湿垃圾房地面、墙面铺贴前均需做防水处理。

2) 干垃圾房：干垃圾房1.5m高以下墙面采用刚性水泥砂浆抹灰（防水、防潮处理），地面应做防水处理及耐磨水泥地面。

3) 危险品垃圾房还应配置防爆灯、防潮灯及泄爆口。

4) 垃圾房内应配置给水排水、照明、灭蝇灯（离地面2.5m）、消毒灯（紫外线杀虫灯）、排风设施（必须设置）等，特别是危险品垃圾房应设置可燃气体报警装置和自动强制排风系统，确保商场的环境品质。

5) 垃圾房的百叶窗和门百叶必须安装防虫网。

6) 干湿垃圾房内均设地漏，地漏盖下应安装不锈钢防虫网，地漏需增加沉沙池。

2.9.3 设备间及机房

1. 设置原则

（1）当项目有多个业态时（酒店、住宅、公寓、写字楼、商业等），应根据不同业态设置独立的设备机房，机电系统均能够独立运行、独立控制、独立计量。

（2）机电设备机房应考虑机电管线的敷设半径，尽量设置在能源中心，但不建议设置在项目的正中间，以免造成项目建筑面积的浪费。

（3）不可将各专业的机房集中布置在一个区域，避免机电管线过于集中，造成管线排布困难、增加荷载和占用大量的空间标高。

（4）商场机房尽量布置在地下室的最底层，唯有变配电室尽量布置在地下一层。

（5）消控中心尽量布置在首层和地下一层，当在地下一层时，需要有直通室外的通道。

（6）地下室设备房区域或物业值班室附近需设置物业卫生间。

2. 制冷机房、锅炉房、换热站

具体指标及要求见表2-2。

空调专业主机房设置指标和设置要求　　　　表2-2

面积指标	制冷机房	锅炉房	换热站	*项目体量超过15万 m^2 的商业项目可以适当取小值
	总建筑面积×0.5%~0.8%*	总建筑面积×0.5%~0.8%*	总建筑面积×0.2%~0.4%*	

续表

位置设置	应设置在地下室，靠近负荷中心，减少空调水系统管路过长，损失过大，三个机房应紧邻布置
机房要求	机房不宜为狭长分布，短边跨距不宜少于10m，机房梁下净高不宜小于5～6m，机房地面以下需设排水沟，集中收集至集水坑后统一排出，机房内需尽量预留配电间（最终根据机组或设备选型方案确定）
特殊租户的机房要求	对于一些租赁面积较大的特殊租户，应设置与商场相互独立的上述机房；如有条件，机房建议紧邻，但需要考虑后期管理是否方便

3. 空调机房

（1）从提高首层出租面积方面考虑，若地下一层不设超市，商场首层的部分空调机房可设置在地下一层，或在不影响装饰完成面层的吊顶高度时，空调机可以吊装在首层租户吊顶内，但需做隔声和降噪处理，且不得影响租户的天棚标高。

（2）空调机房不应紧邻主／次入口、餐饮等室内声音要求严格的区域和房间，宜设置在消防楼梯间、电气竖井、管道井、卫生间、消防中控室等设备用房周边。

（3）空调机房的划分不应穿越防火分区，大中型商场应在每个防火分区内设置2个空调机房。

（4）各层的空调机房最好在同一位置上，即垂直成一串布置。

（5）各层空调机房的位置应考虑风管的作用半径，不宜大于45m，一般为30～40m，系统服务面积根据防火分区及商业业态统一考虑，单台机组送风量不宜大于50000m³/h。

（6）若空调机组带热回收段，单个机房不宜小于80m²，若空调机组不带热回收段，2台机组共用机房面积不宜小于100m²，机组需设置一个检修门。

（7）空调机房的位置应考虑主风道，靠近管井使风管尽量缩短，降低风机功率，且易于空调机房送／回风主风管的平行布置；主风管应避免交叉，且不影响公共走廊、商业公共区与租户商铺内等装饰面层的吊顶净高度。

（8）需考虑商场与超市、影院、KTV等相互独立的新风机房和新风管井，如不具备条件，可共用新风竖井。

4. 送风机房

（1）地下室送风机房及排风机房不宜设置在地下车库坡道出入口、车库内汽车行驶主车道周边，不宜紧邻物业管理用房、有人值班的设备用房等室内噪声要求严格的房间。

(2) 宜设置在消防楼梯间、卫生间、消防水泵房、生活水泵房、中水机房、制冷站、换热站等无人看守的设备用房周边。

(3) 送风机房及排风机房的划分不应穿越防火分区，应在每个防火分区内设置1~2个送风机房及排风机房。

(4) 各层的送风机房及排风机房最好在同一位置上，即垂直成一串布置。

(5) 各层送风机房及排风机房的位置应考虑风管的作用半径，不宜大于45m，一般为30~40m，地下室部分送排风系统的服务面积需要根据防火分区、地下室设备机房、物业管理用房等不同功能用房的送风要求进行考虑。

(6) 送风机房及排风机房的位置应考虑室外新风井道，靠近管井使风管尽量缩短，降低风机功率，且易于机房送风主风管的平行布置，避免主风管与其他管线交叉，不影响公共走廊、商业公共区与地下车库坡道出入口、车库内汽车行驶主车道等区域的吊顶净高度。

(7) 应统一考虑地下送排风机房的位置及管井。

5. 冷却塔

(1) 设置在屋顶上，如有塔楼则根据项目所在地夏季风向，设置在距塔楼>50m的逆风侧。

(2) 除预留设备的安装面积外，尚应考虑接管道和维修人员行走通道的空间。

(3) 冷却塔的占地面积约为总建筑面积的0.3%~0.5%，或根据最终采购的设备品牌进行面积和布局的确定、施工。

(4) 当项目设置有冰场或者滑雪场时，需要预留有独立的冷却塔安装位置，且还需要预留管道路由。

(5) 冷却塔的基础应根据设备厂家的提资进行布置。

6. 压缩机房

有超市时需设置压缩机房，设置在超市冷库附近，需保证冷媒管的路由长度（垂直距离不得超过30m，水平距离不得超过20m），避免冷媒管管路过长、损失过大，压缩机房避免狭长分布，短边跨距不应少于8m，总面积需要根据压缩机类型及机组选型方案进行确定，机房净高不宜小于4.5m，机房地面以下需设置排水沟，集中收集至集水坑后统一排出。

7. 室外冷热泵/数码多联/VRV机组

(1) 设置在屋顶上，如有塔楼则根据项目所在地夏季风向，宜设置在距塔楼

>35m 的逆风侧。

(2) 除预留设备的安装面积外，尚应考虑接管道和维修人员行走通道的空间。

(3) 室外风冷热泵／数码多联/RVR 机组的占地面积根据最终采购的设备品牌及机组选型方案确定施工。

(4) 需考虑商场及超市相互独立的室外风冷热泵／数码多联/VRV 机组安装位置的预留。

8. 设备基础预留

商业项目应根据项目的业态，对一些特殊租户预留空调设备、水箱设备的设备基础和安装位置。如影院、KTV、超市、KFC、麦当劳等需要独立的空调外机安装位置，一般考虑预留独立的管道路由及屋面预留设备基础的安装位置；健身、SPA 等需要有 $50m^3$ 的独立水箱间等。

9. 开闭所、变配电室

(1) 变配电室需设在地下一层，变配电室及高压开关站地面宜高出房间外的地面，防止地面水流入变配电室。

(2) 变配电室内或紧邻位置必须设有电气值班室，值班室内需安装分体空调。

(3) 开闭所需要有独立的排风系统。

(4) 项目体量过大时，应考虑设置多个变配电室，分布在项目的不同区域，以缩小 380V/220V 的供电半径，降低电损耗及节约投资。

10. 强弱电间

(1) 强弱电间的分布必须按照防火分区设置，二层以上每个防火分区不得少于 1 个强弱电间，当有中庭时，应设置强弱电间各 2 个，各层强弱电间需上下成串设置，不得在中间楼层改变路由。

(2) 弱电间应紧邻强电间，当强弱电间共用一个房间时，需要分隔成独立小间。

(3) 强弱电间应设 300mm 高的门槛，通往强弱电间的检修通道和检修门不得设在租户内。

(4) 每个弱电间的净面积宜为 $3\sim6m^2$，弱电间的楼板开洞尺寸不小于 800mm×250mm。

(5) 每个强电间的净面积为 $6\sim12m^2$（首层靠近主次入口附近的强电间应取最大值），楼板开洞尺寸不小于 1200mm×250mm。

(6) 强弱电间的净宽度不得小于 1200mm。

11. 电信、联通、IT 主机房、UPS

（1）在地下室设置电信、联通、移动、IT 主机房、UPS 机房各 1 间。

（2）电信、联通、移动机房净面积为 12~18m^2，该机房提供 20kW 电源进户即可，安装计量电表。内部装修和机电配置、空调等由运营商自行解决，但需要预留地漏，作为安装分体空调排放冷凝水之用。

（3）IT 主机房的净面积为 15~20m^2。

（4）UPS 机房净面积为 10~12m^2。

（5）上述机房层高不低于 2.8m，当建筑高度为 6m 时可以做成隔层，并安装有楼梯（爬梯）及满足设备运输的洞口。

（6）机房需考虑分体空调的安装位置及排水地漏。

12. 消防泵房、给水泵房

消防泵房和生活给水泵房应相邻布置，消防泵房的布置位置按照规范要求不得低于地下 3 层。

消防水池和生活水池不宜布置在项目的中间。

2.9.4 商场仓库

1. 商场运营仓库

商场应预留有商场营运部及物业部使用的库房，库房内需有照明和通风设施。

2. 租户仓库

（1）商场应在地下室或者不适合出租的位置设置租户存储货物的仓库。

（2）租户仓库内需预留有电源、排水、给水、排风、空调及语音数据点。

（3）租户仓库应考虑货物运输通道的便捷性（从卸货区至库房、从库房至店铺）。

2.9.5 管井

（1）需合理设置水管井、通风管井，每个防火分区的水管井不宜少于 3 个。

（2）餐饮店铺需设置排油烟管井和补风管井，独立餐饮店铺应考虑一对一的排油烟管道。

（3）防排烟风管按照防火分区设置，每个防火分区不宜少于 2 个，位置应避免与空调风管交叉。

（4）前期需预留 2~3 路燃气管道的路由，路由规划时应考虑燃气管道不得跨越防火分区。

（5）水管井应设 300mm 高的门槛，且通往水管间的检修通道和检修门不宜设在租户内。

（6）如有超市，需按照超市要求预留风井及管井，具体由项目超市提出详细要求。

2.10　附属房间及功能区域配比指标

根据营业面积及项目平面条件，考虑其所在楼层区域，估算附属用房及区域的面积可能需求数，见表 2-3。

商业项目功能区域和附属用房配比参数及设置要求　　　表 2-3

区域	面积计算公式	一般位置	备注
卸货区	商业面积×(0.5%~1%)	背街面或地下一层货梯附近	超市另设，且可根据项目体量设置 2 个以上的卸货区
运营用房	营业面积×(0.5%~1%)	靠近地下一层卸货区	
员工餐厅	用餐人数÷用餐批次×1	地下室员工通道附近	
员工更衣室	更衣人数×0.25	地下室员工通道附近	
物业管理用房	办公用房 100m²，设备工具操作间 50m²	地下室员工通道附近	由物业公司提供平面布置方案要求
商场管理公司办公室	300~500m² 左右	较高楼层较偏位置或者地下室不宜出租的位置	
停车位	1.5~2 个/100m² 净租赁面积，或者按 1 个/80~100m² 商业面积，三四线城市配比可以在此基础上减少 1/3~1/2		另在地上设出租车落客点 6~8 个车位，三四线城市配比可以在此基础上减少 1/3~1/2
中控室面积	建筑面积×(0.12%~0.15%)	首层或地下一层，需有直通往室外的疏散楼梯或通道	
变配电室总面积	建筑面积×(0.5%~0.7%)	地下一层	（含开关站）

续表

区域	面积计算公式	一般位置	备注
商场营运卫生间	小、大便器数量：按营业面积：女大便器位 $1.5/1000m^2$，男大便器位 $0.5/1000m^2$，小便斗 $1/1000m^2$ 洗手盘数量：女卫 1：2（大便器），男卫 1：3（大便器+小便斗） 在上述总数内考虑儿童便池和洗手盘	首层以外的营业楼层。还需要配置保洁间、无障碍卫生间、家庭卫生间	餐饮楼层的比重适当增加，本指标不包括商场管理、物业、美食广场等员工卫生间

2.11 功能区域装修标准列表

商业项目功能区域和附属用房配装修做法汇总见表 2-4。

商业项目功能区域和附属用房配装修做法汇总　　　　表 2-4

部位	地面	墙面	天棚	踢脚	备注
消防控制室、中控室	防静电活动地板，高度不低于250mm，防静电地板下必须刷环氧聚氨酯两遍（防尘漆）	2.5m以下耐擦洗乳胶漆或涂料，2.5m以上普通乳胶漆或涂料	600mm×600mm 矿棉吸声板吊顶	成品PVC板踢脚	
弱电机房	环氧树脂地坪漆，厚度2mm（以满足机房防潮/防静电及易除尘要求）	2.5m以下耐擦洗乳胶漆或涂料，2.5m以上普通乳胶漆涂料	乳胶漆棚面或600mm×600mm矿棉吸声板吊顶	地砖踢脚或水泥踢脚	
强弱电间	环氧树脂地坪漆，厚度2mm（以满足机房防潮/防静电及易除尘要求）	2.5m以下耐擦洗乳胶漆或涂料，2.5m以上普通乳胶漆或涂料	乳胶漆棚面	地砖踢脚或水泥踢脚	
消防楼梯	混凝土地面加防滑条（防滑条不得高出地面）或防滑地砖	2.5m以下耐擦洗乳胶漆或涂料，2.5m以上普通乳胶漆或涂料，楼层平台墙面应有楼层标志和楼梯间编号	乳胶漆棚面	地砖踢脚	优先采用不锈钢栏杆

续表

部位	地面	墙面	天棚	踢脚	备注
卸货区	细石混凝土超硬耐磨地面	2.5m以下耐擦洗乳胶漆或涂料，2.5m以上普通乳胶漆涂料	乳胶漆棚面		墙面也可以采用清水砌筑，不再进行抹灰处理，柱面采用清水混凝土
货梯前室	细石混凝土超硬耐磨地面	2.5m以下耐擦洗乳胶漆或涂料，2.5以上普通乳胶漆或涂料	乳胶漆棚面	地砖踢脚	
后场货物运输通道	细石混凝土超硬耐磨地面	2.5m以下耐擦洗乳胶漆或涂料，2.5以上普通乳胶漆涂料		地砖踢脚或弧形水泥踢脚	阳角处安装护角，墙面安装防撞墙裙
地下停车场	基层采用细石混凝土超硬耐磨地面，地面伸缩缝从柱脚向四周分散	柱面墙面结构打磨后，两遍白色腻子粉，打磨至刷乳胶漆的平整度	结构打磨后，两遍白色腻子粉，打磨至刷乳胶漆的平整度	300mm高环氧树脂防潮踢脚	地面的二次处理及划线、墙面、柱面涂料方案根据开发单位的要求进行二次设计
地下车库坡道	细石混凝土超硬耐磨地面，防滑处理。均匀压宽度15mm、深度不小于5mm的防滑槽	柱面墙面结构打磨后，两遍白色腻子粉，打磨至刷乳胶漆的平整度	结构打磨后，两遍白色腻子粉，打磨至刷乳胶漆的平整度	300mm高环氧树脂防潮踢脚	
冷冻机房、给水泵房	环氧树脂地坪漆，细石混凝土地面	乳胶漆涂料内墙面	乳胶漆棚面	地砖踢脚	
设备管井	细石混凝土地面	内墙水泥砂浆粉刷			
其他设备用房、工具间	细石混凝土地面	乳胶漆涂料内墙面	乳胶漆棚面	地砖踢脚	
高低压室、开关站	环氧树脂地坪漆，厚度2mm(以满足机房防潮／防静电及易除尘要求)	乳胶漆涂料内墙面	乳胶漆棚面	地砖踢脚	按规范要求地面铺设橡胶地垫
IT主机房和商场办公室电脑主机房	防静电活动地板，高度不低于250mm，防静电地板下必须刷环氧聚氨酯两遍(防尘漆)	乳胶漆涂料内墙面	轻质600mm×600mm微孔矿棉板天棚	成品PVC板踢脚	电脑机房外墙有水管、用水设施或有户外窗户，则机房内地板下须做一圈100mm高的防水带

2.12　商业项目的防水要求

(1) 地下室的防水、屋面防水按规范和设计要求执行。

(2) 降板区域防水：降板区域需做两次防水，即结构面层一次防水，回填后再做第二次防水。

(3) 装修二次防水：卫生间、美食广场等需要进行二次装修的区域，需要做二次防水，第二次防水由装修单位完成。

(4) 特殊部位的防水高度要求：

1) 卫生间小便斗处、美食广场后厨、洗碗间、洗手台（盘）、湿垃圾房等处的墙面防水高度不低于1.5m。

2) 大便器（应从大便器安装完成后的平面起算高度）、IT机房（从地面起算）、消控中心（从地面起算）、其他未做说明的区域（从地面起算）墙面防水高度不低于0.5m。

3) 淋浴间墙面防水高度不低于1.8m，或莲蓬头的最高高度+100mm，两者取较大值。

2.13　扶梯、步道梯、飞梯、升降电梯设置及控制

应根据项目实际情况（面积、空间距离、业态布局、商业动线）综合考虑后，配置相应的自动扶梯、自动人行道、步道梯、飞梯（跨越楼层数≥2的扶梯）、观光电梯、客梯、货梯等。电梯配置及选型时，还需要综合考虑前期投资及后期的维修运行成本。

商业项目主要以扶梯和观光梯、客梯来组织人流的垂直交通，采用自动人行道组织人流的水平交通。

2.13.1 扶梯、步道梯、飞梯

1. 扶梯布置

（1）步行街扶梯设置：设置的一般原则是，在距步行街主入口10m左右设第一组扶梯，扶梯间距控制在45～70m之间，也就是在楼板开洞的2～3个洞口之间设扶梯，扶梯应靠洞口一侧并平行布置。

（2）购物中心扶梯设置：主要中庭或中空部位设置扶梯，根据商场动线的需要而在局部增设扶梯，并开设小中空。

2. 扶梯、步道梯到达的区域范围

（1）扶梯能够到达任意楼层，且必须有一部扶梯通往地下停车场，以便将人流从停车场快速引入营业区。

（2）项目有超市业态时，需要设置步道梯，步道梯必须能够从超市区域到达首层及地下各层停车场。当超市的营业区域≥2层时，应设超市内部顾客购物步道梯，该步道梯应由超市方自行采购和安装，建设方按照超市提资预留电梯洞口和基坑，自营超市除外。

（3）扶梯的位置应避免对商铺的经营造成影响，且不宜设置在商业主入口处。

（4）当室内外有下沉广场时，建议设置室外扶梯以连接室外（或首层）地面和下沉广场。室外扶梯应有防雨、防水及防漏电措施。

（5）为提高商业客流量，减少顾客的步行距离，可以考虑在水平距离之间增加自动人行道，如：某项目一期为大型购物中心，二期有电影院，为拉近一期和二期之间的距离感，在影院与一期之间安装自动人行道。

3. 扶梯布置方式

（1）直线到达（快速到达）：随着商业项目发展趋势，体量越来越大、业态也越来越丰富，传统做法（采取迂回式设置扶梯来达到延长顾客的行走路线）已经不能满足顾客的需要，所以建议扶梯最好采用直线布置，以便顾客能够快速地直线到达相应楼层；或尽量减少顾客上下楼层转换扶梯的行走距离。

（2）交叉布置：为使流动线生动，方便顾客目的性购物，各层扶梯也可以设置为交叉布局。

（3）飞梯跨层到达：为了提供顾客逛街的便捷性、拉近楼层之间的距离，考虑设置飞梯，实现跨层快速抵达消费目的地；当商场层数≥6层时，主入口处的上行交通建议以飞梯为主,以提高顾客的便捷性,可快速将顾客带到消费目的地。

(4) 自动人行道水平到达:大型商业项目中,为了减少顾客抵达不同业态之间的水平路程,可以考虑设置水平自动人行道。

4. 扶梯、步道梯、飞梯的一些要求和注意事项

(1) 扶梯要求:坡度 30°,速度 0.5m/s,周边需要 12mm 厚和 1.1m 高的手扶玻璃围栏。

(2) 人行道坡梯:坡度 12°,速度 0.5m/s,周边需要 12mm 厚和 1.1m 高(首层~2层)及 1.4m 高(2 层以上楼层)的手扶玻璃围栏。

(3) 变频控制:扶梯、步道梯应设置光感、变频装置;应采用变频控制,能够在有人使用的情况下常速运行,无人使用的情况下低速运行,或暂停运行(当项目设置有飞梯时,因其跨越楼层多,距离长,考虑安全性,不建议暂停运行)。

(4) 上下平台与地面平整:扶梯(步道、飞梯)上下平台处必须和商场地面铺装完成面齐平(需满足相应精装的标高控制要求)。为保证平台与地面装修完成面平整,自动扶梯和自动人行道安装初调时,调整螺丝应调整在中间位置,以便地面产生误差时可以上下调整。

(5) 检修维修方便:扶梯(步道、飞梯)机箱盖板在保证牢固安全的前提下能够开启方便,在装饰施工时需要注意装饰踢脚不得遮盖和压住检修盖板。盖板安装后应牢固安全,不得有松动、滑落等潜在风险。见图 2-19。

图 2-19 自动人行道机坑检修盖板开启后的现场图片

(6)防刮碰、防夹考虑:扶梯两端与护栏衔接部位不得出现90°的直角挡板玻璃及扶手,且扶手与扶梯扶手带的间距应符合规范要求,以避免划伤或夹伤顾客(图2-20)。

图2-20 扶梯扶手带与拦板扶手的现场图片(1)

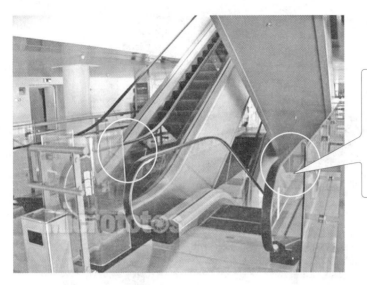

(c)

图 2-20 扶梯扶手带与拦板扶手的现场图片（2）

（7）并排安装扶梯间缝隙处理：当两部以上扶梯并排安装时，两扶梯之间间距的处理方式应做明确设计，除采用不锈钢（或其他材料）造型封堵，还应增加安全警示和防护栏杆（图 2-21）。

(a)

图 2-21 并列安装扶梯现场图片（1）

(b) 图中两扶梯之间虽然存在过大的间隙，但进行了防护和装饰处理

(c) 两扶梯之间的间隙进行装饰封堵，且安装有警示标牌

(d) 两扶梯之间的间隙进行装饰封堵

图 2-21　并列安装扶梯现场图片（2）

(8) 防触电：最低层扶梯（步道、飞梯）下方 1.8m 高度以下以及手可触摸到的灯具或灯槽需有防触电措施，以防止顾客或小孩触摸后误伤。

(9) 扶梯（步道、飞梯）下方不宜安装容易滑落的灯光片，考虑扶梯（步道、飞梯）运行中的振动情况，扶梯（步道、飞梯）下方不建议安装透光灯片，以免滑落影响装饰效果，严重时会坠落砸伤顾客。

(10) 扶梯（步道、飞梯）下方装饰和侧壁装饰：考虑扶梯（步道、飞梯）运行中产生振动，扶梯（步道、飞梯）侧壁和下方装饰应与公共区域天花、中庭垂壁之间断开处理，设置伸缩缝，避免后期因振动而出现裂纹，甚至出现装饰材料脱落的现象。

(11) 安全标识和装置：扶梯（步道、飞梯）需要根据扶梯安全标准规定设置安全设施和装置外，还需要设置下述的安全装置和设施。

1) 防护挡板：如图 2-22。

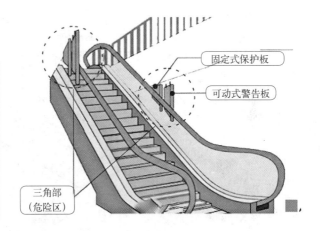

图 2-22 扶梯三角部位警示挡板安装示意图

2) 防攀爬装置：在扶梯（步道、飞梯）扶手挡板两侧的外盖板上设置防攀爬装置（图 2-23、图 2-24）。

图 2-23 防攀爬装置和警示挡板安装现场图片

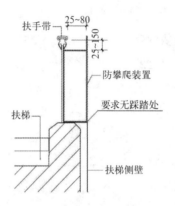

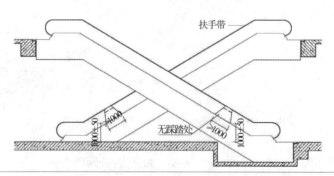

防攀爬装置的设置条件：如果存在人员跌落的风险，应采取适当措施阻止人员爬上扶梯扶手装置外侧。
设置位置：自动扶梯（人行道、飞梯）的外侧改版上应设防爬装置。
技术要求：位于地平面上方 1000±50mm 处，下部与外盖板相交，平行于外盖板方向上的延伸长度不小于 1000mm，并应确保此长度范围内无踩脚处。该装置的高度应至少与扶手带表面齐平，并符合图中尺寸规定

图 2-24 防攀爬装置设计要求和安装位置

3) 防夹毛刷：应在自动扶梯（自动人行道等）两侧裙板上安装柔性和刚性部件组成的防夹装置（如毛刷、橡胶型材等）。

4) 梯级警戒线：在自动扶梯梯级的三边和自动人行道梯级的两侧设置黄色警戒线，以警戒乘客踩踏时不得超过此范围。见图 2-25、图 2-26。

扶梯梯级三面设置黄色警示带，两侧裙板设置防夹毛刷。在上下平台疏齿板处应有防夹、紧急停止电梯运行的安全防护功能

图 2-25　自动扶梯梯级警示带现场照片

图 2-26　自动人行道梯级警示带和防夹毛刷现场照片

5) 扶手带入口保护装置：扶梯（步道、飞梯）的扶手带入口处应有防夹措施，且当外物被夹在扶手带入口时，扶梯（步道、飞梯）应能够紧急停止运行（图 2-27）。

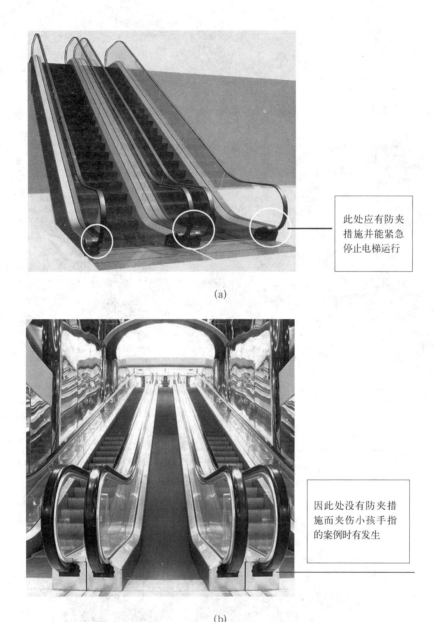

(a)

此处应有防夹措施并能紧急停止电梯运行

(b)

因此处没有防夹措施而夹伤小孩手指的案例时有发生

图 2-27　扶手带入口保护装置位置说明

6）扶梯两侧与结构洞口装饰完成面的距离：扶梯（步道、飞梯）安装完成面两侧壁板与洞口的梁柱墙等之间夹缝距离应不大于 500mm，且不小于 200mm。所以需要在结构洞口设计时充分考虑扶梯的外形尺寸、桁架装饰后的外形尺寸及安装位置等具体条件，避免出现尺寸过大或过小的现象。见图 2-28、图 2-29。

图 2-28 扶梯两侧壁板与墙体间距实景照片

图 2-29 扶梯两侧壁板与墙体间距超宽的处理实景照片

7）电梯入口防护栏杆（图 2-30）：应在扶梯（步道、飞梯）入口端部两侧和并列安装扶梯（步道、飞梯）之间安装防护栏杆或者防护桩，防止外物被夹。

(a) 防护拦板

(b) 防护拦桩

图 2-30　并列安装扶梯间的防护拦板（桩）实景照片

8) 扶梯入口使用须知和警示标识（图 2-31、图 2-32）：在扶梯（步道、飞梯）入口设置使用须知、警示标识和楼层标志（楼层标志有利于顾客快速了解自己所在的位置；此信息应区别于商场的导视牌，建议：可设置在扶梯栏板玻璃上）。

图 2-31 并列安装扶梯间的警示标示

图 2-32 扶梯入口处的楼层标志方案参考

9) 扶梯两侧防护网（图 2-33）：临空安装的扶梯（步道、飞梯），建议在临空侧扶梯挡板的外侧安装防护栏杆，以防止坠落，并提高安全感。

(a)

(b)

图 2-33　中庭扶梯临空侧安全栏杆实景照片

10）紧急停止按钮：在扶梯（步道、飞梯）入口侧裙板上安装紧急停止按钮。以便在紧急状态下，能够立即停止电梯运行。

11）梳齿板防护装置：为方便乘客上下时平滑过渡，且防止鞋子被夹，应在位于运行的梯级或踏板出入口安装梳齿板，梳齿板的后面有微动开关，如有异物卡入可使电梯停止运行。

（12）考虑装修荷载：扶梯（步道、飞梯）的结构桁架应充分考虑现场安装后，需要进行二次装饰的荷载情况(应在图 2-34 所示结构基础上再考虑装修荷载需求)。

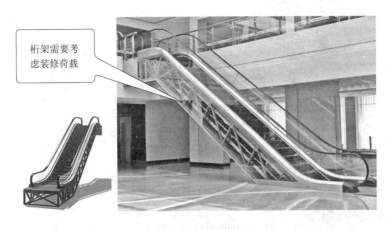

图 2-34　扶梯桁架

（桁架需要考虑装修荷载）

（13）扶梯安装时的注意事项：结构施工过程中应对结构尺寸仔细核对（包括提升高度、水平尺寸、基坑尺寸、预埋钢板、安装槽等）；扶梯进场时的运输、行走路线和时间安排；吊装前对吊装方式及现场条件查勘和确认（吊装点及吊装孔的确认）；扶梯平台的水平度、标高的确定和核对（需要与精装修专业确认）。

（14）步道梯和飞梯的中间支撑：因步道梯和飞梯的跨度较大，所以在结构设计时需要由电梯厂家提供详细参数，确认是否需要增加中间支撑以及支撑的设置要求，避免后期增加。考虑安全性，飞梯两侧应设置安全防护栏杆或防坠网（图 2-35）。

(a)　某项目飞梯实景照片

图 2-35　某项目飞梯两侧安全护栏（1）

(b) 某项目飞梯两侧的安全护栏实景照片

图 2-35 某项目飞梯两侧安全护栏（2）

5. 新型电梯的应用

随着商业项目的发展和电梯技术的革新，新型弧形（圆形）电梯已经逐步在商业项目中应用。在未来的项目中，可以考虑设置弧形（圆形）电梯，以解决因空间受限无法设置直形扶梯的问题，同时还达到增加项目特色，吸引人气的效果。如图 2-36 所示。

(a)

图 2-36 弧形电梯在商业项目中的应用（1）

(b)

图 2-36 弧形电梯在商业项目中的应用（2）

2.13.2 升降电梯

1. 升降电梯布置

（1）商业项目升降电梯主要包括客梯、观光梯、货梯，需要根据项目的实际要求合理设置货梯、客梯或观光电梯。

（2）客梯和货梯可以兼具消防电梯使用，所以可根据项目需求结合消防规范，合理设置客梯和货梯。

2. 客梯设置要求

（1）按照消防规范要求，考虑顾客的直达性，在商业项目内设置一定数量的客梯。

（2）客梯应能够从停车场通往商业任意楼层停靠（至少有一组客梯直达地下停车场的所有楼层）。也可以根据项目需要设置部分客梯只停靠中间的部分楼层。

（3）主力店各楼层的客梯除可以相互抵达相应楼层外，还应能够到达商场的其他楼层，以便更好地带动客流，且相互抵达的客梯不应造成相互之间管理上的影响或干扰。

（4）客梯建议以 2～3 部为一组。

（5）客梯容量：11～16 人，1.25～1.6t。

3. 观光梯设置要求

（1）为增加顾客的体验感、可视性、便捷性，项目应设置观光电梯，观光电梯一般以中庭为主，也可以根据项目实际情况沿外墙面设置。

（2）商场中庭观光电梯设置时，数量和位置应适宜并满足使用要求，且与中厅面积匹配（椭圆形中庭，其位置在短边所在弧边上为宜）。

（3）观光电梯应能够从首层（或中庭的最底层）通往地上层的任意楼层停靠。

（4）项目具备条件时，应至少有一组观光梯能够到达地下停车场，观光电梯到达地下停车场时，应在停车场设置通透玻璃的候梯厅，候梯厅需设计有空调及安全栏杆。

（5）观光梯以 2～3 部为一组，观光梯轿厢要做成玻璃通透，井道为钢结构。

（6）观光电梯因为一般设置在中庭，需要考虑对防火分区的影响（如果未采取措施，会导致上下防火分区通过电梯井道串通，而影响消防验收）。

（7）观光电梯容量：11～13 人，1.25～1.6t。

4. 货梯设置要求

（1）根据项目规划体量、业态等条件设置相应的货梯。

（2）货梯位置应临近后场通道，并直达卸货区楼层。

（3）商场至少有一组货梯能够直达地下停车场，且能够到达任意楼层停靠。

（4）由于货梯可兼顾消防梯的缘故，各层均可到达，由此对 KTV、影院等业态夜间的安防工作带来一定的不便，为此建议在以上区域的货梯前室增加门禁设计。

（5）货梯不宜设置在商业项目（步行街）主入口的明显位置。

（6）有超市的项目，应为超市单独设置一组货梯，至少 2 台为一组。

（7）餐饮业态应设置独立的货梯，数量和位置应根据项目实际情况规划设置。

（8）步行街的货梯（客货梯）一般间隔 80～100m 设一组，货梯可与主力店（非餐饮）合用。

（9）普通货梯：2t/3t，0.5m/s。

（10）10 万 m^2 以上的商场应至少设置 1 部 5～8t 的货梯。

5. 升降电梯的一些要求及注意事项

（1）客梯、观光梯

1）客梯、观光梯必须是群体控制。

2）轿厢门控采用触碰感应 + 光幕控制，需具备内招取消功能、满载直驶功能、外招楼层显示功能、轿顶防水保护功能等。

3）电梯需满足停电直达首层，及到达首层后自动开启轿厢门的要求。

4) 轿厢高度与速度应根据楼层层高和人流量确定。

5) 根据项目的风格和定位，由建设单位确定轿厢内部的装修和细节配置，如果轿厢的装修由装修单位完成，应由电梯制造单位对轿厢预留好装修荷载及装修空间，考虑维保和验收等方面的风险，电梯轿厢的内装修建议由电梯生产厂家统一完成。

6) 电梯轿厢内设广告灯箱，由电梯厂家预留广告电源，轿厢的制造或装修单位根据广告灯箱厂家提资预留广告灯箱的安装位置和空间。预留空间和广告灯箱的安装需要考虑后期更换画面和维修方便。

7) 电梯轿厢内应有残障按钮，并设 1.1m 高的扶手。

8) 电梯轿厢内装饰如设置有玻璃或镜子(商业项目不建议电梯轿厢内安装镜子)，应采用钢化安全玻璃。

9) 电梯厅中需设广告灯箱(或广告液晶屏)、楼层指示牌、楼层信息牌等。

10) 电梯前室的墙面、地面铺装时应考虑电梯前室整个区域的协调性及门厅的对称性。

11) 呼叫按钮的洞口预留、安装应与装修配合，避免高度和大小不匹配而破坏装修效果。

12) 当有无机房电梯时，顶层电梯前室的装修应考虑无机房电梯的配电箱安装位置、检修条件等，并应与门厅整体效果协调。

13) 所有电梯前室的门套应由装修专业完成，电梯厂家提供小门套即可。

(2) 货梯

1) 货梯的梯门净宽不得小于 1900mm、高度不低于 2600mm。

2) 货梯轿厢

①货梯轿厢装修以简洁、坚固、实用为原则。

②轿厢内壁：优质喷涂钢板。

③轿底：花纹防滑钢板。

④轿门：优质喷漆钢板。

⑤厅门面形式：全部为标准门框。

⑥操纵盘：发纹不锈钢。

⑦层位显示：发纹不锈钢。

⑧厢内照明：按正常标准。

⑨厅门显示：数码显示层站并带运行方向指示。

⑩开门方式：中分双折式。

(3) 其他要求

1) 地下室的电梯厅建议不设计排水槽，以防止排水槽排水不畅造成外溢，回灌进电梯底坑，损坏电气设备。

2) 鉴于冬季地下车库温度较低，防止管道爆裂、损坏造成跑水，殃及电梯及底坑设备安全，建议将电梯门的外沿口略微垫高，形成一个向外的缓坡，即使发生跑水事故，短时间内也不致影响到电梯的运行安全。

3) 电梯门处的地面铺装，应在门套安装完成后，将门槛下方空洞封堵并填充严实后再铺贴地砖，避免地砖或地面空鼓。

4) 电梯厅设有防火卷帘时，应考虑电梯厅墙面装饰和门套厚度以及广告位和标识牌的厚度，避免卷帘刮碰。

5) 电梯机房电气线槽应采用支架安装并高出地面5cm以上，避免地面清洁时余水流入线槽。

6) 机房内地面的钢丝绳孔洞应抹灰整齐、方正，并有返水台。

7) 电梯机房内应布置整洁、合理，标识标牌清晰。

2.13.3 通用要求和注意事项

1. 土建条件

(1) 电梯基坑应设置排水地漏，扶梯（步道梯、飞梯）应在最底层的基坑内设置排水地漏。

(2) 升降电梯的基坑内应设置有钢制扶梯，便于检修时上下行走。

(3) 因扶梯基坑在结构设计时预留有一定的余量，所以扶梯安装完成后，最底层扶梯基坑两侧将会出现较大的缝隙，该缝隙应采取措施进行封堵，以防装饰工人在地砖铺装时不做处理，而导致地砖悬挑和空鼓，留下安全隐患。

(4) 升降电梯井道内的检修照明和插座，应由电梯厂家完成。

(5) 电梯机房应在结构施工时核对，并严格按照电梯厂家的提资进行洞口、设备基础、电梯安装圈梁、吊钩的预留，避免二次开凿和浇筑。

2. 电梯的弱电部分

（1）升降电梯要有五方对讲系统；其中必须保证电梯轿厢内能够与消防控制室和电梯值班室联通，设备由电梯单位提供，电梯机房至消控中心的线缆可以交由弱电单位完成。

（2）升降电梯轿厢内应设置有广播和视频监控，广播和监控终端设备由弱电承包商提供和安装及调试。

（3）电梯的工作状态（运行、停止、故障）应纳入楼宇自动控制系统进行监视。

（4）从轿厢至机房控制箱之间的弱电线缆（监控、广播、五方对讲）由电梯厂家完成，从中控室至机房电梯控制箱间的线缆由弱电承包商完成。

（5）升降电梯的消防和弱电接口，应在电梯机房的电梯控制箱内分界和完成，电梯厂家提供满足消防和弱电接驳的接口形式、端子和电压。

（6）扶梯（步道梯、飞梯）的弱电接口在电梯控制箱内分界和完成，电梯厂家提供满足弱电接驳的接口形式、端子和电压。

3. 消防要求

（1）非消防升降电梯（客梯、观光梯、货梯）必须在消防状态能迫降至首层。

（2）扶梯应在消防状态停止运行。

（3）非消防电梯在消防状态下应按照消防要求切断电源，并配置蓄电池，满足停电后电梯迫降至一层及轿厢门自动开启所需的电源要求。

Chapter 3

第 3 章 装饰装修设计与施工控制

Interior Design and Construction Management

作为商业项目因其体量大、投入大，稍有不慎就会造成超支，所以在装饰装修上应有主次之分，不但可以降低成本，还可以给顾客以视觉和感观上的不同感受，提升商业氛围和项目品质。

商场公共卫生间和商场大厅是商场的点睛之笔，所以在卫生间和大厅的装修和配置上必须重点控制。

3.1 装饰装修项目和控制重点

3.1.1 装饰装修涉及的项目

(1) 室内精装修涉及的区域：商场主次入口、商场中庭、公共区域走廊、公共卫生间、电梯前室、停车场通往商场的门厅、商场管理办公室、独立租户分隔等。

(2) 涉及的辅助专业：标识指引系统、广告系统、二次机电系统、卷帘门、软装等。

(3) 特殊项目：挡烟垂壁、机电专业检修、隐蔽工作等。

注：租户装修，属于二次装修（简称二装），为便于管理和区分界面，不纳入大厦的装饰装修管理范畴。

3.1.2 控制重点

装饰装修作为整个商业项目的最后收尾工序，从方案到施工的全过程控制至关重要，在实施过程中需要把下述几点一并纳入重点管控的范畴。

(1) 装饰装修的区域分级：作为商业项目，因其体量大、投入大，稍有不慎就会造成超支，所以在装饰装修上应有主次之分，不但可以降低成本，还可以给顾客以视觉和感观上的不同感受，提升商业氛围和项目品质，分级建议见表3-1。

商业项目装修区域的重要性分级　　　　　表3-1

分级	说明	区域	装修简述
一级	重点区域	主次入口通道及门厅、卫生间、客梯（观光电梯）前室、中庭	该区域特点：顾客进入项目的必经之地、逗留时间长、通过频次高；所以需要重点打造，以体现商业氛围和项目特色，更好地吸引和留住顾客
二级	次重点区域	营业区的公共走道	因顾客逛街时，公共通道的装修效果与租户门头的装修效果同时出现在顾客视线内，为了不与店铺争辉，公共走道的装修不宜过于突出，以致造成喧宾夺主
三级	服务区域	商场管理办公室、地下停车场	该区域因需要对外开放，为给顾客和访客提供一个舒适的环境，所以也应进行一定的装饰装修处理

续表

分级	说明	区域	装修简述
四级	管理用房	物业管理办公室、消防控制室、中控室	该区域为物业内部管理人员使用，不对外开放，满足使用功能即可，所以只需要对天棚、地面、墙面进行包饰和简单的装饰处理。如矿棉板天花、乳胶漆墙面、地面铺贴
五级	功能区域	后场通道、机房、消防楼梯、卸货区	属于商业项目的辅助功能区域，满足使用功能的前提下，尽量简约

(2) 业态规划和确认阶段：主力店铺位置确认，主力店铺工程条件确认，防火分区的划分及疏散通道的微调；其中尤以防火卷帘的位置和形式最容易忽视；还要注意因业态规划对功能房间和功能区域所进行的一些调整。

(3) 装修方案设计和施工图阶段：精装修和粗装修界面的划分；精装修的细节把控和深化；装饰材料的考虑（产地、性能、燃烧性能等级、规格型号、深加工情况、安装工艺）；综合图纸的设计和调整。

(4) 招标阶段：精装修专业因其特殊性，不建议采用定额计价，从成本控制角度，应采用清单计价，可以按区域按项目进行计价（注意项目描述一定要清晰全面），同时需要明确与相关专业的详细工作界面及配合工作，还需要明确成品保护、图纸深化、消防报审、二次装修的配合等工作。

(5) 机电施工阶段：公共区域标高和范围的控制（装修专业提供控制线和标高）；机电综合管线图纸的控制（建设单位组织总包单位编制，建设单位审核，同时需要装修专业提供标高控制要求，需要考虑龙骨、灯槽造型、灯具安装空间等对标高的影响）；一次机电（主体工程范围内）与二次机电（精装修范围内）之间的工作界面划分（建设单位的规划设计和工程部门联合制定界面）、施工配合、施工控制等。

(6) 装修施工阶段：机电管线标高的复核；机电末端追位控制；隐蔽验收和检修方式的考虑等。

(7) 租户装修（二装）：二装与商场装修的工序安排、施工衔接（与商场装修同步，还是商场装修完成后开始进行）；二装消防和机电的改造和验收（商场负责还是租户自行负责，费用如何考虑、维保如何考虑等问题）；二装的消防报验和验收（报验资料如何处理、如何验收组织等）；二装的卫生防疫及环境验收等。

3.2 商业项目公共区域的天地墙柱的实施要点

3.2.1 公共走道吊顶要求

（1）上人天花：公共区域吊顶必须按照上人天花设计。

（2）吊杆、龙骨：吊杆、龙骨的材质、规格、安装间距及连接方式应符合设计和规范要求。当间距和长度超过规范要求时，必须采取加强措施，并经过建设单位认可。不得有一根龙骨只设一个吊杆的情况出现，端头龙骨与吊杆的间距不得大于150mm。所有吊顶龙骨都不得借用机电设备的支吊架，同样机电设备和管线安装也不得利用天花龙骨进行吊装。

（3）大空间吊顶：对于一些钢结构形式的大空间吊顶，应统一考虑机电和精装修的公共支架，该公共支吊架由机电和装修专业共同提资，建议由钢结构专业设计和施工（图3-1）。

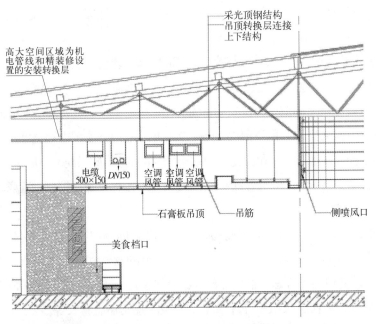

图3-1 大中空区域公共吊架在精装修和机电管线安装中的应用

(4) 错缝处理：石膏板的接缝应按其施工工艺标准进行板缝防裂处理。安装双层石膏板时，面层板与基层板应错缝安装，并且两层石膏板的接缝不得出现在同一根龙骨上；石膏板的固定螺钉不可陷入过深，也不高出石膏板面。

(5) 伸缩缝留置：为避免天棚裂缝，大面积和狭长的天花必须按规范设置伸缩缝，伸缩缝线条应均直。

(6) 机电终端设备安装：天花施工之前必须对灯具、烟感器、喷淋头、风口、广播、摄像头、标识、卷帘、挡烟垂壁等设备设施进行综合排布，位置应合理、美观，且符合各专业的规范要求。各专业应严格按综合天花进行施工；消防排烟口必须采用板式排烟口，板式排烟口底板和消防卷帘装饰底板必须与吊顶颜色一致（采购之前务必核对色卡并经确认）。

(7) 灯位考虑：在天花龙骨安装时应充分考虑孔灯及设备安装的孔洞位置及空间，特别是主龙骨应该避让这些位置，次龙骨如果不能避让，应采取加固措施，禁止后期安装过程中因开洞而切断主副龙骨。同时还需要注意喷淋管道、通风管道等对灯位的遮挡。

(8) 空调风口和检修口留置：空调风口、排烟风口、检修口的边框应由装修专业设置，并按规范要求制作和安装。

(9) 重型灯具：重型灯具及其他重型设备严禁直接安装在吊顶的龙骨上，应设置独立的吊杆。

(10) 防火处理：吊顶工程的木质材料必须进行防火处理，且天棚中所使用木质材料的比例不得大于消防规范的要求；吊顶工程的预埋件／钢筋吊顶和型钢吊顶应进行防火处理。

(11) 天花与租户分界处理：为给租户门头设计提供更大的发挥空间，商业项目不建议在租赁线处提供统一门头，所以公共天花应向租户内延伸100mm，并切割平直，便于租户安装门头时能够与公共区域天花进行良好的衔接。

3.2.2 地面

(1) 地面铺装防滑考虑：根据商场定位，地面铺装大理石、花岗岩、地砖、水磨石、地板等，地面铺装材料需考虑防滑，且需要对防滑性能进行检测。经过多个项目的验证，石英石不太适合商业项目的大面积铺装，如有选择应慎用（容易产生变形，易污染、缝隙处不易清洁等）。

（2）地面不得出现凹槽：公共区域的地面不应有凹槽出现，避免女士高跟鞋被夹进凹缝，误伤顾客。

（3）地面应平整：公共区域地面应平整，除防火门以外，其他门不应有高出地面的门槛。扶梯（步道、飞梯）入口踏步应与公共地面铺装完成面的高度一致且平整。

（4）防火门门槛：防火门的门槛应填充密实，不得有空鼓，门槛高出两侧完成地面 1～1.5cm 之间（图 3-2）。

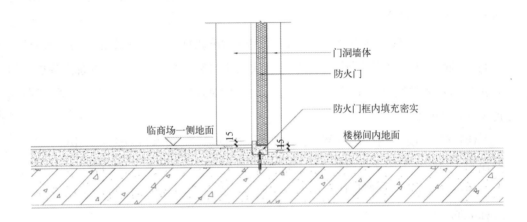

图 3-2 防护门门槛处竖向剖面图

（5）排版图：地面铺装前需有详细排砖图供业主审批，确认后方可进行施工，排版时需要考虑对称关系、大小砖的配比（不可以出现小于边长 1/4 的小砖，拼花除外），且应对不同区域的标高进行详细标注，避免不同工作面在最终碰头收口处出现高低不一致或出现大小砖。

（6）地面指示：地面的导向标识及疏散指示需结合地面铺装效果统一考虑，地面指示应与地面排版一致，且成规则的直线，指示应在一块整砖的中心位置（不可破坏两块及两块以上的地砖）。

（7）地面伸缩缝：大面积地面铺装时应设伸缩缝，伸缩缝建议用不锈钢条分隔。

（8）室内坡道：室内所有大于 10°的坡道必须设防滑条，或地面进行防滑处理。

(9)门洞处地面铺装分界:当两个区域由不同材料铺装时,其分界线应以门洞为界,分界缝隙应以门扇水平中心线为界,即当门扇关上时,从里外均不能够看见分界线(图3-3)。

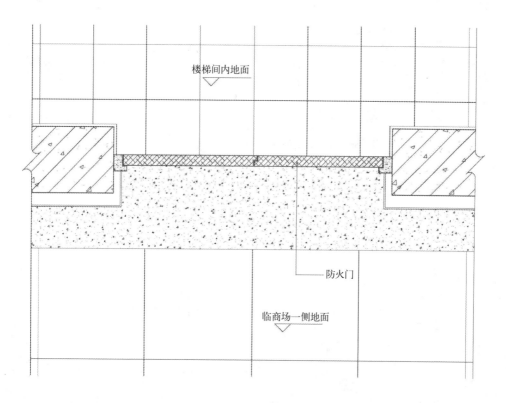

图3-3 门扇内外铺装分界位置示意图(防火门外横剖面)

(10)租户分界:公共区域地面与租户的边界处,在租赁线位置设5mm宽不锈钢镶嵌条,公共区域地面铺装的灰口应成斜状,且应预留有租户铺装的灰口高度(图3-4)。

3.2.3 墙面

(1)商场营业区域的公共区域墙面根据项目定位及商场的装修风格进行设计和施工。

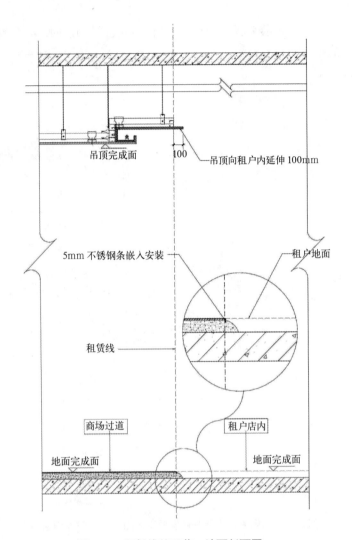

图 3-4　租赁线处天花、地面剖面图

（2）排版：墙面有饰面材料时，应进行排版，排版时需要注意门洞、消火栓、管井、检修口等对整体版面的影响，做到对称协调。

3.2.4　防火门、功能门

（1）防火门、功能门处的墙面装饰应考虑门套的安装尺寸、门扇的开启角度和灵活度、闭门器的安装空间等，避免装饰完成后，出现不能够开启门扇或无法安装闭门器等现象。

（2）功能门设置：设置功能门的作用是为将公共区域和后场区域进行隔离，将营业区域与非营业区域分开，使得购物动线更加清晰规整、消除不必要的分支路线，同时还起到缩小公共区域的装修范围，达到降低装修成本的目的。

（3）防火门套选择：防火门安装在公共区域，且墙面有装饰面层时，应选择不带装饰门套的防火门，但门框需要安装在门洞中心线上，以便预留出墙面装饰所需的工作面；没有装饰面层的墙面选用有装饰门套的防火门，门套贴墙面安装。（功能门与防火门同理）

（4）面对公共区域的防火门或功能门，为保证公共区域墙面的整体装饰效果，面对公共区域的防火门、功能门可以采用与墙面一致的风格，但需要在门上有醒目的标志以供识别和区分（图 3-5）。

(a)

图 3-5 公共区域与后场交界处的功能门（1）

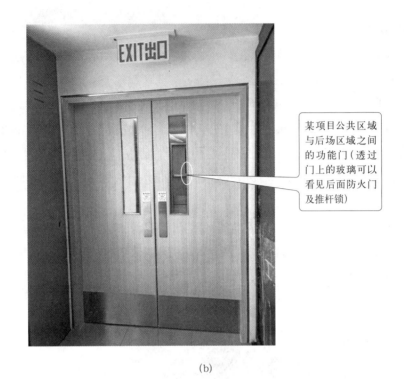

(b)

图 3-5 公共区域与后场交界处的功能门（2）

3.2.5 公共走道装修的其他注意事项

（1）走道净尺寸应满足消防要求：应对装饰墙面的龙骨、基层、面层材料所占空间进行核算和把控，避免装修完工后，走道的净尺寸不满足消防疏散要求。

（2）墙面阳角处理：公共区域的阳角需要有防开裂和防止尖锐阳角划伤人员的措施，所以阳角应安装牢固且进行圆弧处理。

（3）机电设备安装：墙面上不同专业的机电设备、开关、面板的安装，应排布整齐、高度一致、缝隙一致，安装完成后应能够遮挡住底盒的开孔，且开关面板设备等必须安装底盒（或者安装预埋件）并用螺丝安装，不得采用胶粘剂进行粘结。小面积墙面应安装在该墙面的垂直中心线上，且两侧对称。

3.2.6 柱面

公共区域柱面装饰应与天棚留有 2～3mm 的缝隙，避免裂纹。

商业项目公共区域柱子上会设有强弱电插座、配电箱、消防按钮和报警器、消火栓、卷帘门、广告位、水管接驳口等，应合理布置（图3-6～图3-9）。

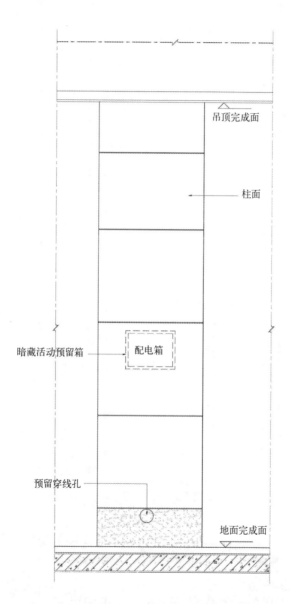

图3-6 公共区柱子上的预留配电箱

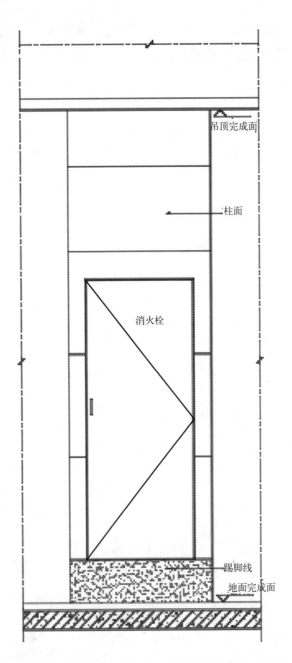

图 3-7 公共区柱子上消火栓门扇设计示意

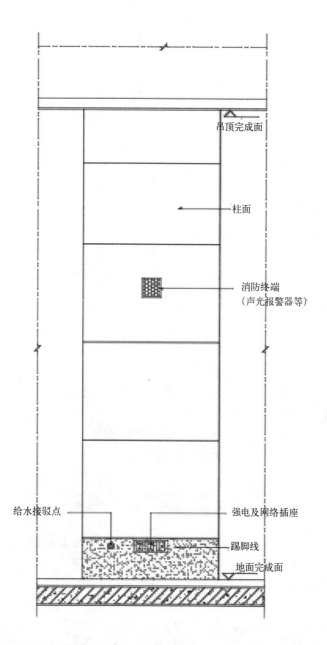

图3-8 公共区域柱子上电气面板与给水点、消防报警布置示意图

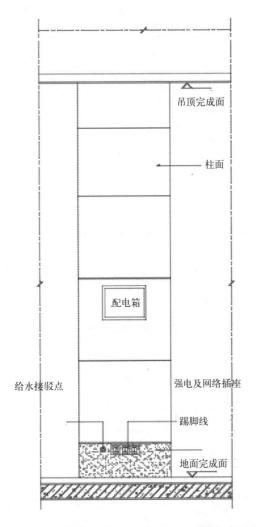

图 3-9 开敞店铺配电箱、给水点、插座预留示意图

3.2.7 变形缝

1. 装饰装修施工伸缩缝

（1）地面伸缩缝：地面铺装面积过大或狭长时应根据规范设置伸缩缝，或地面有两种不同膨胀系数的材料交界时，其交界处需要设置伸缩缝（拼花除外），该伸缩缝可以采用不锈钢条进行分隔，也可采用图 3-10 的标准做法，具体以项目实际情况为准。

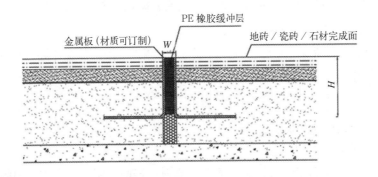

图 3-10 地面铺装伸缩缝做法示意图

(2) 墙面、天棚伸缩缝：大面积的墙面和天棚施工时，应设置伸缩缝。

2. 结构变形缝

(1) 公共区域地面结构变形缝：公共区域变形缝位置的最终完成面应与地面平整，并且铺装与地面一致的材料，变形缝两侧地砖的规格尺寸应保证一致（拼花除外），如果沉降缝在拼花处，则应能够保证拼花效果的连贯（图 3-11）。

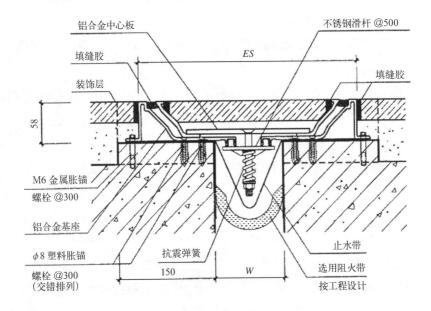

图 3-11 地面结构变形缝做法及铺装示意图

(2) 租户内地面上的结构变形缝：开发商完成租户内地面变形缝的填充，以及成品变形缝板的安装，后期铺装由租户自理。

(3) 墙面（柱面）、天棚：在变形缝处的天棚、柱面，其龙骨和饰面板应断开，并设置变形缝。

3.2.8 公共区域踢脚线

（1）柱面踢脚：公共区域柱子上的踢脚线建议采用不锈钢（304），高度350mm。为了保证公共区域柱面的整体效果，建议插座面板、开敞店铺的水管接驳点等安装在踢脚线上，以便于后期维修检修时不至于破坏整体柱面。

（2）墙面踢脚：墙面踢脚线根据设计要求，或采用与地面一致的材料，高度建议120~150mm。

（3）护脚：超市手推车能够到达的公共区域，其柱子、玻璃处需安装不锈钢防护脚，以防手推车碰坏柱面或玻璃。

（4）踢脚线安装时间：踢脚线应在地面铺装完成和墙面、柱面饰面完成后进行安装。

（5）踢脚缝隙密封胶填充：踢脚线与地面（墙面、柱面）的间隙应用密封胶填充，胶缝圆润、流畅。

（6）防护栏杆：公共区域靠近玻璃幕墙时，应设防护栏杆。所有地下室扶梯、步道梯前厅玻璃隔断内、外侧地面必须安装150mm高不锈钢防撞栏杆。

3.2.9 问询台和收银台、ATM机

（1）问询台：在装修方案阶段，应规划问询台，包括总问询台和楼层问询台。设置原则为：应在首层主入口醒目处设置总问询台（服务台），但尽量不要占用中庭的面积，建议设置在一跃二层扶梯的下方。还可以根据商场的实际情况在二层以上的楼层设置问询台。问询台的装修须能够符合商场经营特色和定位标准。

（2）收银台：应根据项目面积在每层考虑设置一定数量的收银台位置，但最终是否设置需要根据商场的经验模式确定。收银台可以设置在靠柱子，或者店铺的边角位置（当需要取消收银台时，可以将此面积划分给店铺）。

(3) ATM机：根据商场需要设置 ATM 机位置，一般在电梯口附近、出入口附近等位置设置。

3.2.10 公共区域消火栓装饰

公共区域的消火栓可以不订购外门，由装饰单位安装与柱面材料一致的装饰门，且消火栓门的开启方向应正确（开门见栓），门扇开启角度不小于135°（规范要求不小于120°，考虑装饰门的厚度，开启120°时，实际开启面偏窄，不利于操作），当装饰面采用木质材料时则需要重新订购不锈钢门（考虑安全性，公共区域不安装玻璃门）。参见图 3-12、图 3-13。

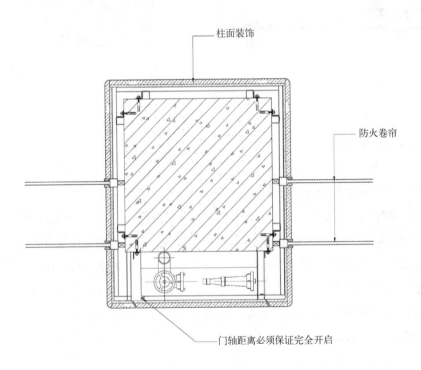

图 3-12　公共区域柱子消火栓安装剖面图

图 3-13 公共区域墙面、柱子消火栓门扇安装实景

3.2.11 开敞店铺

开敞店铺基本有如下三种情况：

（1）靠墙的开敞店铺：在业态划分时，为保证通道上租户门脸的连续性，会在通道两侧有墙体（业态规划时无法避免出现的墙体）的位置靠墙设置开敞店铺，该开敞店铺的进深基本不超过 1.5m，所以该租户的天花、地面、墙面应与商场的公共区域一同设计和装修。

（2）靠近中庭的开敞店铺：根据业态布置和商场动线的划分，会在靠近中庭的位置设置一些开敞店铺，该区域应纳入公共区域统一设计和装修施工，租户二次布置的柜台高度不得超过 1.5m，以免遮挡中庭视线。

（3）中岛开敞店铺（靠柱子）：为考虑商业项目局部位置的开阔性和店铺的连续性，会设置一些中岛开敞店铺。中岛店铺至少有一个面需要依靠柱子，以便机电管线的敷设，所以应在中岛店铺柱子上和附近预留给排水、强电电源等，如有条件还需预留排油烟管道及燃气接驳点。中岛开敞店铺区域的天花、柱子、地面，可以纳入大厦公共区域的精装修之内，也可将店铺区域划分给租户自行装修，但中岛店铺的柜台不应超过 1.5m 高，租户隔墙或围挡高度不得超过 1.2m。

3.3 商业项目主次入口的装饰装修项目控制

3.3.1 主入口装修

（1）主入口及主入口的外立面，应醒目、大气，能够起到吸引顾客进入商业项目的作用。

（2）主入口应宽敞、开阔，中间不应出现柱子遮挡，且应避免主入口正对中庭扶梯。

（3）主入口大门应居中设置，避免歪（大）门斜（通）道。

3.3.2 主入口门扇

（1）因旋转门的通过效率较平开门低，考虑商业项目客流量大的时候，易产生拥堵，所以商业项目不建议采用旋转门。如果必须采用旋转门，则需要选用内置平开门的旋转门。

（2）主次入口的大门应满足消防及疏散要求，当采用感应电动门时，在消防状态应能按照疏散方向手动推开。

（3）主次入口应为两道玻璃门，且应设有自动感应门，第 1 道玻璃门和第 2 道玻璃门总宽度必须一致；玻璃自动感应门高度宜为 2.8～3.5m。

（4）玻璃感应门中，第 1 道和第 2 道门的自动感应器不能同时启动，第 1 道玻璃门和第 2 道玻璃门开启位置应错开，避免风直接进入。

（5）主入口的推拉玻璃门需采用能够 180°回弹的地簧。

（6）在入口两道玻璃门（从外往里数，第一道门的内侧、第二道门的外侧）上方各需预留风幕机安装尺寸及电源。

（7）严寒地区建议采用三道门或回行通道。

（8）商场至少应有一个入口能够满足小型汽车通过，并能驶入中庭，以保证车展时，汽车能够进入中庭。

3.3.3 擦脚垫

（1）主次入口应设擦脚地垫，建议设置三道，第一道设置在室外（镀锌、不锈钢材质或成品橡胶擦脚垫），起到刮泥作用，第二道设置在两道门之间（铝合金橡胶毛刷擦脚垫），将泥土和水渍进行擦净，第三道（地毯式）在室内，将泥土和水渍进行精细擦除，避免将泥土和水渍带入商场。

（2）擦脚地垫的宽度应与门齐平，深度不少于正常步行三步的距离，第一道、第二道地垫应保证与地面高度一致，宽度与门齐平；第三道地垫可以根据项目实际情况设置，也可在雨期临时铺设。

（3）第一道和第二道擦脚垫下方应有排水地漏。

3.3.4 暖通空调

门厅建议有送风口以保证门厅的正压。

3.3.5 热风幕

（1）应在第一道门和第二道门之间设置热风幕，当只设置一道热风幕时，应设置在第二道门的外侧。

（2）热风幕的风口不可以正对感应门门机或感应探头吹扫，以免损坏电气元件。

（3）出于节能及实际使用效果的考虑，商业部分各个出入口建议安装"水循环冷、暖风幕机"；但严寒地区的门厅不得使用水热源的风幕，以免冻坏管道，但可以采用电风幕机。

（4）热风幕应进行包饰处理，包饰效果应与门厅装饰协调。

（5）包饰热风幕时，应预留检修空间和考虑检修方式（热风幕更换或拆除条件）。

（6）包饰时不得损坏热风幕。

3.4　商业项目中庭涉及的内容和注意事项

3.4.1　中庭的规划

（1）核心化：商业项目的中庭应该核心化，中庭不怕多但怕雷同，受限于地块的形状，购物中心建筑内部的公共空间布置手法会各有不同；但，商业的内部组团以中庭为中心，用不同的中庭贯穿整个项目的中庭核心化的原则是千篇不变的（步行街则是以组团景观贯穿于整个项目）。

（2）功能突显：中庭除贯穿项目外，还具有视线引导、休息、商业展示、商业推广、表演、空间指向、空气流通、增加采光效果等功能。另一方面的思路，通过中庭的分层设置，可以拉近高层楼面之间的距离感。

（3）空间变化：这个方面是核心，在项目规划之初是需要进行综合讨论的。当项目存在多个核心时，一定要对空间的功能、形式等方面做出明显的区分，并进而对中庭进行差异化的规划设设计。例如表演活动空间、休闲空间、观赏空间等，切忌多个公共空间的功能雷同。

（4）案例效果：合理的中庭设置对商场的定位、人流、空气流动、购物环境有意想不到的效果。某项目为改造项目，在原有的平面中增加中庭，并对已有和新增中庭进行差异化设计，最终取得了非常好的效果。

3.4.2　中庭装修

中庭在商业项目中起到客流汇集和中转的作用，应从装饰装修上突显项目主题和中庭特色，渲染商业气氛，所以应从建筑设计、装饰装修设计进行多层次的考虑，以提升整体品质，达到完美效果。

3.4.3　中庭垂壁的注意事项

（1）中庭垂壁设计和施工时，应考虑原有结构条件是否满足中庭造型需要，应避免产生结构拆改和加固工作。

(2) 应考虑中庭空调风口的形式和位置,是否对中庭效果造成影响。

(3) 防火卷帘的安装位置是否影响或破坏中庭的整体效果。

(4) 中庭垂壁与扶梯侧壁的衔接关系。

(5) 中庭卷帘门安装时,应对上下层卷帘门的轨道进行严格控制,确保上下垂直,且在一条垂线上。

(6) 中庭柱子装饰完成面应上下垂直。

3.4.4 中庭消防水炮

(1) 一般中庭会设置消防水炮(大流量喷射灭火系统),在水炮安装时需要考虑中庭装修完成后水炮枪头的调试和检修方式,同时还需要考虑水炮区域控制箱的检修口(区域控制箱一般安装在水炮附近的天棚内,需要在天棚上留置检修口)。

(2) 水炮的水管部分应进行包饰处理。

(3) 水炮枪头与天棚或垂壁的水平距离应≥800mm,避免调试过程中枪头回收时余水淋湿天棚或垂壁。

3.4.5 中庭栏板扶手

(1) 扶手栏板的下方应有防护台,防止物体通过栏板下方的缝隙滑落,砸伤一层顾客。

(2) 设计和施工时需要重点考虑中庭栏杆的安装方式和安全性,栏杆立柱应能够上下一致,且在一条垂线上。

(3) 栏杆扶手应牢固、稳定,满足中庭商业活动人流集中时扶手所承受的最大推力,确保其安全性。

(4) 扶梯及步道周边的栏板需符合安全要求,扶梯、步道梯的护栏采用安全玻璃、不锈钢栏杆,栏板在与扶梯两端扶手交接处需要圆滑处理,并保证美观、安全、间距符合规范要求。

(5) 临空部位的玻璃栏板二、三层的高度为1.2m,四层以上的高度为1.4m;扶手或栏杆及玻璃的阳角处不得出现90°的直角。

3.4.6 中庭悬挂装置

中庭的悬挂装置有如下几方面：

(1) 运营所需的挂钩：为方便在中庭区域悬挂大幅的宣传条幅，建议在每个挑空中庭或天井的楼板下，安装具有自动升降功能的电动广告悬挂装置（每个中庭最多10个），悬挂装置可遥控和线控；每个广告挂钩必须能承重200kg，装置的控制按钮安装在最高层的装饰柱内，控制板需有不少于10m的延长线，电机尽量不外露。公共区域装修时需要考虑运营期间电动升降悬挂装置（电机、绳索、按钮等）的检修方式。

(2) 中庭悬挂LED显示屏：中庭应考虑悬挂LED屏的位置，并考虑屏体检修，电源、信息源的接驳和检修方式。

(3) 中庭栏板扶手上悬挂广告旗：为考虑后期悬挂广告旗，在中庭扶手选型和制作时，考虑在扶手立柱上预留安装广告挂件的条件，如：在栏杆立柱上预留安装孔等措施。

3.4.7 中庭机电

(1) 中庭空调风口：各层挑空区域及中心圆弧的空调风口建议采用"螺旋式风口"，以保证风量能够有效地传递，确保该区域的温度。

(2) 中庭LED：中庭应设置LED屏，安装位置根据项目实际情况确定，可以安装的位置和方式有采光顶悬吊式安装、在观光电梯的钢结构上安装、利用中庭结构柱安装等。

3.5 商场卫生间设计和施工控制要点

3.5.1 卫生间设置要求

(1) 商场卫生间应包括：男女卫生间、无障碍卫生间、母婴室（家庭间）、清洁间、吸烟室、主力店铺卫生间、儿童卫生间、员工卫生间等。

（2）在垂直线上成串设置：卫生间应上下成串设置，即在同一垂直线上设置，以减少排水管道的敷设，且便于顾客寻找。

（3）调整马桶和蹲便器的配比：结合商业公共场所的特点以及出于顾客感官意识及卫生方面的考虑，建议商业项目公共卫生间内应减少马桶的数量，增加蹲便器数量。

（4）位置要求：卫生间不适合设置在黄金位置，应设计在商业价值较低的位置，卫生间的出入口应设计在与消防通道连接的通道内，而不能直接对商业公共通道开口，否则对周边商铺均有较大的负面影响，一楼可以不设卫生间。

（5）商业卫生间的设置：根据项目体量和动线长度不同可以设置多组／层卫生间，当项目体量较大时，两组卫生间的间距宜为 80～100m，每组卫生间的面积约 80～120m^2。

3.5.2 商场标配卫生间

1. 男女厕区

（1）商场卫生间的总体配置指标应按前述卫生间的配置要求设置（详见表2-3），但每个厕区应至少符合本条要求：男厕不少于3个蹲位、1个马桶、4个小便池（其中1个儿童）；女厕不少于6个蹲位、2个马桶（其中1个儿童）。

（2）在厕格空间中，厕格门上应标有示意蹲便或坐便的标识，配置显示有人或无人状态的门锁，厕格的入口处也应注意防滑设计，厕格内部需配置可挂置物品的挂钩或放置物品的置物台。当厕格内出现台阶时，务必有警示标志。

（3）卫生洁具的冲水方式不宜采用手动式，蹲便宜采用脚踏开关或自动感应冲水装置，坐便宜采用自动感应冲水装置，坐便器宜选用节水型。自动感应冲水装置可额外配有脚踏或手动冲水开关，以备感应冲水装置损坏时使用。小便器应配置自动感应冲水装置。

（4）厕格内需布置纸巾盒与垃圾桶，纸巾盒应保持长期有纸巾，垃圾桶应易于投放、易于清洁。根据商业定位，适当提升舒适性，坐便应配有一次性座厕纸。

（5）为提供更人性化的服务，建议在各男女厕区的一个厕格中设置壁挂式可折叠的育婴台和角式洗手盘，方便带婴儿的家长如厕（注意，设置育婴台厕格大小应：外开门时至少满足 1.5m×1.2m，内开门时至少满足 1.5m×1.6m）。

具体参见图3-14。

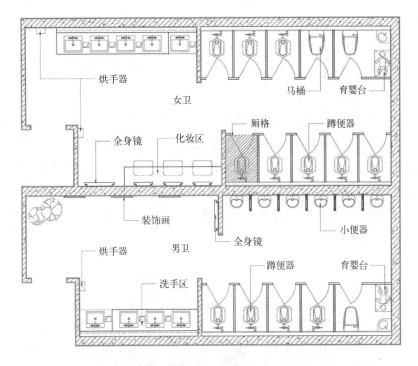

图3-14 男女卫生间平面布置方案参考

2. 洗手区

(1) 男女洗手区应分开设置（女卫生间洗手盆数按便器总数的约1/2配置，男卫生间洗手盘按大便器+小便器总数的约1/3配置），其中男女洗手区应各有一个儿童洗手盘。为避免用手直接接触洗手龙头而造成再次污染，应选用感应式水龙头。

(2) 可在两个台盆中间布置一组洗手液器共用，也可每个台盆单独布置；垃圾桶也应与纸巾盒配套布置，搭配使用。洗手区应配置烘手器。

(3) 女性在洗手时，也需要放置手袋，但洗手台常有水渍无法满足，所以建议在每个台盆附近设计置物区。

3. 化妆区

卫生间对于女性来说，除了清洁功能外，也可在此进行化妆、补妆，所以化妆区成了女性的需求。化妆区所必备的功能为化妆镜与化妆台，在此基础上，可以增配洗手池、龙头、洗手液器、垃圾桶、纸巾盒等清洁功能及坐凳等。

4. 卫生间全身镜

全身镜的设置是为了顾客能清晰地观察到自己的全貌,便于整理仪容仪表。全身镜可结合卫生间的布置方式,在入口空间附近挂置(该镜的位置不得反射厕所内的隐私),也可以结合墙面的饰面采用嵌入式。

5. 家庭间(亲子间)

每当父亲一人带着3～6岁的女儿上厕所时,往往会比较尴尬,亲子卫生间则可有效解决这类问题。它可以满足家长与儿童同时如厕的需求,且保证孩子不脱离家长的视线。所以建议在每个相应的营业楼层设置家庭间(亲子间),家庭间(亲子间)内设有马桶、儿童小便器、儿童马桶、洗手台、抽纸箱、箱包放置台等。其中给儿童使用的卫生洁具都应以儿童尺度为主,满足儿童使用的方便性。对于儿童的厕格,可以设计成半围合的活泼形式,既能在一定程度上保证儿童的隐私,也便于家长的看护(图3-15)。

图3-15 家庭间实景照片

图3-16 育婴间实景照片

6. 育婴间

母婴室是服务于带婴儿的妈妈，为母亲给婴儿哺乳、换洗等行为而独立设置的私密、便利的专属空间。根据使用者的需求，母婴室内部可分为入口区、换洗区、设备区、育婴区四类功能空间。

入口区应注意标识设计与防滑设计。换洗区的功能是给婴儿换尿布与进行清洁，所以需配置婴儿换洗台与清洁水池。育婴区是提供妈妈给婴儿哺乳的区域，最好为私密的空间，用电动门或软帘进行分隔。最后，还应配置一个设备区，预留空间及插座放置热水器、温奶器等辅助设备（图3-16）。

7. 清洁间

应紧邻男女卫生间设清洁间，清洁间内设一个洗手盆及一个拖布池，并以门扇隔开，门扇底部需做防水处理。当无法设置清洁间时，至少应设置有保洁用水点和可存放清洁车的存储间。

8. 卫生间等候区

在商场卫生间的外侧入口旁设置等候区，供如厕人员的亲朋好友在外部等待时休息。等候区是卫生间人性化的重要体现，可以在装饰和配置上予以美化，如配置电源插座、提供无线网络等。

9. 无障碍卫生间

建议在营业楼层每层（首层不设）增设一处无障碍卫生间（净尺寸至少需满足1800mm×1800mm），卫生间内配置马桶、洗手盘、抽纸箱、垃圾桶、扶手栏杆，卫生间必须设置平移门，卫生间应能保证轮椅能够自由进出且有旋转空间（门净宽不小于900mm），卫生间内设置求助声光报警和按钮（图3-17）。

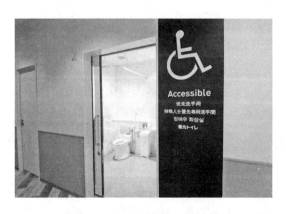

图3-17　无障碍卫生间实景照片

10. 营造环境

（1）商业项目的卫生间除了功能全面、使用便利外，干净、卫生是基本点，舒适度是触发场所感的核心点。

（2）温度和湿度应满足舒适性要求（具体见第 4 章 4.2.2 节 3.卫生间排风）。

（3）卫生间的灯光应采用暖色调光源。

（4）为了控制湿度及保持卫生间的空气健康、没有异味，所有卫生间都应设置机械排风系统，排风满足 12～15 次／小时的换气次数要求，且每个厕格内均应设置排风口。

（5）可在卫生间相应区域布置绿植，以美化环境、净化空气、提升空间品质、舒缓心情；可在洗手台、化妆台、小便器上部的置物台、角落部位、入口处摆放，也可在墙面悬挂植物或装饰画。

3.5.3 专用卫生间

（1）主力店铺专用卫生间：当项目单层面积较大时，每层应至少设置一处专用卫生间，以保证其他租户与主力店错时营业时的使用需求。主力店铺专用卫生间，可以由租户自行设计和装修，大厦预留给水排水点位。

（2）儿童卫生间：在儿童业态集中的楼层或区域，设置专用的儿童卫生间，儿童卫生间同样分男女卫生间、育婴间，并需设置求助声光报警和按钮。儿童卫生间里面的布置和设计应符合儿童特色，其装修和设施不得出现尖硬的阳角，避免儿童碰撞受伤。

3.5.4 员工卫生间设置要求

（1）员工专用卫生间：为避免出现员工与顾客争抢使用卫生间的现象（尤其是餐饮区域员工），建议在商业项目内增设"员工专用卫生间"，员工专用卫生间应设置男卫生间、女卫生间、洗手盘、淋浴间、清洁间。员工卫生间的入口建议设置在后场通道上，避免与前场公共区域混用。

（2）物业卫生间：由于各设备机房主要集中在地下，考虑到值班、巡视、车场管理等人员及员工餐厅的实际需要，建议在地下室合适位置增设卫生间；物业卫生间应设置男卫生间、女卫生间、洗手盘、淋浴间、清洁间。

(3) 商场管理员工卫生间：应在商场管理办公室附近设置管理人员专用卫生间，商场管理员工卫生间应设置男卫生间、女卫生间、洗手盘、淋浴间、清洁间。

员工卫生间因属于内部使用，可以在装修和配置上以精简、实用为原则。

3.5.5 装修要求

(1) 商场公共卫生间定位：公共卫生间和商场大厅是商场的点睛之笔，所以在卫生间和大厅的装修和配置上必须重点控制。

(2) 卫生间照明控制：卫生间墙面不设照明开关和排风风机开关，由商场控制中心统一控制；卫生间照明营业时间开启，停业时间开启几盏带蓄电池的应急照明兼值班照明的灯具。

(3) 卫生间地砖要求：

1) 卫生间采用防滑均质地砖。

2) 墙地砖必须同缝，卫生间地砖缝隙最好能够与公共走道贯通，并通缝，如不能满足通缝要求，建议在卫生间入口处增设门槛石（与地面平）以进行过渡处理。

3) 卫生间地面不得有高低槛出现，当有高差时，建议调坡解决，但地面坡度不得大于2%～3%。

4) 墙地面铺装时不得出现小于1/4块的墙地砖（拼花除外）。

(4) 卫生间入口：为保持卫生，卫生间采用入口无门设计，入口处设计成L形或U形，以阻挡视线穿越、保证卫生间的私密，且禁止出现可以从外侧看见男卫生间小便器的现象发生。入口空间还应注意防滑措施与预留挂置物业管理卡的区域。

(5) 卫生间地漏设置：卫生间地漏应设置在边角位置或进行隐藏处理，并采用高水封的防臭地漏；洗手台区域的地漏应安装在洗手台的下方。

(6) 小便斗下地砖铺设：小便斗下方建议铺设深颜色的地砖，并在靠墙处设置宽度为5cm且比地面底一个地砖厚度的隐形排水沟。

(7) 卫生间天花要求：使用轻钢龙骨纸面石膏板（防水石膏板）吊顶，每个厕格的后侧应设有排气风口，风口尽量隐藏安装（如在灯槽内侧安装）。

(8) 卫生间地面清扫口设置：卫生间的排水管道应设置地面清扫口，且应设置在边角位置，清扫口应为铜质或者不锈钢材质，安装完成面应与地面高度一致且平整。

（9）卫生间附件设施：卫生间内应安装有自动烘手器（烘手器电源线应隐藏，不得外露）、给皂器、擦手纸抽纸器、厕纸卷器（不应安装在卫生间隔断内）、垃圾箱、全身镜等。

（10）卫生间门的防水要求：所有卫生间门框基于防水要求，不得采用木质材料，采用拉丝不锈钢（304）金属材质或其他防水性能优良的材质，门扇应考虑防水防潮要求。

（11）卫生间防水：装修单位应负责卫生间地面及墙面的第二次防水施工，防水应符合规范要求，防水施工完成后按规范做闭水实验。

（12）卫生间一些尺寸要求：

1）卫生间里设置单侧厕格时，厕格外侧走廊宽度≥1200mm。

2）卫生间里设置双侧厕格时，且厕格门外开时，走廊宽度应≥1600mm。

3）卫生间单侧厕格至对面小便器外沿净距应≥1600mm，双侧小便器其外沿净距应≥1600mm。

4）卫生间的入口为≥1200mm。

5）洗手盆之间的中心间距至少800mm。

6）小便器的中心间距为750～800mm。

7）垃圾桶暗装时：投纸口的高度距地700～1000mm、抽纸口的高度在900～1200mm间。

（13）卫生间厕格要求：

1）每一个卫生间厕格的尺寸（宽×深）：内开门时满足净尺寸900mm×1600mm、外开门时满足净尺寸900mm×1200mm。

2）每个卫生间厕格的门必须设有一个挂钩，必须安装外侧带显示的内插门栓。

3）马桶厕格的门为550mm×2000mm，门下沿距地100～200mm。

4）两厕格之间的隔断应落地安装（隔断下方不应留有间隙），以保证厕格间的私密性。

5）卫生间厕格门应采用内开门的形式，外开门在开门时容易碰撞到其他人。

3.6 商业项目广告系统的设置和控制要点

3.6.1 广告位设置要求

（1）地下停车场广告位：地下停车场可以设置如下广告位：内墙面灯箱广告、立柱灯箱广告、坡道墙面广告、转角出口处灯箱广告。

（2）营业区域广告位：主次入口合适位置、电梯轿厢内、电梯前室、扶梯上下平台处、步道梯两侧的墙面、公共区域柱子、通往卫生间通道的墙面、卫生间墙面、小便器处墙面等位置可以设置广告位。营业区广告位应结合精装修设计一并考虑，确保能够跟室内装修风格协调、统一收口。广告形式有灯箱广告、液晶屏、触摸屏、壁挂广告、粘贴广告等。

（3）外墙广告位：在外立面设计时，综合考虑外墙的广告位，保证外墙广告位的位置、数量和大小与整体建筑品质合理匹配。外墙广告位需根据外立面的高度及长度进行总体规划，宽度与高度比宜为 1∶1.618 黄金比例，单个面积宜大于 $30m^2$。外立面上的广告包括：广告位（包括内光源、外光源、无光源）、LED 显示屏、橱窗广告等。

（4）室外广场广告：可以根据项目情况在室外广场设置广告位，室外广场的广告形式主要有：道旗（可以利用路灯灯杆安装，或者将路灯与道旗合并设计）、立式广告灯箱、候车厅广告灯箱等。

（5）店招：店招作为广告的一种固定形式，可以在外立面和租户门头上进行设置。主力店店招与广告位的设计、位置、内容、定位等方面应与商业项目大店招有所区别，避免混淆、不分主次。

（6）外墙预留件：考虑商业项目广场及主力店面在今后的经营中的促销、展示等活动时，需要悬挂一些条幅，建议在项目屋面和外立面的结构面上预埋不锈钢挂环，以备后用。

（7）广告植入：商业项目除上述所述的广告外，还需要考虑在各方面进行广告植入，如指引标牌上植入广告、WIFI 中植入广告等。

3.6.2 关于广告位的计量和控制方式

（1）广告位的照明控制：所有广告位、店招及相关照明的电源，建议在配电间内设立独立的配电箱／柜，并纳入楼宇自控系统集中控制；室外广告应根据日照情况进行控制，室内广告根据商场的营业时间开启和关闭。室外LOGO建议由光控开关控制。

（2）广告位的用电和计量：各灯箱广告位应独立或分区域安装计量电表；为保证在实际使用中计量的准确及权属的明确，建议对每块广告位进行独立计量，最好能实现远传抄表。

（3）店招用电和计量：各商铺的LOGO电源建议接入商铺自己的配电箱；当接入至租户配电箱有困难或者投入较大时，应设置计量电表，尽量对各商铺的LOGO进行独立计量。

3.6.3 关于广告位的制作标准

（1）灯箱考虑散热：灯箱广告应在四周预留散热孔，以保证内部灯具的可靠运行；广告灯箱的内置灯具应与广告画布保持一定距离（不小于300mm），以免灯具过热引发事故。

（2）考虑更换画面：广告灯箱设计和安装时，应考虑画面的更换方式和恢复方式。

（3）考虑检修：外立面广告位应设置检修口，方便维修、维护；考虑后期维护、更换、清洁方便，建议楼体外立面广告位设计可滑动式爬梯以及吊篮系统的预置条件。

广告灯箱在设计、安装时，考虑后期维修方便，应尽量采用卡扣或装饰螺丝的固定方式，不得使用打玻璃胶的方法，还需要注意对封闭式灯箱散热口的设计。

（4）安全防护：灯箱片设计为玻璃时，应采用钢化安全玻璃，在保证安全的情况下，广告灯箱的面板玻璃可以采用强力磁吸附安装。

（5）电气元件考虑耐用性：灯箱内部的电器元件需使用知名品牌，以保证其耐用性，达到节约后期维护维修费用的目的。

（6）防锈防腐处理：户外广告位钢结构支架应做全面防锈和防腐处理。

（7）灯箱内衬板：外墙广告灯箱的内衬镀锌板厚度应符合要求，铆接牢固、密度合理，以免在刮风时出现噪声和变形。

(8) 包边要求：广告牌边框应采用不锈钢包边，并进行磨边处理，以避免刮伤顾客。

(9) 柱面广告灯箱应统一尺寸：商场公共区域柱子上设置广告灯箱时，灯箱的规格可分区域统一。建议灯箱外框结合柱面尺寸和公共区域装修风格确定。

(10) 灯箱广告应与整体风格统一，广告灯箱应外形美观、醒目，符合项目整体设计风格。

3.6.4 关于LED显示屏及其他显示屏

1. 广告显示屏选用

(1) LED屏选择：室内外设置LED显示屏时，应根据LED屏的视距和清晰度要求，选择级别合适的LED屏，一般室外选择P16、P10级别的LED显示屏，室内一般选择P2.5~P6、P10级别的显示屏。

(2) 其他广告显示屏的选择：商业项目室内应根据不同位置、区域、功能，所要表达的广告效果，选择合适的液晶显示屏、电子触摸液晶屏、立式广告机、嵌入式广告机等广告媒介的显示设备。根据商场规划要求，选择在客梯候梯前室、中厅、卫生间、休息区设置室内液晶显示屏，用于播放视频、信息、广告等。

2. LED显示屏的一些注意事项

(1) 预埋件：对于较大尺寸的户（内）外LED显示屏，需在结构施工时设置预埋件以满足屏体钢结构的安全要求。

(2) 钢结构验收：LED显示屏的安装钢架制作完后，应组织相关部门进行结构验收，合格后方可安装LED显示屏。

(3) 检修要求：显示屏钢结构高度一般超过2m时，要有检修平台，检修平台的位置和大小应根据屏体的高度来确定，另外还需要预留进入检修平台的入口和通道（户外LED屏，需要在外墙上留置检修门，以方便从室内进入屏体后面）。

(4) 防水和抗风要求：户外LED屏的全部箱体需经过防水测试，防护等级达到IP66以上；整屏的抗风等级达到十级以上；外幕墙与屏体之间应有严密的防水措施。

(5) 箱体要求：LED应采用密闭箱体，并保证一箱一卡，所有接线配线在箱体内完成，每个箱体应设置有散热排风扇。

（6）散热要求：显示屏必须有良好的散热设计，密封的箱体内部必须设置专业的散热风道以保证系统运行产生的热量能及时排出；具有烟雾报警及温升报警功能，当温度达到一定时，系统会自动切断电源保护。当环境温度超出显示屏的工作温度范围时，控制器可自动启动辅助加热或辅助散热装置（户外LED显示屏需要设置风扇或空调等散热措施），调节屏内的温度确保显示屏安全可靠。

（7）防雷设计：应对户外LED显示屏进行防雷设计，包括：安装钢结构的防雷设计、显示屏体设备的防雷设计，室外LED屏的控制箱内应按规范要求设计浪涌。

（8）配电：LED应设置独立的配电系统，由强电专业将电源（三相五线制供电）引至屏体附近的区域，并安装配电箱（计量电表、漏电开关和隔离开关），从配电箱之后的管线由LED承包商负责。

（9）楼宇控制：大厦的智能楼宇系统应对LED的开启、关闭及故障报警进行监控。

（10）LED系统控制：LED的控制主机（电脑、播放器、调音台等）应设置在商场办公室的信息发布控制室内，从LED控制箱至信息发布控制室之间应采用光纤进行信号传输。

3.7 标识和导引系统的设置和控制要点

商业项目应设置导示牌和标识牌。

3.7.1 室外导示

（1）室外导示标牌显示的信息内容主要有：停车场、商业入口、主力店铺、卸货区、候车处、停车场限载限高警示等信息。

（2）室外导示标牌的设置：室外交通导示牌、指示图应设置于交叉路口、主入口和广场四周；室外导视牌一般为立式安装，大型指示牌应设置钢筋混凝土基础。室外景观和市政管网施工时应考虑标识基础的位置、深度是否会造成影响。

3.7.2 室内导示、楼层信息

(1) 室内导示系统需要显示的内容有:楼层数、扶梯、问询台、电梯、卫生间、ATM、收银、主力店铺、楼层店铺信息、业态类别等内容。

(2) 室内交通导示牌设置要求:主要设置于出入口、通道交叉口、通道转角处、电梯厅及扶梯上下平台处,同时长距离走道中间部位也应根据距离合理设置导示牌;室内导示牌一般采用吊挂式和壁挂式安装,高度应视线平视能够看到(约2.65m);当室内空间过高,安装吊挂标牌会破坏商场整体效果时,可以选择在公共区域柱面或墙面设置导示标识。

(3) 楼层信息应设置于:主次入口附近、上下扶梯处、客梯和观光电梯厅、客梯和观光电梯轿厢内等位置。楼层显示信息可以与广告系统中的液晶显示屏、触摸显示屏、广告机等合并使用。

3.7.3 停车场导示

(1) 停车场导示系统需要显示的内容有:停车场出口、停车场入口、主要市政道路的方向、停车场方向、商场方向、主力店铺、无障碍车位方向、禁行标志等。

(2) 停车交通导示牌设置要求:主要设置于坡道或停车场出入口、通道交叉口、通道转角处、长距离通道的中间部位也应根据距离合理设置导示牌;停车场内导示牌一般采用吊挂式和壁挂式安装,高度应高于车道限高要求,且视线平视能够看到(约2.3~2.5m处)。

3.7.4 标识标牌

标识标牌的内容包括:卫生间内的蹲位、马桶、无障碍卫生间、清洁间、家庭间、育婴间、吸烟室;公共区域的消火栓、电气间、设备间、管井、消防楼梯间楼层数、问询台标牌、主入口的LOGO标识、扶梯处的楼层数、电梯厅楼层数等。

标识标牌的制作方式和安装方式可以灵活多样,如悬挂、壁挂、粘贴、喷涂等。

3.7.5 导示标牌制作及安装

(1) 灯箱片字体采用透光材料制作,不透明部分应采用铝板或复合板材料制作。

(2) 字体和底板颜色应反差大,字体清晰,中英文对照。

(3) 吊顶灯箱严禁吊装在轻钢龙骨上,必须在楼板上做专用吊装支架。

(4) 固定式的应安装牢固,移动式的底座应稳固,抗风力强,高大、明显。

(5) 光源采用内置日光灯或 LED 为主。

(6) 商场内导示牌不得遮挡摄像头。

(7) 所有导识牌的装饰支撑架必须是哑光面不锈钢。

(8) 消防疏散指示牌不得安装在租户商铺门前。

(9) 商场内的逃生指示牌必须是透明和自发光的,字必须是绿色的。

3.8 商场卷帘门、挡烟垂壁分类及控制要点

3.8.1 车道入口卷帘门

(1) 停车场出入口设快速提升卷帘或堆积门(以下简称卷帘门),通过地感线圈感应自动开启和关闭,紧急停电状态下能够自动快速开启。

(2) 卷帘门的内外侧应设置有手动开启按钮。

(3) 卷帘门需有防砸车(人)功能,即当门下有车辆和人的时候,卷帘门不能下落;且当其正在下落时应能够止落回升,有车辆通过保护功能,当车辆未完全过卷帘门时,该门不能关闭。

(4) 卷帘门需能够在收费岗亭内手动控制或遥控器控制。

(5) 应根据车道数设置卷帘门,且一对一设置和控制,即:当为双向车道入口时,应设置两樘卷帘门,两樘卷帘单独控制。

3.8.2 租户卷帘门

从商场运营管理和安全角度考虑,封闭式商铺只能采用玻璃门或镂空通透白色

有机玻璃防盗卷帘门(由商场统一指定样式),不应安装任何形式的不通透的防盗门,首层租户单独面对室外的门只能安装玻璃门。

3.8.3 安全卷帘或安全门

因特殊租户的营业时间与商场的营业时间不同步,需要安装卷帘(或设置安全门)对特殊店铺的营业通道进行分隔,在商场打烊后将该通道与商场隔离,以保证其他租户店铺的安全。

3.8.4 防火卷帘

1. 防火卷帘的形式

防火卷帘的形式有钢制卷帘＋水幕、双层无机布防火卷帘,目前使用较多的是双层无机布防火卷帘。

2. 防火卷帘的细化设计

因防火卷帘的特殊性,一般建筑施工图上只会用单根虚线段表示防火卷帘的位置,没有对其具体安装节点进行详细说明,这就导致在图纸和现场、工程量和实际施工之间产生非常大的误差。

为避免上述问题,建议:

(1) 应在建筑平面图的基础上结合实际情况对防火卷帘进行深化设计,深化时应包括:具体安装定位、轨道、卷帘的形式、安装高度、占用空间、封堵措施、电机和控制箱位置、按钮位置等方面。

(2) 公共区域还应结合精装修设计对防火卷帘进行深化设计(需要考虑机电管线、天花造型、柱子造型、与中庭扶手的关系、与租赁线的关系等方面的影响)。

(3) 防火卷帘的安装具体可参考图 3-18～图 3-25。

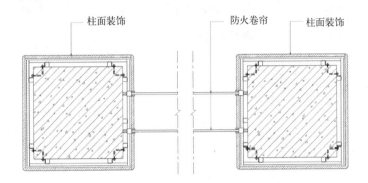

图 3-18　防护卷帘在两结构柱之间梁底安装平面图

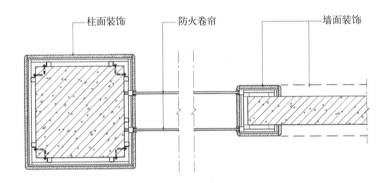

图 3-19　防护卷帘在结构柱与墙体之间的梁底安装平面图

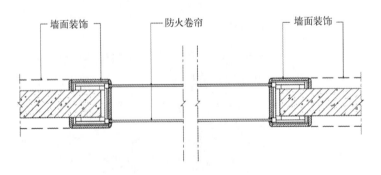

图 3-20　防护卷帘在两墙体之间的梁底安装平面图

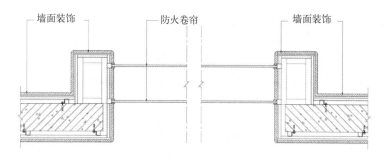

图 3-21 防护卷帘在两墙体之间侧面(躲梁)安装平面图

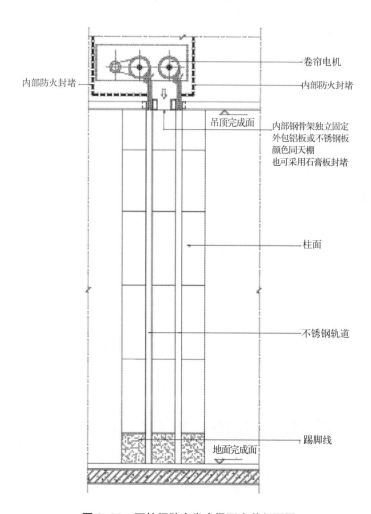

图 3-22 两柱间防火卷帘梁下安装剖面图

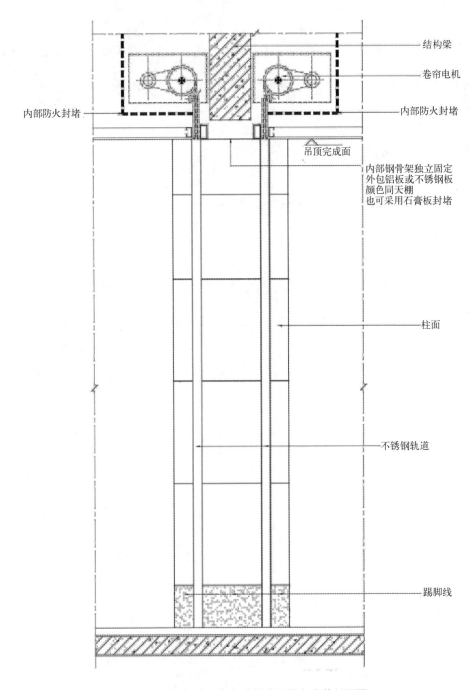

图 3-23 两柱间防火卷帘骑梁（躲梁）安装剖面图

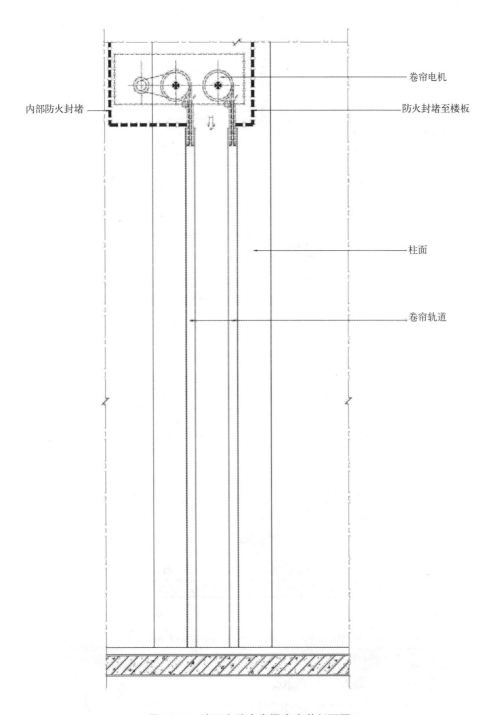

图 3-24 地下室防火卷梁底安装剖面图

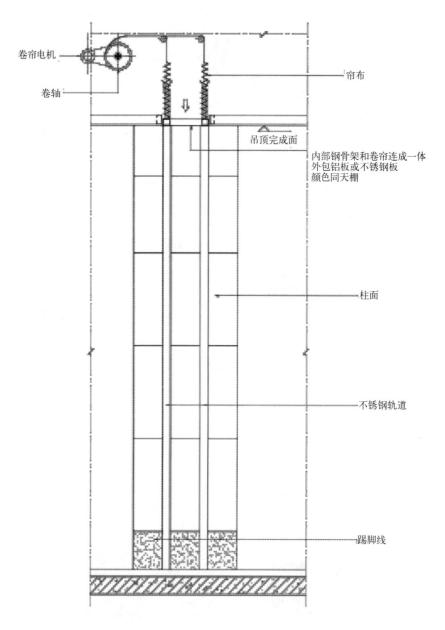

图 3-25 整体提升防火卷安装剖面图

3. 整体提升卷帘选用的几种情况

（1）卷帘门的立柱应尽量安装在结构柱或防火墙上，当实际条件无法满足依靠结构柱或防火墙时，在满足消防条件下应安装异形整体提升卷帘，异形整体提升卷帘可以减少立柱，增加空间布置的灵活性（图3-26、图3-27）。

（2）当防火分区线为异形或弧形、直线长距离且中间无结构柱等，且不适宜砌筑防火墙时，为了减少立柱，增加空间感，应考虑安装异形整体提升卷帘。

（3）一拖二店铺的楼梯洞口、和租户内上下楼之间开设的内部中空，该洞口和中空处按消防规范需要设置防火卷帘，考虑租户的使用和美观，应尽量减少立柱，安装整体提升防火卷帘。

图3-26 弧形整体提升防火卷帘现场安装

图3-27 L形（转角型）整体提升防火卷帘实景照片

4. 电机、控制箱、按钮的安装要求

（1）为便于检修，租赁线上安装的防火卷帘门，其卷轴电机、控制箱、控制按钮应安装在公共区域。

（2）中空部位的卷帘门的卷轴、电机、控制箱应安装在便于检修的一侧，按钮应安装在便于操作的位置。即：不得安装在临空侧，也不得安装在租赁线上的柱子侧（避免租户装修门脸时将按钮分隔至租户内）。

（3）卷帘按钮应安装在公共区域柱子或墙面上便于操作的地方，且靠近所控制卷帘的轨道附近。

5. 卷帘安装空间的考虑

（1）在进行天花设计和综合管线排布时需要考虑卷帘门卷轴和电机的安装空间。

（2）直形双层无机布防火卷帘，卷轴和电机需要约500mm×800mm的空间（图3-28）。

（3）异形整体提升卷帘，根据卷帘的空间高度，约需要（1000～1500mm）×500mm的安装空间（图3-29～图3-31）。

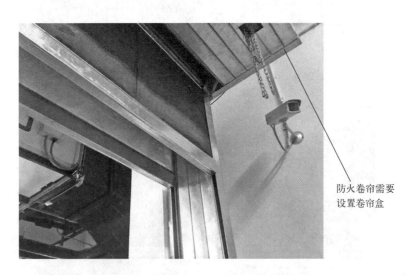

防火卷帘需要设置卷帘盒

图3-28　直形双层无机布防火卷实景照片

图 3-29　U 形整体提升防火卷帘安装现场照片

图 3-30　L 形整体提升防火卷帘安装现场照片

图 3-31　弧形整体提升防火卷帘安装现场照片

6. 卷帘门的材质要求

（1）非精装修区域及地下停车场防火卷帘

1）该区域卷帘满足消防要求即可，轨道、底托等采用镀锌材质。

2）特殊区域需要安装立柱时，立柱应采用防火板（可采用水泥压力板）进行封堵（内部间隙填充岩棉），封堵应平整美观。

3）卷帘门上方的封堵和机箱同样应采用防火板（可采用水泥压力板）进行封堵（内部填充岩棉），封堵平整美观。

（2）精装修区域防火卷帘

1）公共区域防火门的轨道必须是不锈钢，门扇下边的底托可以是铝板、钢板、不锈钢板等材质，但颜色需与天棚颜色一致。

2）公共区域卷帘底托应与天棚平齐，且与天棚之间的间隙尽可能缩小。卷帘门的帘布建议采用白色。

3）具体见图 3-32～图 3-34。

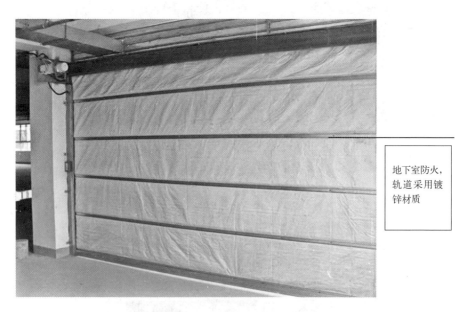

图 3-32　地下室防火卷帘现场照片

图3-33 公共区域防火卷帘底板与天花的关系现场照片

图3-34 公共区域防火卷帘底板与天花、轨道与柱子装饰面的处理实景

3.8.5 挡烟垂壁

1. 精装修区域挡烟垂壁

(1) 公共区域采用玻璃挡烟垂壁，应采用度不小于 6mm 厚的耐火玻璃；挡烟垂壁安装前必须进行排版，并需要确认垂壁的形式。

(2) 精装修天花设计时必须考虑挡烟垂壁的位置和安装方式。挡烟垂壁的悬挂系统应独立设置，不得安装在天花龙骨上。

(3) 公共区域挡烟垂壁应随天棚的造型安装，垂壁的吊件尽量隐蔽（图3-35）。

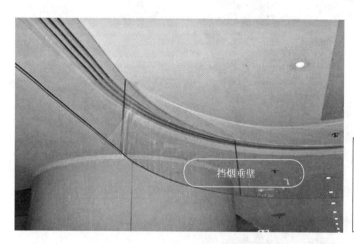

图 3-35　公共区域弧形玻璃挡烟垂壁

2. 租户内及停车场挡烟垂壁

(1) 停车场的挡烟垂壁可以选用经济实用型的，并在机电管线安装完成后进行安装，避免机电管线穿越造成损坏。

(2) 租户内挡烟垂壁，因考虑一次消防验收要求，应在租户内一次机电施工完成后，安装租户内的挡烟垂壁，该挡烟垂壁在满足消防要求的前提下以经济为原则。租户二次装修时，如果进行天棚吊顶，则需要重新设置挡烟垂壁。

(3) 地下室、停车场、租户的一次挡烟垂壁可见图3-36、图3-37。

图 3-36 停车场、地下室（无吊顶区域）人防区域弧形无机布挡烟垂壁

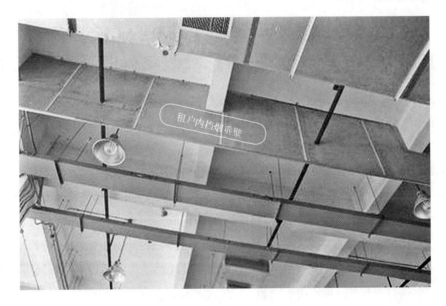

图 3-37 租户内一次挡烟垂壁

3.9　装饰装修项目金属构件的防锈、防腐处理要求

商业装饰装修项目，除正常装饰性需要采用不锈钢或拉丝不锈钢材料外，其他钢铁制品应按以下装饰工程划分采取有效的防腐措施：

（1）外装饰工程及外环境涉及后置埋件及石材幕墙龙骨、铝板幕墙龙骨、玻璃幕墙钢铁构件部分应采用热浸镀锌防腐蚀处理，锌膜厚度应符合现行国家标准《金属覆盖层　钢铁制品热镀锌层　技术要求及试验方法》GB/T 13912-2002的规定。

（2）内装饰工程涉及干挂部位内构件及龙骨需做热浸镀锌防腐蚀处理，其他非重要位置构件也应进行有效的防腐措施，满足《建筑装饰装修工程质量验收规范》GB 50210-2001的规定。

（3）所有焊接位置焊渣必须去除，焊接时焊缝应饱满，焊缝高度必须达到设计要求。所有幕墙材料必须提供出厂合格证及检验证书，幕墙安装必须提供现场验收记录及实验报告。

3.10　装修范围内机电设施检修条件的预留和考虑

3.10.1　公共天棚检修口

（1）在公共区域天棚的主副龙骨安装完成并调平之后，机电和各设备专业应对天棚内的机电管线设备进行检查，并在阀门、桥架交叉、设备等需要留置检修口的部位悬挂标牌，以提示需要设置检修口。

（2）精装修专业根据各专业的提资，进行综合规划和排布，尽量避免检修口过多或者凌乱而影响天棚的整体效果。规划后的位置和数量需经建设单位确认后设置。

（3）检修口上方位置不得有遮挡，以方便检修，且所有的机电开关和需检修的机电设备都必须靠近检修口。

所有吊顶上的检修口尺寸应统一（建议500mm×500mm），检修口的吊件应牢固，边口部位应有加强措施，避免后期使用中出现破损。公共区域天棚上检修口应采用

明框或隐（无）框设计（图3-38、图3-39）。

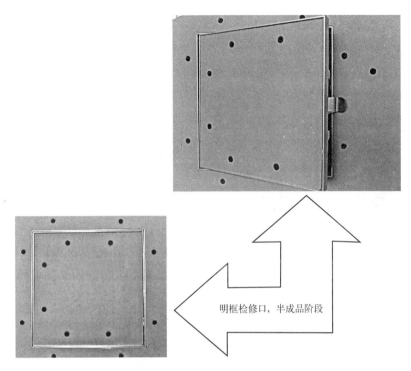

图3-38　公共区域天花明框检修口（半成品状态）

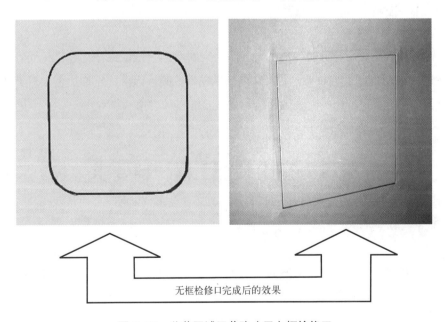

图3-39　公共区域天花隐（无）框检修口

3.10.2 公共区域柱面、墙面检修口

（1）墙面柱面在装修隐蔽之前，应与机电和各设备专业核对，确认需要留置检修口的位置和要求，并悬挂标牌，以提示需要设置检修口。

（2）精装修专业需根据各专业的提资要求，按照墙面和柱面饰面材料的排版合理设置检修口，检修口不应影响饰面层的装饰效果。

（3）检修口应方便开启和关闭，并方便检修时的操作要求。

（4）柱面和墙面的检修口，应设置成隐形检修口。

3.10.3 租户内检修口设置

（1）因租户装修和商场机电专业施工工期不同步，为确保机电和设备的检修方便，机电和设备专业应在施工过程中，对阀门、配电箱、水表、设备等部位悬挂标牌，以提示需要设置检修口。

（2）租户装修期间由二次装修团队或者商场运营管理部门对租户内检修口的设置和验收进行管控。

3.10.4 设检修马道

商业项目在装修设计时，会在一些高大空间设置装饰性天棚，建议在登高设备无法进入或距地高度超过 6m 的天棚内安装检修马道，以保证后期运营中对天棚内机电设备、灯具进行检查、维修时的维修人员的操作安全。

3.11 室内装饰工程材料要求

3.11.1 材料防火要求

（1）建筑内部吊顶材料的耐火等级不低于一级，耐火时间保证 0.25 小时以上。

（2）其他各部位装修材料的燃烧性能等级按以下执行：

1) 墙面不低于 B_1。

2) 地面不低于 B_1。

3) 隔断不低于 B_1。

4) 其他装饰材料不低于 B_1。

5) 应符合《建筑内部装修设计防火规范》GB 50222-1995 规定。

6) 安装在钢龙骨上的纸面石膏板，可作为 A 级装修材料使用，即不燃性考虑。

(3) 电话机房、消防/安防控制中心等特殊贵重设备的房间，其顶棚和墙面应采用 A 级装修材料，地面及其他装修应采用不低于 B_1 级（难燃）的装修材料。

(4) 无自然采光楼梯间、封闭楼梯间、防烟楼梯间的顶棚、墙面和地面、地下室的天棚和墙面等均应采用 A 级装修材料。

(5) 建筑内部的变形缝（包括沉降缝、伸缩缝、抗震缝等）两侧的基层应采用 A 级材料，表面装修应采用不低于 B_1 级的装修材料。

(6) 卫生间和地下室天棚应采用防水石膏板。

3.11.2 饰面板（砖）工程

(1) 饰面板的品种、规格、颜色和性能应符合设计要求，木龙骨、木饰面板和塑料饰面板的燃烧性能等级应符合设计和规范要求。并需提供产品合格证书和性能检测报告。

(2) 饰面板安装工程的预埋件（或后置埋件）、连接件的数量、规格、位置、连接方法和防腐处理必须符合设计要求。后置埋件的现场拉拔强度必须符合设计要求。饰面板必须牢固。装饰工程需提供现场验收记录及报告。

(3) 不能采用超标的放射性天然石材，人造木材的甲醛含量应符合《民用建筑工程室内环境污染控制规范》GB 50325-2010（2013 版）的规定。

3.11.3 封样要求

室内装饰装修材料，应严格遵守封样和验收流程规定。

3.12 管理办公室的设置标准

商场管理办公室应同商场公共区域装修同时设计、同时施工,提前交付使用。商场管理办公室在满足使用时尽量精简,可参考表3-2。

某项目管理用房分配统计表　　　　　　　表3-2

房间	面积	数量	装修	备注
接待区	接待台台长约2m,可坐2人		设置项目标志,墙面设置电视屏	接待台可放置打印机一台,电脑一台、电话2台
大会议室	14~16人(约28m^2)	1间	面临走道的隔断采用贴有磨砂条的钢化玻璃及玻璃门	其中最大会议室设写字用白色烤漆玻璃背板,离地1m处设100mm宽不锈钢笔台
小会议室	6~8人(约18m^2)	至少1间		
洽谈室	4人(约12m^2)	至少2间		
大办公区	至少25人共用		采用卡位,并配置公共文件柜	
总经理办公室			根据项目实际情况设置	
运营主管办公室				
租赁主管办公室				
推广部办公室				
人事部办公室				
财务办公室			财务办公室应独立设置,其门禁系统有独立权限	
收银室、总收室	收银室5~7m^2左右,总收室12m		设置在财务室内	
茶水间	至少15m^2		其中需设水盆(提供冷热水),并预留冰箱、微波炉位置,配置桌椅	
更衣间	8m^2	至少1间	内设挂衣柜,男女分开	
档案室	20m^2			
电脑机房	8m^2	1间	必须独立设置,且有不间断电源,独立空调	
信息发布间	8m^2	1间	应紧邻推广部,信息发布间用途为商场广告投放、LED屏内容播放、实时信息的发布等	

续表

房间	面积	数量	装修	备注
推广部储藏室	至少 100^2		可以在地下室等利用价值不大位置	
营运用房	至少 100^2			
办公区卫生间	根据项目实际情况设置			

Chapter 4

第 4 章
机电系统
实施要点

M&E Design and
Construction Management

机电系统应充分考虑项目后期的变更和调整，在系统设计时应有一定的灵活性。

4.1 机电系统设计要求

一个商业项目好像人的躯体，建筑结构是骨骼和肌肉、装饰装修是皮肤，机电系统是其经脉和内脏，只有经脉清晰、顺通，身体才能健康，所以商业项目机电系统设计需要遵循以下几方面的原则：

（1）当项目由多个业态（商业、酒店、住宅、写字楼等）组成时，商场部分的所有机电系统设备都应独立于其他业态和功能区建筑。

（2）机电系统应充分考虑项目后期的变更和调整，在系统设计时应有一定的灵活性。

（3）机电系统设计和施工时需要考虑方便后期运营期间的操作和维修。

（4）建议扩大餐饮条件的预留比例，按总出租面积的30%～50%预留餐饮条件（主要是排油烟、给水排水、电量、空调）。

（5）机电系统的设计需要考虑项目的实际体量、业态、施工情况、运营管理和维修操作情况，应从各方面对设计和施工进行严格要求，下述情况是某项目中在机电设计上的部分问题，供大家参考和警戒，并能够做到举一反三：

1）供水方面：某项目总建筑面积约 27 万 m^2，其市政进水采用单路进水，总进水管管径为 $DN200$（水表 $DN150$）；进水管在 B1 层绕道后到达 B3 层的给水泵房，其中地下室的租户用水及一些房间用水，为直接在该进户主干管上开三通供水。该种做法的最终结果将会是项目的水量不够用，地下室租户或房间维修水管时，需要关闭与市政连接的给水总阀，导致项目停水，且会增加阀门的开启次数降低阀门的使用寿命。

2）供电方面：某项目的供电负荷分配时，将消防负荷全部安排在两台并联安装的变压器上，因为消防负荷很大一部分平时是不适用的，这种做法造成了变压器闲置，大大消减了项目的总供电容量。结构设计时没有考虑变配电室的设备安装荷载，待变配电室的内部设计完成后，需再次对变配电室区域进行结构加固，其结果是增加建造成本和延误工期。

3）专业协调和管线排布方面：机电专业设计时各专业沟通不够，且未将机电管线进行详细的综合规划和排布，造成管线集中、管径选择不合理，导致占用大量的空间高度。最终结果是,该项目结构层高 5.5m,机电管线安装完成后最低点只有 2.5m,且最低点在公共区域和租户的前场区域,这就是机电管线没有合理规划的结果。

4) 设备选型方面:某项目店铺大量选用型号为 60-4 和 80-4 的吊式空调机组。其导致的最终结果就是:

① 当后期租户进行拆分时,该空调机组就不能满足拆分要求,必须拆改;

② 该机组的体积过大,安装后占用大量的空间,影响租户内的天棚标高;

③ 噪声过大,影响租户使用。

5) 系统审核和规划:如某项目排油烟系统,在屋面安装 4 台变频油烟净化设备,但 4 台净化设备的风管为共用一根风管,但其控制方式不知如何实现。

6) 系统预留不够:前期规划的油烟竖井数量不够,后将电梯井道改为油烟竖井。

7) 消防考虑欠佳:在消防系统设计时,因为业态图对租赁面的门头区域仅用单线条示意,所以消防系统的消火栓、喷淋、烟感的保护半径和范围,全部按店铺敞开进行设计,这就导致在精装修和租户装修完成后,消防设施的保护半径和范围达不到消防验收要求,需要进行二次改造。

8) 系统和材料选择不当:某项目选用了一些功能多余的系统和档次过高的材料设备导致成本过高。

(6) 机电管线安装完成后应在管道上喷涂或粘贴相应的标识和色环,以便于识别。

(7) 综合图纸:根据施工阶段不同,机电专业必须有室外综合管网图、室内综合管线图、精装修区域的综合天花图,用以指导施工。

(8) 暖通空调、给水排水、强电、弱电专业,应在设计阶段、设备选型阶段、配电箱采购阶段、现场施工阶段、调试阶段,逐步对各设备参数、控制逻辑、接口、分界面等进行仔细核对和把控(如某项目设备专业上对水泵选变频控制,而控制箱的设计中则没有考虑变频器,通风专业的双速风机的配电箱内没有考虑双速控制,且控制元件的功率大小与设备和选型均不相符等)。

(9) 商业项目机电系统调试前必须编制详细的调试方案,并严格按照批准的方案执行(特别需要重点关注电气负荷联动试运行、暖通空调负荷联动试运行、智能楼宇联动试运行、消防联动试运行)。

(10) 机电施工务必执行样板先行,明敷设管线确保美观和检修方便(为保证管线横平竖直，建议采用激光水平仪器控制管线的平直度)。

4.2 暖通空调系统的设计、施工控制要点

4.2.1 空调参数

空调参数可参考表 4-1。

空调参数参考表 表 4-1

项目	冬季室内温度（℃）	夏季室内温度（℃）	最小新风量（m³/h·p）	人员密度（m²/p）	冷量负荷（W/m²）	热量负荷（W/m²）
服装/百货类普通独立商户	18~20	26±2	20~25	2~3	160~250	110~160
精品零售名牌	18~20	26±2	30	3~5	160~250	110~160
独立餐厅	18~20	25±1	30	1~2	200~250	120~180
酒吧	18~22	23~26	10~30	2	100~180	90~120
宴会厅	21	23	30	1.5	180~350	120~180
咖啡店	21	24	10~20	2~5	200~350	120~140
美食广场/快餐厅	18~20	25±1	30	1~2	200~350	110~160
电影院	18~20	26±2	20~30	按座位数	150~250	110~160
水疗按摩	25	26	排风量的80%~90%	5	140~200	120~180
游泳池	29	29	—	9	200~350	90~180
KTV	21	24	30	2	180~280	150~220
健身房	18~20	26±2	20~30	2~4	100~160	120~180
美容美发/SPA	18~20	26±2	30	2	100~200	90~180
儿童游乐区	18~20	26±2	30	1~2	120~180	100~160
电玩区	18~20	26±2	30	1~2	200~300	100~160
公共走廊(地上)	18~20	26±2	20~30	3~5	180~300	100~180

续表

项目	冬季室内温度(℃)	夏季室内温度(℃)	最小新风量(m³/h·p)	人员密度(m²/p)	冷量负荷(W/m²)	热量负荷(W/m²)
洗手间	18~20	26±2	—	—		
更衣室	22~25	26±2	—	—		
商场管理办公室	20~22	26±2	30	1~2		
物业管理办公室	18~20	26±2	30	1~2		
停车场			6次/h			
建筑面积总冷热负荷估值	—	—	—	—	110~130	100~120

关于新风负荷，由于新风量指标存在差别，新风冷负荷一般占总冷负荷的30%~40%，新风热负荷一般占总热负荷的50%~60%。餐饮的补风与排油烟风机连锁，开启时段很少，餐饮补风应根据项目具体情况综合考虑在总负荷内。

上述参数为京津冀及环渤海区域的经验数据汇总整理，作为一个数据范围参考，具体商业项目的计算，需要考虑南北地域差异、不同区域、不同楼层、临边区域、维护结构、日照、灯光和设备负荷方面的因素。

夏季相对湿度(℃)≤60%±5%；
冬季相对湿度(℃)>30%；
室外噪声控制指标dB(A)，昼间65dB以下，夜间55dB以下；
室内噪声控制在55dB以下，其中商场办公室应在50dB以下；
停车场噪声应控制在70dB以下

4.2.2 通风系统

1. 一般规定

（1）风管制作：通风系统的风管，应采用不燃材料制作。

（2）自然通风：商场内尽可能利用自然通风，对人员经常停留的空间，如能利用自然通风，则可以结合建筑设计提高自然通风效率，如：采用可开启窗（扇）自然通风，利用穿堂风、竖向拔风作用通风等。

（3）机械通风：对于使用机械通风，除满足国家通用设计规程的要求外，还需满足商场中部分租户的一些特殊需求，此需求应作为设计建造标准的附件。

（4）合理设置风口，有效组织气流：合理设置风口的位置，有效组织气流，采取有效措施防止串气、乏味，采用全部和局部换气相结合，避免厨房、卫生间、吸烟室等处的受污染空气循环使用。

（5）主力租户分别独立设置通风和消防排烟系统：不论是自然通风、机械通风、消防排烟系统均需要根据项目特点将主力租户（超市、影院、KTV等）与商场或其他区域分别设置、单独控制，便于后期运营及管理。

(6) 需要设置独立排风的区域

1) 以下设备用房、商业用房或功能用房也需要设置机械通风系统，包括且不限于：地下车库、变配电室、水泵房、制冷机房、锅炉房、发电机房、电梯机房、太阳能热水水箱间、变配电室、压缩机房等，当一般的机械通风不能满足室温要求时，应设置降温设施。

2) 垃圾间（包括卸货区的干／湿垃圾间）、超市隔油间、化粪间、弱电间、卫生间、更衣间、中水机房、楼层吸烟室等设置独立的机械排风系统，如不能独立排风，需增设防倒流或逆止装置，以防止污浊气体倒流污染其他房间或区域。

(7) 管井和百叶：所有的混凝土管井内需内衬镀锌铁皮，排风、新风百叶需按照有效面积计算防雨百叶。

2. 地下车库通风

(1) 地下车库设计机械排风系统和补风系统。

(2) 排风量计算：商业汽车出入频率和车流量较大的地下车库排风量按照6次换气／小时设计，出入频率一般时排风量按照5次换气／小时，当层高＜3m时，按实际高度计算换气体积；层高≥3m时，按3m高度计算换气体积。

(3) 排风系统：排风系统由排风机和射流诱导风机组成，射流诱导风机应根据距离设置，末端风速不低于0.5m/s；设置诱导风机不仅可以减少风管的截面，还可以提高通风换气的效果。

(4) 补风系统：地库机械进风系统的进风量一般为排风量的80%～85%。车库应保持负压，避免汽车废气气味外溢。在停车场与商业连接的通道处采取措施，避免热压和风压差造成灌风带来的能量浪费和局部不舒适的体感。如：在商场侧设置贯流式专用风幕，同时车库侧适当提高送风量，以达到平衡风压的目的。

(5) 排风、补风系统的控制：地下车库排风、补风系统应按车库内的CO浓度进行自动运行控制，停车库中CO容许浓度应符合规定。

(6) 地下车库的排风系统：地下车库的机械排风系统可与消防排烟系统结合设置，但必须使用双速风机，风机的排风量应满足排烟量的要求，系统设置和控制也应满足防火要求。

(7) 应考虑气流均匀：地下车库采用有风管的机械进、排风系统时，应注意气流分布的均匀，减少通风死角。

(8) 排风出口设置：地下车库的排风出口升出地面时，不应朝向临近建筑物和商场外的公共活动场所。

3. 卫生间排风

(1) 商业部分及地库内的卫生间设计排气机，排风通过管井排至屋顶，由机械排风机排至室外，卫生间排风量按照 15 次换气／小时计算。

(2) 卫生间应设置集中的机械排风系统，在屋面设置总排风机，风机的选型需满足最远端排风量的需求。

(3) 每个卫生间的排风总管支管必须带调风阀，并且排风口均匀分布，应注意气流分布均匀，减少通风死角。

4. 变配电室通风

(1) 变配电室的机械排风量应参考设备的发热量，按照热平衡计算确定，但换气次数至少 8～15 次／小时。

(2) 变配电室的环境温度和湿度应根据相关设备所提要求来设定；设在地下的变配电室及其控制室或值班室，当一般的机械通风不能满足要求时，应设降温措施。

(3) 采用机械通风时，气流应从高低压配电室流向变压器室，从变压器室排至室外。

(4) 开闭所应设置独立的排风系统，且直通室外。

5. 制冷机房通风

(1) 制冷机房应设置独立的机械通风系统，制冷机房排风量 4～6 次换气／小时，但需要校核是否满足消除设备发热量及事故通风量的要求。根据制冷剂的种类设置制冷剂泄漏的检测器和报警器。

(2) 制冷机房夏季温度不宜超过 35℃，冬季温度不应低于 10℃，如有值班室需有独立的空调。

6. 锅炉房通风

(1) 燃气燃油锅炉房的通风量不应小于 10 次换气／小时，事故排风量不应小于 15 次换气／小时。

(2) 地下日用油箱间通风量不小于 5 次换气／小时。

(3) 锅炉房的送风量应为排风量和锅炉设备燃烧所需的空气量之和。

(4) 有爆炸危险的房间的通风设备应防爆，事故通风装置应与可燃气体探测器连锁。

(5) 锅炉房排烟管道应做保温，采用耐高温的保温材料。

7. 柴油发电机房通风

(1) 柴油发电机房的室温应不高于35℃；冬季室温应不低于5℃。

(2) 柴油发电机房应设置独立的送排风系统，储油间应设通风，通风量不小于5次换气／小时。

(3) 柴油发电机房排出余热所需的排风量应根据其容量及冷却方式由计算确定。

(4) 柴油发电机房的送风量为排风量和燃烧空气量之和。

(5) 柴油发电机的排烟管应单独排到室外，排烟管的出口应做消声降噪处理，具体消声降噪措施参见国家标准图集《应急柴油发电机组安装》00D202-2。排烟管的室内部分应作保温。

8. 电梯机房通风

电梯机房排风量应按照电梯设备发热量和电梯机房允许温度，按照热平衡计算确定。电梯机房应提供自带冷源的空调机组降温或设机械排风（不小于5次／小时），空调机应能根据电梯机房预设温度自动启停。

9. 水泵机房通风

给水泵房、消防泵房、太阳能机房、净水机房排风量按照6次换气／小时设计；污水泵房按照8～12次换气／小时设计。中水泵房按照不小于10次换气／小时的次数来设计，太阳能水箱机房换气次数不小于5次／小时。

10. 垃圾房

垃圾房排风量按照15次换气／小时设计，湿垃圾房需有独立空调和降温防腐措施。

11. 热力站

换热站的换气次数不小于10次／小时，值班室内需有独立的空调。

4.2.3 餐饮租户的排油烟及补风系统

1. 餐饮通风系统设置要求

(1) 餐厅、快餐店、水吧、咖啡厅、美食阁、美食街各小吃档口等含有厨房、备餐或操作台／间等业态的厨房需设置排油烟及补风；商业项目餐饮通风系统主要由排风机、补风机、厨房排油烟净化设备、排油烟管道、补风管道组成。

(2) 洗碗间、冷荤间、粗加工间还需设置排风及送风系统。

2. 厨房排风量的确定

餐饮商铺根据租赁面积确定其厨房排风量，按表4-2预留管井和设备。

餐饮店铺厨房排油烟风量参数汇总表　　　　　　　　　　表4-2

面积	排风量	补风量
$S \leqslant 20\text{m}^2$	1000～3500CMH	按照排风量的80%～90%设计，维持厨房负压
$20\text{m}^2 \leqslant S < 40\text{m}^2$	3000～4000CMH	
$40\text{m}^2 \leqslant S < 80\text{m}^2$	6000CMH	
$80\text{m}^2 \leqslant S < 160\text{m}^2$	12000CMH	
$160\text{m}^2 \leqslant S < 240\text{m}^2$	16000CMH	
$240\text{m}^2 \leqslant S \leqslant 320\text{m}^2$	20000CMH	
$320\text{m}^2 < S \leqslant 1000\text{m}^2$	25000CMH	
$1000\text{m}^2 < S \leqslant 1200\text{m}^2$	60000CMH	
$S > 1200\text{m}^2$	100000～120000CMH	
开敞式咖啡店	8000CMH（或按照西餐操作间面积40次/小时换气）	
美食广场洗碗间	排风量不小于2500CMH	

餐饮店铺在设计排风时，需要对送风量进行设计

3. 管井和管道设置要求

(1) 按商业租赁面积的30%～50%预留餐饮业态的排风/送风竖井。

(2) 考虑后期运营需要，需在满足上述要求后再预留2～4个排油烟管井（可以根据项目规模相应增减），管井需从一层地面通至屋面，且应在商场内按平面均匀布置。

(3) 厨房排油烟风管独立设置，且独立租户应针对每一租户设置独立的排油烟和补风管道（共用井道）。

(4) 为降低一些小型租户的投资资金压力，对于一些集中设置的小型快餐、小吃店、商场自营美食阁、咖啡吧等可以设置共用排油烟管道，及大厦提供共用排油烟设备。

4. 独立餐饮租户的排油烟系统设计

（1）大厦提供排油烟管井和补风管井：从管井引至租户内 1m 处的排油烟管道并加装 150℃防火阀，油烟管井需内衬不锈钢；从管井引至租户内 1m 处的补风管道加装 70℃防火阀，补风管井需内衬镀锌钢板。该项目工作在交房前由大厦统一完成。

（2）预留设备基础：在屋面对应的排油烟管井和补风井的出口处预留二级净化及排油烟风机的条形基础，供租户安装设备用。交房前大厦完成租户设备基础的施工。

（3）预留电缆导管：从租户内至屋顶预留 2 根 DN50 的镀锌线管，以便于日后租户安装设备时敷设线缆使用。该镀锌线管的预留应在租户收房前完成。

（4）租户负责油烟净化设备：独立餐饮商铺设两级油烟净化设备，均由租户自行完成，租户所选用的油烟净化装置的净化去除效率和油烟允许排放浓度应满足国家饮食业油烟排放标准（租户装修阶段由二次装修团队或者商场运营部门管控）。

5. 商场自行运营餐饮

商场自行运营餐饮的两级油烟净化及不锈钢排油烟管道、排油烟罩、整套补风系统均由商场提供。

6. 小型餐饮的排油烟系统设计

（1）大厦提供排油烟和补风管道、屋面设备：考虑小型租户的投资问题，对于一些集中设置的小型快餐、小吃店、商场自营美食阁、咖啡吧等业态，商场应提供共用排油烟管道、补风管道和屋面排油烟设备；屋面应选用变频的排油烟设备，以适应商业厨房的多变性，运营中按店铺数量和风量选择合适的频率，投用时按固定频率运行。

（2）租户自行安装租户内的自用设备和管道：大厦提供排油烟管道、补风管道至租户范围内，并在租户内设置 150℃和 70℃防火阀，租户根据需求自行安装自用设备和管道。

7. 其他共性要求

（1）管道消音和减震：厨房排风管道应设置消音和减振措施。

（2）厨房烟罩要求：产生油烟的设备，应设置有油烟过滤器的排气罩和机械排风设施，有条件时宜设自动清洗式排油烟装置。

（3）厨房送、排风机的要求：厨房的送、排风机均配设双速风机以达到节约能源的目的，各厨房补风机与排风机连锁并配热水散热盘管。

（4）补风冷却处理：有条件时应对夏季补风作冷却处理，北方地区应对冬季补风作加热处理。

（5）供回水管预留：商场需预留供回水管道及阀门供租户自行设置的补风机机组使用。其余的过滤器、压力表、电动调节阀、防霜冻、温度传感器及 PLC 均由租户自行提供和安装，PLC 要与商场楼控联网。

4.2.4 空调水系统

1. 空调冷源系统

（1）从满足使用功能的角度考虑，空调冷水机组配置时需要考虑备用，冷水机组应采用环保冷媒，如 R123、R134a，需考虑冷水组的拔管长度及维修空间。

（2）空调采暖系统的冷热源机组能效比符合《公共建筑节能设计标准》GB 50189-2015，使用高能效机组，冷媒为环保冷媒；根据项目所在地的水质标准，增设软化水设备或投药装置，以降低冷冻水管道结垢情况。

（3）冷冻水泵和冷却水泵的台数和流量，应与冷水机组的台数和流量相对应，并设置备用泵（互为备用），冷冻水泵采用变频控制。

（4）空气处理机与风机盘管等末端阻力不同的水系统必须在分、集水器处分开设置。

2. 空调热源系统

（1）建议除广东、广西、海南、福建、云南五省不提供采暖系统外，其他地区的所有商场均应设置中央空调系统，夏季制冷，冬季供暖。

（2）在有集中供暖管网的地区，商场可以采用热交换站供暖，利用来自市政供热管网的一次热水和蒸汽作为热源。

（3）无集中市政供暖管网的地区，应设置常压、负压热水锅炉或其他国家规范允许的供热设备供暖。

（4）对于两管制空调水系统，空调冷水泵、热水泵应分开设置，热水泵采用变频控制。

（5）空调热水系统补水采用软化水，补水泵及膨胀水箱联合定压补水，并设真空脱气机及化学加药装置以稳定水质。

(6) 中央空调系统供冷／热采用人工转换，转换阀门设置于安全及易操作处。

3. 一般规定

(1) 商场租户区、办公室、卫生间（包括男、女、无障碍卫生间、母婴房）、一层消防通道、客梯厅、中庭、商场公共区域等均应设置中央空调系统。

(2) 空调风管采用镀锌钢板制作加铝箔贴面玻璃棉(保护层为铝箔)或橡塑保温，或采用复合风管。

(3) 空调冷冻水管、冷凝水管保温材料采用橡塑闭孔发泡材料，保温材料的厚度参照国标，并根据相关要求涂刷色环漆和文字标识及箭头指示。

(4) 空调冷凝水泄水支管沿水流方向应有不小于 1/100 的坡度，冷凝水水平干管不应过长，其坡度不应小于 3/1000，且不允许有积水的部位。冷凝水管需在高位考虑通气。

(5) 组合式空调机组根据项目所在地气候特点，需要有以下功能段：初效过滤、中效过滤、送风段、表冷段、热交换段、回风段或混合段。

(6) 采用节能设备，空调通风系统的功率能效比和输送能效比符合《公共建筑节能设计标准》GB 50189-2015 的规定。

4. 商业区域空调

(1) 根据商业整体布局及业态，主要有：全空气空调系统实现过渡季节全新风运行或冬夏季可调新风比运行；可根据室内布局及商业业态情况，部分区域采用空气－水空调系统，可适当增加新风比，并通过对整个项目的空调送风、回风、加压补风及排风系统整体风平衡计算，使四个系统设计合理满足春秋过渡季节建筑物的 100% 全新风运行方式。

(2) 为充分利用天然冷源，在冬季、过渡季 AHU 全空气系统利用室外新风免费供冷，以减少开启冷水机组的时间，内区新风机组将室外空气送入室内并处理到室内露点温度以上，以承担室内冷负荷。

(3) 个别负荷需求量大或营业时间不同的租户（肯德基、麦当劳、必胜客、电玩、火锅烧烤餐饮、KTV）等需要预留冷媒管井以便于租户自行设置独立的空调。

(4) 每台空调箱冷冻回水管上设置比例积分电动调节阀。每台风机盘管冷冻回水管上设置电动二通阀。

(5) 商场的空调形式：

1) 商业大堂、中庭等宜采用全空气定风量系统夏季供冷风，冬季送热风。

2) 考虑后期招商及运营考虑，商业项目店铺区域宜采用新风加风盘的系统形式；制冷和采暖季根据负荷变化调节水阀以适应负荷的变化，过渡季新风机组直流通风运行。

3) 餐饮租户必须采用吊装式空调机组或风机盘管加新风系统，为避免餐饮串味，服务于本餐饮区域的空调设备不得与其他区域共用。

4) 楼梯间、后场通道、卫生间宜采用风机盘管系统。

(6) 所有商业全空气处理机组设板式初效过滤器。

(7) 地下车库不设置市政采暖系统，但喷淋需设置为预作用系统或在靠近出入口的位置且冬季充水的管道应有防冻措施，建议设置管道电伴热。

(8) 商业厨房通风送风作热预处理，送风温度保证10℃。

(9) 空调供回水管：

1) 水系统竖向为异程式，风盘的空调水管水平为自然同程式。

2) 空调冷冻水、热水系统竖向根据项目的实际情况确定是否分区。

3) 为便于检修，应在每层立管的三通处设置阀门，以便对水平管道进行控制。

4) 不得在干管上直接开口安装风机盘管或者吊式空调机组。

5. 其他区域空调

(1) 商场管理办公室的电脑机房设机械排风系统加独立式单冷分体空调，该空调连接到应急电源上；当正常供电恢复工作后，独立空调机需能自动启动并正常工作。

(2) 消防控制室、地库垃圾分拣间、弱电机房、变配电室、地下车库的收费亭、警卫室等各值班室、部分机电用房（变配电室等）、IT主机房、中控室、电信机房、垃圾房、冷荤间、有线机房（如有），需要独立设置冷暖分体空调采暖。

(3) 电梯机房、变配电室、发电机房等发热较高或设有值班人员的设备用房，除设置通风系统外，还需增加独立的单冷分体空调，以确保夏季运行工况下设备的正常使用及人员的舒适性要求；在严寒及寒冷地区，如机械通风能够满足机房内设备的要求，可不设空调。

(4) 发热量大的电气用房、电气管井设置通风散热条件或单冷分体空调。

(5) 所有楼梯间不采暖（因楼梯间不设置喷淋，若有必须穿越楼梯间的水管，在寒冷地区要求设置电伴热）。

(6) 商场管理办公室及物业管理办公室根据所在位置考虑设置独立分体机

VRV 或 FCU+ 新风系统。所有电梯机房设单冷分体空调。

(7) 设置独立空调的房间需预留冷凝水排水管道或地漏。

(8) 寒冷及严寒地区屋面消防水箱间、太阳能水箱间、膨胀水箱间均需设置采暖。

4.2.5 防排烟

1. 商业防排烟系统

(1) 加压送风系统：对需要设加压送风的所有疏散楼梯间、消防电梯前室、合用前室分别设置各自独立的机械加压送风系统。当有火灾发生时，向上述区域加压送风，使其处于正压状态，以阻止烟气的渗入，以便建筑内的人能安全离开。加压送风机设在屋顶设备层，经垂直风道及风口将加压空气送到各层楼梯间及前室。

(2) 楼梯合用前室加压送风系统：楼梯合用前室及楼梯间的加压送风系统设置余压阀作为防止超压的措施，余压阀均自带 70℃ 防火阀。

(3) 商场防烟分区设置：商场的防烟分区应结合商场的业态合理布局，租户和公共区域的防烟分区需分开设置。

(4) 租户内排烟口设置：考虑商场业态布局的多变性，商场进行业态调整或租户装修时，可能会涉及防烟分区的改动，导致需要增加排烟口，甚至需要对防排烟系统进行调整，为了对这种改造和调整做好预控，建议解决方案为：排烟防火阀应按 1 个 /250~300m² 设置，并在末端按照 1 个 /80~120m² 设置排烟风口。

(5) 商场排烟量和排烟风机风量计算：排烟量按每个防烟分区 60m³/m²h 计算，排烟风机风量按最大防烟分区 120m³/m²h 计算。

2. 地下车库的排烟系统

(1) 地下车库排烟系统设置：地下车库的日常排风系统可与消防排烟系统结合设置，但必须使用双速风机，风机的排风量应满足排烟量的要求，系统设置和控制也应满足防火要求。地下车库的排烟按换气次数为 6 次 / 每小时，高度按车库层高计算，补风量不低于排烟量的 50%。

(2) 地下车库风机设置：地下车库按每个防火分区（不大于 2000m²）分别设置一台送（补）风机、一台排风（烟）风机。火灾时开启对应防烟分区的排烟风机、补风机。

3. 商场其他区域排烟系统

(1) 商业亚安全区中庭部分：其排烟建议采用可开启电动天窗自然排烟的方式。

(2) 商场主要中庭：应设置机械排风系统，中庭的机械排风系统可与消防排烟系统结合设置，但必须使用双速风机，风机的排风量应满足排烟量的要求，系统设置和控制也应满足防火要求。

(3) 靠外墙通道的排烟方式：商业区域靠外墙的送货通道采用可开启外窗自然排烟，可开启的外窗面积不小于通道面积的 2%。

(4) 影厅排烟系统：商业区的电影院观众厅设置机械排烟系统，排烟量按 $90m^3/m^2h$ 标准计算，电影院观众厅的排烟风机按每个厅独立设置。

4. 防排烟系统的其他要求

(1) 送风口、排烟口的位置和高度应符合规范要求。

(2) 通风和空气调节系统穿过防火墙、变形缝各 2m 范围内的风管保温材料，应采用非燃材料。

(3) 通风、空调系统的风管穿越防火分区、穿越通风空调机房及重要的或火灾危险性大的房间隔墙和楼板处需要设防火阀。穿越同一防火分区内但设置防火门的不同房间时，除排烟风管外均设置 70℃ 熔断的防火阀。

(4) 穿越防火分区的空调、排烟风管当在两个防火分区均有开口（风口）时，采用耐火极限 2 小时的防火包裹，并在防火分区分隔处设置防火阀。当仅在一个防火分区有风口时，在防火分区分隔处设置防火阀，不设置防火包裹。

5. 防排烟系统的控制系统

防排烟系统由自动报警系统联动控制，应达到下列要求：

(1) 各防烟分区的排烟风阀将根据火灾报警信号自动联锁开启，而排烟风机随之自动启动；排烟口设有手动开启和复位装置；消防机械补风机与排烟风机应联锁控制。

(2) 防烟楼梯间、合用前室、消防电梯前室的防烟加压送风系统应统一考虑，并与室内风机防火阀联动。

(3) 通风及空调系统与火灾自动报警系统联锁及自动控制电源；火灾时不作防排烟的空调通风设备的电源应被切断。

(4) 所有与机房连接的送、回风管，与竖井连接的风管，穿越防火墙的风管，均装设带易熔合金元件（温度为 70℃）的防火阀；排烟风道及排烟风机入口的排烟防火阀在达到280℃（厨房为150℃）时自动关闭，排烟风机入口的防火阀与排烟风机连锁。

（5）防排烟系统的控制系统除卫生间等竖向新风、排风系统的水平支管上设置的防火阀外，其余穿越防火分区、接竖井、进出空调机房等重要房间的防火阀均有电信号至消防控制室。

（6）厨房、浴室、厕所等垂直排风管道，应采取防火回流的措施，且在支管上设置防火阀。

（7）地下室机械排烟系统的排烟口与排风口应能联动切换。

（8）排烟防火阀应有手动开启装置（钢绳拉索控制型），安装在天棚内的排烟阀，应将手动开启装置安装在就近的柱面或墙面，距离地面0.8～1.5m处，其控制拉索应穿 $DN20$ 金属导管，且应保证拉启灵活（减少和控制导管的弯头数量和弧度）；或从天棚下垂时，应安装固定导管（导管口应与天棚平齐），钢索从总导管中穿出，且应保证不破坏天棚效果，避免手动开启时钢索破坏天棚。

4.2.6 风幕的设置

（1）有安装门斗的区域均需要考虑安装风幕，并且门斗的第一和第二道门不能同时打开，开启位置应错开，避免风可以直接进入，以达到节能防寒的效果。

（2）在寒冷、严寒地区门斗室直通往室外的玻璃门内侧的上方需要安装电热风幕机，其他区域可以仅在第二道门的外侧安装风幕；寒冷及严寒地区禁止使用热水源的热风幕，门斗内应设置空调风口并保持正压。

（3）热风幕需能覆盖门的宽度。

（4）热风幕的出风口高度应在2.5～3m间。

（5）安装的热风幕和管道应由精装修进行装饰处理，并留有检修口或其他检修措施。

（6）地区划分：

1）温和地区，日平均温度低于5℃的天数有0～90天。

2）夏热冬冷的地区，日平均温度低于5℃的天数有0～90天。

3）寒冷地区，日平均温度低于5℃的天数有90～145天。

4）严寒地区。日平均温度低于5℃的天数超过145天。

4.2.7 特殊租户对通风空调系统的要求

1. 超市

（1）根据项目情况提供冷热源至租户区域，由租户自行安装空调设备。

（2）室外预留压缩机冷凝器基础、办公室 VRV 冷凝器基础、排油烟风机基础等。

（3）根据空调机房预留新风管井、排风管井、压缩机的冷媒管井、办公室 VRV 冷媒管井、排油烟管井。

（4）办公室预留新风及排风管井。

2. 影院

（1）大厦提供电影院热源至租户范围内，并预留电影院冷源冷水主机的安装条件，冷源由租户自行提供。

（2）按影院要求预留影院所需的风井、管井及设备基础。

3. 其他租户

（1）个别负荷需求量大或营业时间不同的租户(如肯德基、麦当劳、必胜客、电玩、火锅烧烤餐饮等)要求预留冷媒管井以便于自行设置独立的空调。

（2）餐饮租户需要预留排油烟管井和补风管井，油烟管井按照餐饮面积的40%计算厨房的换气面积，换气次数60次/小时来设计油烟井。

（3）个别负荷需求量大或营业时间不同的租户（肯德基、麦当劳、必胜客、电玩、火锅烧烤餐饮、KTV）需要设置独立的新风及排风井。

4.2.8 商业、地库空调系统自控

（1）空调、通风系统等采用直接数字控制（DDC）系统进行自控。

（2）制冷机房设置机房群控系统，并提供通信接口，冷水机组、冷冻水泵、冷却水泵、冷却塔等设备的控制，使设备始终以最佳工况运行，节省运行费用。机房群控系统向楼宇控制系统开放接口。

（3）空调末端系统控制：

1) 空气处理机组：新风阀与风机联锁开闭，当风机停止后，新风阀及水路电动阀门等也全部关闭(其中冬季热水阀先于风机和风阀开启,后于风机和风阀关闭)；根据回风状态，控制空调水路上电动调节阀的开度；在冬季时，供热回水电动阀需

保持最小 10% 的开度以防冻。

2) 新风处理机组：新风阀与风机联锁开闭，当风机停止后，新风阀及水路电动阀门等也全部关闭(其中冬季热水阀先于风机和风阀开启,后于风机和风阀关闭)；根据送风状态，控制空调水路上电动调节阀的开度；在冬季时，供热回水电动阀需保持最小 10% 的开度以防冻。

3) 冬季空调／新风机组的防冻控制：当加热盘管出口气温低于 5℃ 时风机停止运行，新风阀关闭，采暖水路调节阀全部打开；加热盘管出口空气温度回升后，机组恢复正常工作。

4) 风机盘管：由三速（风机）开关和室温控制器，根据室内温度的要求控制及调节空调水路上的电动二通阀的启闭，以适应空调负荷的变化；当风机盘管停机后，电动二通阀处于关闭位置；安装在走廊、电梯厅等部位的风机盘管不设速度控制，根据回风温度控制及调节空调水路上的电动二通阀的启闭，以维持设计的室内温度。

5) 风机盘管回水管安装双位控制的电动二通调节阀，空调／新风机组回水管安装等百分比特性的动态压差平衡型电动调节阀（即一体阀）。

6) 商业全空气空调系统均采用双风机系统，可调新风比，排风系统随新风量的变化来控制启停。

(4) 水系统的调节：

1) 风机盘管水系统与空调机组水系统共用立管。

2) 每一主干管及主分支管回水管处设置静态平衡阀,用以初步调节水系统平衡。空调机组、新风机组设置动态平衡电动两通调节阀，风机盘管系统每层横支管设置动态压差平衡阀，风盘设电动两通双位阀。

3) 冷水机组出水管设置低阻动态流量平衡阀，以恒定流通水量。

(5) 通风系统控制：

1) 各对应的送风机和排风机应联锁启停。

2) 燃气表房等区域的事故排风装置与可燃气体等事故探测器联锁开启。

3) 车库内的 CO 浓度控制。

4.2.9 商业节能环保

1. 节能措施

(1) 集中设置制冷机房，采用高能效比的制冷机组，冷机搭配，配备机房群控及 BMS 系统，可根据总冷负荷的变化，实现冷水机组、水泵、冷却塔等设备的分台优化控制，使所有设备始终以最佳工况运行，提高能量利用效率，减少 CO_2 排放。

(2) 空调系统冷冻水一次泵系统采用变频调速泵方式，减小低负荷时的水泵能耗。

(3) 热水泵系统采用变频调速泵方式，减小低负荷时的水泵能耗。

(4) 过渡季、冬季利用室外新风免费供冷。

(5) 冷却塔风机采用台数节能技术。

2. 降噪减震措施

(1) 空调、通风及制冷设备均采用低噪声设备，并设减振垫、弹性吊架等减振装置。空调机、通风机进出口风管均设软接头、消声器。排风系统尽量做到高位排放。

(2) 地上空调机房考虑隔声、隔振，尤其是裙房屋顶送、排风等设备应采取严格的降噪措施，以免影响周围环境。

(3) 机房门、墙、楼板均作隔声、吸声处理（如制冷机房、水泵房）。

(4) 冷却塔采用低噪声型，根据负荷变化情况调节冷塔模块风机台数，可降低运行叠加噪声，尽量减小对周围环境的影响。

3. 环保措施

(1) 选择符合环保要求的冷媒，减少对大气臭氧层的破坏及温室气体的排放。

(2) 空气过滤建议采用两级过滤。

(3) 所有 AHU 的回风管上电动阀关闭，进行直流式全新风运行，避免交叉污染。

(4) 厨房排油烟通过处理达到标准之后在屋顶排放，为防止餐饮区气味对其他区域的影响，餐饮排风亦独立排放。

4. 管材与保温

(1) 空调、通风、消防排烟和厨房排油烟管道均采用镀锌钢板制作，土建风井不论是否采用内衬铁皮风道的，风管漏风量要求按《通风与空调工程施工质量验收规范》GB 50243-2002 执行。不应将土建风道作为空气调节系统的送风风道和已经过冷、热处理后的新风送风道。不得已而使用土建风道时，必须采取可靠的防漏风和绝热措施。

(2) 风／水管道材料与连接方式：

1) 水管道部分

见表4-3。

空调专业水管道连接方式汇总　　　　　　　　　　　　　　　表4-3

序号	系统类别	管材		连接方式
1	空调冷热水管	$DN \leq 100$	焊接钢管	焊接或法兰连接
		$100 \leq DN \leq 350$	无缝钢管	焊接或法兰连接
		$DN > 350$	螺旋缝电焊钢管	焊接或法兰连接
2	空调冷凝水管	镀锌钢管或PVC		螺纹连接或粘结
3	软化水、补水管	镀锌钢管		螺纹连接
4	空调冷却水管	$DN \leq 350$	无缝钢管	焊接或法兰连接
		$DN > 350$	螺旋缝电焊钢管	焊接或法兰连接

2) 通风部分

见表4-4。

空调专业通风管道材料要求及连接方式说明　　　　　　　　　表4-4

序号	系统类别	板材	连接方式
1	新风管、排风管空调送回风管	镀锌钢板，厚度按《通风与空调工程施工质量验收规范》GB 50243-2002执行	法兰连接，垫料采用阻燃8501密封胶带，$\delta=3.0$mm
2	穿越防火墙处风管	普通钢板，厚度$\delta \geq 1.6$mm	焊接或法兰连接，垫料采用耐热橡胶板或耐高温的不燃材料

(3) 保温材料，要求其氧指数大于32以上（不燃或难燃）（橡塑 $\lambda=0.037$，密度$=40 \sim 80$kg/m³；离心玻璃棉 $\lambda=0.038$，密度≥ 45kg/m³；硅酸铝棉 $\lambda=0.035$，密度≥ 120kg/m³）。

(4) 空调系统供回水管采用难燃（B_1级）型闭泡橡塑绝热材料保温，冷冻水管保温厚度：管径 $d \leqslant 50$，30mm 厚；$70 \leqslant d \leqslant 150$，35mm 厚；$d \geqslant 200$，40mm 厚。

（5）空调系统送回风管采用 27mm 厚难燃（B_1 级）型闭泡橡塑绝热材料保温。吊顶内的排烟风道，采用 30mm 厚硅酸铝棉板隔热保温。

（6）冷凝水管采用镀锌钢管制作，15mm 难燃（B_1 级）闭泡橡塑保温。

（7）排烟风机进出风口处软连接采用硅玻钛金复合型软风管，耐温 300℃。

（8）水系统承压能力为 1.0MPa。

4.3 消防系统分类及控制要点

4.3.1 消防系统概述

消防系统工程设计及安装应遵守国家规范及现行的有关标准规定，商业项目消防系统应涉及表 4-5 所列子系统。

消防专业子系统汇总　　　　表 4-5

序号	项目	需求状态	备注	功能说明
1	消防水泵房	按照消防规范设置		
2	喷淋系统	按照消防规范设置		
3	消火栓系统	按照消防规范设置		
4	大流量喷射快速灭火系统（水炮）	当项目有中厅或高大空间时按照消防规范设置		直接参与灭火的功能系统
5	气体灭火系统	按照消防规范设置		排烟和烟雾隔离、火灾隔离，不能直接参与灭火
6	防排烟系统	按照消防规范设置	见第 4 章 4.2.5 防排烟	
7	防火间隔之挡烟垂壁、防火卷帘	按照消防规范设置	见第 3 章 3.8 商场卷帘门、挡烟垂壁分类及控制要点	
8	火灾自动报警系统	按照消防规范设置		火灾检测和报警
9	消防联动系统	按照消防规范设置		消防联动的控制中心

续表

序号	项目	需求状态	备注	功能说明
10	电气火灾漏电报警系统	按照消防规范设置		设备检测和报警
11	消防电源状态检测系统	根据项目需要设置		
12	消防水泵智能巡检系统	根据项目需要设置		
13	疏散指示和应急照明（工作面应划归给强电专业）	按照消防规范设置	见第4章4.7.6应急照明和疏散指示	疏散逃生
14	消防广播	按照消防规范设置	见第3章4.8.5背景音乐兼消防广播系统	
15	推杆锁	依据管理需要设置		

4.3.2 消防泵房

（1）消防水池：设计时应按照实际有效容量进行考虑，合用水池应有满足消防专用的技术措施，较大容量水池应采取分隔措施。

（2）消防水泵：一组消防水泵应至少有2根吸水管和2根出水管，出水管上应有压力表、试验放水阀、泄压阀，引水装置设置正确，吸水管的管径符合流量要求；采用专用消防水泵，流量和扬程应符合项目实际要求。

（3）消防水箱：屋顶合用水箱应有直通消防管网水管、消防水源的专用措施，出水管应设单向阀。

4.3.3 喷淋系统

（1）商业项目的租户范围内除按照消防设置喷淋头外，还需要：

1）在竣工验收前，商铺内均按假设没有吊顶考虑设置上喷喷头，所有喷头处必须为四通（或三通）连接，为租户二次装修时增加下喷预留接口条件。

2）租户与公共区域交界处喷淋末端的保护半径计算时，应全部按租户门脸封闭且到顶进行设计。

（2）末端泄水：系统的末端泄水按照就近原则，集中引至机房或卫生间。

(3) 设置电伴热的区域：

1) 在对冬季温差变化比较敏感部位的消防管道应考虑电伴热（如地下停车场入口30m内，与室外连接的卸货区，大门及入口附近等区域），防止冬季充水管道被冻裂。

2) 商场卸货区同样需要设置喷淋系统，在寒冷和严寒地区需要考虑电伴热，避免冬季管道冻裂。

(4) 需设置快速响应喷头的区域：影厅、地下室商业、仓库应采用快速响应喷头。

(5) 超市区域设计要求：超市区域的货物堆放高度超过3.5m按危险一级设计，其余按照中危险二级设计。

(6) 需增加下喷的特殊区域和部位：

1) 扶梯、步道梯、飞梯下方应设置有喷淋。

2) 宽度超过1800mm的通风管道下方应按规范设置下喷。

3) 吊顶夹层高度超过800mm，其夹层内应设置上喷喷头。

4) 有易燃物房间的吊顶，在吊顶内应设喷淋（洗手间除外）。

(7) 公共走道喷淋设计要求：所有公共走道按照有吊顶设置喷淋系统，并考虑精装修设计后末端喷淋头调整对喷淋系统的影响。

(8) 增设阀门、为运营预留条件：水平喷淋管道，应按区域设置阀门，以便于后期运营期间管道满水后租户装修和改造泄水和打压时，不至于造成大面积的泄水和停水，保证大厦安全。增设的阀门应该在消防验收后或遵得主管部门同意的前提下进行，且该阀门应该有防止被闲杂人员随意开启的防护措施，避免引起消防系统的误动作。

(9) 个别区域需根据功能性、安全性、使用性考虑其他灭火系统。

4.3.4 防火间隔

(1) 在竣工验收前，大厦需要根据最后的用户设计重新对防火分区进行布局设计和调整，确保满足消防要求。

(2) 租户装修期间，需将租户装修的平面布局进行统一汇总，如有必要应对防火分区、防烟分区进行调整。

(3) 挡烟垂壁和防火卷帘的设置和要求见第3章3.2.10公共区域消火栓装饰。

(4) 防火卷帘联动控制：

1) 用于疏散通道上的防火卷帘两侧应设置火灾探测器组，两侧均应设置防火卷帘门的手动控制按钮。

2) 疏散通道上的防火卷帘应能实现"两步"降，安装有疏散防火门时则应一步降到底（不需要"两步"降）。其他防火分隔的防火卷帘，火灾探测器动作后，应根据联动关系卷帘需要一步下降到底。

3) 同一防火分区内用作防火分隔的防火卷帘，火灾探测器动作后，多组卷帘应实现群降。

4) 防火卷帘应按着火层和上、下层同时动作，中庭防火卷帘应划分到所在中庭最底层对应的防火分区。

4.3.5 消防火栓系统

（1）消火栓的布置：尽量将消火栓布置在公共区域，租户商铺内应避免安装消火栓和灭火器，消防规范要求必须设置除外。

（2）消火栓环网：消火栓水系统建议采用每层环网的形式，以便于后期运营和改造中能够方便增加和改动消火栓，而不需对系统进行调整。

（3）消火栓的安装形式：非混凝土结构部位的安装形式为暗装，混凝土结构部位的安装形式为明装，且需满足精装修要求（见第3章3.2.10公共区域消火栓装饰）。

（4）消火栓箱体要求：商业项目公共区域的消火栓必须采用与灭火器合用的连体箱体，消火栓箱体及消火栓门扇应按不同区域在选型上有所区别（见第3章3.2.10公共区域消火栓装饰）。商场内消火栓禁止使用玻璃门。其他区域可以采用普通形式的消火栓。

（5）租户预留：大租户内应有消火栓的水平管道经过，以满足后期租户进行平面布置需要增加消火栓时，能够就近接入消防管道。

（6）租户区域保护半径考虑：在考虑公共区域消火栓的保护半径时，所有独立租户租赁线上应全部按照装修时设置到顶隔断门脸考虑。

（7）室外消火栓、消防接合器：

1) 室外水泵接合器、室外消火栓的位置应结合外立面和室外广场、景观等进行综合考虑，以不破坏整体形象为原则。

2）如果在室外广场设置消火栓，在符合消防规范和当地验收要求的情况下，尽量采用卧式（埋地）消火栓。

3）水泵接合器与室外消火栓或消防水池的取水口距离不应大于40m，且按分区设置，数量符合规范要求。

4）室外地面消火栓管网及水源引入，应在遵得自来水公司同意后考虑从室内管网上引出，否则应按照自来水公司的设计进行施工，室外立式消火栓建议安装计量水表。

（8）室内公共区域消火栓的安装：

1）安装于公共区域：消火栓尽可能安装在公共走道中的立柱一侧，或安装于通往疏散楼梯的辅助走道上。

2）消火栓应安装在永久性位置：消火栓应安装在结构柱、剪力墙、防火墙等相对较永久固定的位置。

3）独立消火栓安装：当消火栓安装在租赁线上，周边无墙无柱时，可以采用金属钢架固定和安装，但钢架需牢固结实，钢架立柱外侧需封防火板、间隙处填充防火材料（岩棉）（做法可参考图4-1～图4-3）。

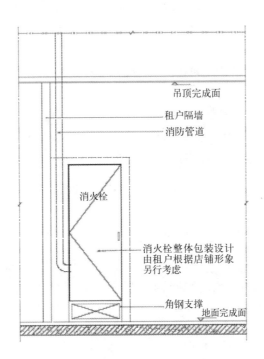

图4-1　租赁线上消火栓立面图

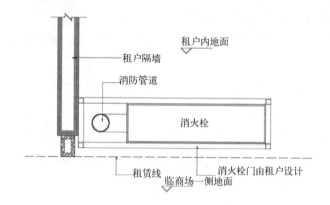

图 4-2 租赁线上靠分隔墙安装消火栓剖面图

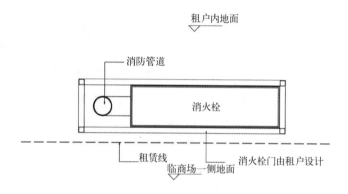

图 4-3 租赁线上独立位置安装消火栓剖面图

4）消火栓门：消防安装单位可以不订购公共区域的消火栓外门，由装饰单位安装与柱面材料一致的装饰门，且消火栓门的开启方向应正确（开门见栓，装修单位控制，消防施工单位提醒和配合），门扇开启角度不小于135°（规范要求不小于120°，考虑装饰门的厚度，开启120°时，实际开启面偏窄，不利于操作）。公共区域消火栓门要求见装饰装修之消火栓装饰门。

5）公共区域的消火栓覆盖范围：为避免租户内设置消火栓，公共区域消火栓的保护半径应尽量能够覆盖租户内(大租户除外)，且对保护半径应预留一定的冗余量，尽量满足租户装修增加门头后（导致半径距离增加）消防栓保护半径的距离要求。

4.3.6 火灾自动报警

1. 火灾自动报警主机

(1) 火灾报警主机需预留有 20% 以上的点数冗余量，为后期运营中点位增加和调整预留条件。

(2) 无论国产还是进口主机，单台设备所带探头、按钮、模块加上冗余量的总数不能超过 3200 点，超过此数应增加主机。

(3) 主板需按照防火分区配置，且每一回路有不少于 20% 的冗余量。

2. 回路设计

(1) 火灾自动报警的回路应严格按照防火分区设置，同一防火分区内可以设置 1 个以上的回路。

(2) 在设置回路时，充分考虑到将来租户装修的需要，每回路只设计 150~180 点（每回路最大可设计 256 点），保证业主在将来的经营活动中，不会因回路点数不够而增加系统设备和管线。

(3) 回路编号的最大号不允许超过 200，超过此数，另加回路。

(4) 为保证回路线路的安全，在项目成本控制较宽松或项目要求较高的情况下，可以设计成环形回路。

3. 区域报警显示器

除正常按照消防规范设置区域报警显示器以外，独立大型租户需在租赁区域内或租户值班机房内设置消防报警区域显示器（如超市、影院、家电专卖等）。

4. 租户烟感探头计算

租户与公共区域交界处烟感探头保护半径计算时，应全部按租户门脸封闭且到顶进行设计。

5. 模块安装要求

模块不允许安装在强电配电柜（箱）内，应安装在专用模块箱（盒）里。

6. 火灾探测器

选型应与所处场所相符，探测器的确认灯应朝向便于人员观察的主要入口方向，探测器编码应与竣工图标识、控制器显示相对应，且能反映探测器的实际位置；报警功能正常。

7. 增设烟感（温感）探测器

当梁高超过 600mm 时，一次消防验收时（毛坯验收），每个梁窝内均需要增设烟感（温感）探测器，且不管设计时是否有该项设计。

8. 手动火灾报警按钮

报警功能正常；报警按钮编码应与竣工图标识、控制器显示相对应，能反映报警按钮的实际位置。

4.3.7 消防联动控制系统

1. 消防联动控制设备

(1) 选用国家质量认证的产品，安装、配线符合要求。

(2) 13 种基本控制功能（为其相连的设备或部件供电、接收并发出火灾报警信号、发出联动控制信号、输出和显示相应控制信号、完成相关功能、手动或自动操作方式、单路受控设备的手动控制、故障报警、本机自检及面板检查、总线隔离器设置、手动复位不应改变原状态信息、电源转换、显示和记录、编程时不应引起程序意外执行）应完全符合要求。

(3) 主、备电源容量及电源电性能试验应符合要求。

2. 火灾报警控制器

(1) 选用国家质量认证的产品，安装符合要求，柜内配线应符合要求。

(2) 火灾报警控制器电源与接地形式及隔离器的设置符合要求。

(3) 控制器 13 种基本功能（供电、火灾报警、二次报警、故障报警、消音复位、火灾优先、自检、显示与记录、面板检查、报警延时时间、电源自动切换、备用电源充电、电源电压稳定度和负载稳定度功能）应能全部实现。

(4) 主、备电源容量及电源电性能试验应符合要求。

3. 联动和控制

(1) 控制室能显示通风和空气调节系统防火阀的工作状态，且能关闭联动的防火阀。

(2) 防火卷帘动作后的反馈信号在消防控制室内应能显示；应能在控制室内进行手动／自动控制防火卷帘。

(3) 防火门联动控制时，防火门应自动关闭且应能向消防联动控制装置反馈动作信号。

（4）消防水泵、消防风机应能通过联动关系进行手动／自动控制，并能够显示工作状态。

（5）根据消防要求启动消防电梯。

（6）声光报警器和消防广播：无论有多少个声光报警器，无论有多少个广播，在火灾时都应全部启动，应让每一个部位、每一个角落都同时知道发生了火灾，以便快速撤离。

（7）电源切除：火灾时，普通动力电、自动扶梯、排污泵、康乐设施、厨房用电等应立即切断；而另外的正常照明、生活水泵、安防系统、客梯等，应延迟切断或者手动选择性切断，以利于人员疏散。

4. 消防联动电源

消防联动电源应为24V，无论距离有多远，在现场用万用表测量，电压不能低于22.8V，如低于此数，应在现场另加24V电源。

5. 联动启动方式

厂家编联动关系时，不应再用一个探头来联动消防设施，应用该区域内的任两个探头或者任一个探头加任一个手报来联动启动。

6. 水泵风机要求

消防水泵、风机，都不允许用变频方式启动，必须是一步直接启动（功率大于15kW的水泵应采取降压或星三角启动），其控制柜里面不允许加装变频器。

4.3.8　消防广播

（1）消防广播与背景音乐合并，由消防专业按照防火分区提供对应回路的消防信号给背景音乐系统，并满足背景音乐系统的接驳要求。

（2）具体要求见第4章4.8.5背景音乐兼消防广播系统。

4.3.9　消防水炮系统

（1）室内消防水炮的布置数量在每个高大中空处不应少于两门，其布置高度应保证消防炮的射流不受上部建筑结构件的影响，并应能使两门水炮的水射流同时到达被保护区的任一部位。

(2) 室内系统应采用湿式给水系统，消防水炮炮位处应设置消防水泵启动按钮。

(3) 扫描枪头必须带有视频摄像头，并有自动追踪功能。

(4) 消防水泡的现场控制盘应安装在便于操作的位置，且需与装饰效果协调。

(5) 具体要求需按消防规范进行设计和施工。

(6) 检修和装饰要求见第 3 章 3.4.4 中庭消防水炮。

4.3.10 漏电报警系统

(1) 需按照规范要求设置漏电报警系统。

(2) 在消防用电设备、楼层照明、动力总配电箱进开关处或低压开关（优选采用低压开关侧设置）的出线侧设置漏电火灾自动报警监测器，漏电信号与火灾自动报警系统在消防控制室内联结，以实现对漏电电流的探测、监视、报警。

(3) 漏电火灾报警系统应具有下列功能：

1) 探测进线电缆温度、箱体温度、漏电电流、过电流等信号，发出声光信号报警，准确报出故障线路地址（或回路），监视故障点的变化。

2) 储存各种故障和操作实验信号，信号储存时间不应小于 12 个月。

3) 对于漏电回路只显示其状态和报警，不得自动切断漏电回路。

4) 显示系统电源状态。

5) BMS 的检测功能。

(4) 当项目设置智能电量监测系统时，为控制低压柜内的空间和系统整合，漏电火灾报警系统应可以与电能计量系统合并，监测各回路的电能情况，并能分项查询和生成报表，系统可以与 BMS 接驳。

(5) 操作主机应设置在消控中心或电气值班室。

(6) 具体要求按消防规范进行设计施工，且不需要有过高要求（以利于成本控制）。

4.3.11 推杆锁

(1) 商业项目面对公共区域的防火门、功能门需要设置推杆锁，推杆锁应顺着逃生路线安装，建议在下列平时不开启的疏散门上设置（图4-4）：

1) 卖场内通往楼梯前室的第一道防火门。

2) 店铺内设有通往消防通道或消防楼梯的第一道逃生门。

3) 一层外立面上设有通往室外的消防楼梯或消防通道上的对外开疏散门。

4) 通往屋面平台的防火门。

5) 消防楼梯通往一层安全区域的防火门。

6) 地下室直接通往室外的消防楼梯或消防疏散门。

7) 外立面门斗处设置的作为消防状态使用的疏散门。

8) 除1)、2)外，3)~7)的安装位置，全部在靠近安全区域（室外或屋面）的第一道门的内侧安装推杆锁。

(2) 安装有推杆锁的防火门，应正常的安装闭门器。

(3) 安装推杆锁的防火门，如果安装有红外微波双（三）鉴报警器时，则在消防状态下，能够解除。

图4-4　防火门上安装的推杆锁

4.3.12 消防电源状态监测系统

如非当地消防部门强制要求,可根据项目需要确定是否设置消防电源状态监测系统。

4.3.13 消防水泵巡检系统

1. 系统优点
(1) 为保护消防水泵不被锈蚀,设置消防水泵巡检系统对消防水泵进行定期自动巡检。
(2) 可以减少值班人员的配备。

2. 系统设置
(1) 巡检系统设置在水泵房内。
(2) 系统的视窗及报警器应安装在消控中心。

4.4 给水系统设计和施工控制

4.4.1 市政供水

(1) 商业项目应采用双路供水,市政管网供水时应在项目两个不同的方向从市政管网引入。当项目有人防时,应单独为人防设置市政供水进水管,并独立设置计量水表。

(2) 当项目有多个业态时(商业、酒店、住宅、写字楼),考虑后期运营管理和产权分隔,建议根据不同业态安装市政计量水表,或者在项目内统一安装内部考核计量水表。

(3) 市政给水管道先接入设置在室外的水表井,井内设置入户总水表,再接入建筑物内设于地下室的给水泵房内的给水储水箱。

(4) 应对项目整个给水系统的用水量进行详细计算,确定引入管的管径和市政水表的规格。

(5) 市政水压要求最不利点处:水压≥0.2MPa;如不能满足双路供水的要求,

或供水压力不能满足要求，需提供恒压变频供水装置。

（6）当项目部分楼层采用直供时，且市政水压能够满足项目供水压力要求，在当地自来水公司许可的情况下，应在直供管道与升压供水管之间增设旁通管，以便市政管网停水时，直供区域不受影响。

4.4.2 生活水泵房和生活水箱

（1）生活给水泵房单独设置，应有集水沟、集水坑及通风设施，商业用水的给水泵组应互为备用（建议不少于3台）。

（2）供水系统拟采用水箱加变频调速供水系统，考虑确保供水安全及节省机房占地面积，建议水箱储存水量应满足最大日用水量的50%～60%，水泵采用变频调速供水泵组。

（3）所有生活水箱，均需分开设置两个独立水箱，用连通管连接；以保证维修时能够维持正常供水。

（4）冷却塔补水储存4小时用水在生活水箱中，冷却塔补水宜单独设置补水系统（单独设置冷却塔补水泵）。

（5）水泵需做150mm高的混凝土基础，水箱需做500mm高混凝土基础。

（6）变频器、电控箱等电气控制柜宜设置单独的配电小间，且安装在配电小间的配电箱（柜）内。

（7）所有的水箱应作难燃B_1级闭孔发泡橡塑外铺设彩钢板的防结露处理。

（8）设备应悬挂标牌注明使用区域、系统编号、物业责任人及联系方式、设备检修信息及运行状态。

（9）管道应按照国家标准粘贴或喷涂色环、箭头标明水流方向，阀门悬挂标牌注明阀门正常使用状态。

4.4.3 供水系统

（1）供水系统采用下行支状供水方式，系统应进行分区，最不利点供水压力控制在0.2MPa，最大压力控制在0.35MPa以内。地下室给水支管设减压阀。

（2）给水管道应在地上每层布置一根不小于$DN50$环管，在租赁线1500mm

以内，非餐饮店铺区域内按照每 500m² 租赁面积在环管上设置 DN32 给水接口，且应分层设置总阀门。

（3）给水系统应考虑后期项目运行和管理需要，系统应进行功能和竖向分区，在每层（或区域）设置总阀门，以便在检修或发生故障时能够分区域或分楼层关闭水源，而不影响其他区域或租户。

（4）不得在干管上直接开口引出用水点。

4.4.4　一般规定

（1）给水管道不应穿过的地方，如配电室、电器机房、消控室、中控室、弱电机房、IT 机房等地方。

（2）除埋墙的给水管道外，其他给水管道均采用防结露保温。保温材料采用 10mm 的难燃 B_1 级闭孔发泡材料橡塑。

（3）租户给水点设置：给水接口的设置、位置应结合业态布局，尽量设置于店铺后区，并在吊顶内安装普通水表，水表以小于管径一个规格为宜。给水点和排水点应在一个区域。

（4）绿化用水：

1）如项目采用中水则优先考虑由中水提供给水点在室外，满足清洗和绿化的要求。

2）如无中水供给，则需与当地自来水公司沟通，确认是否可以采用自来水。

3）如不允许使用自来水，室外部分绿化及清洗需另外购水满足需求。

4）项目提供绿化用水时，应在位于绿化带内隐蔽设置，管道设置倒流防止器。

5）寒冷及寒地区的室外绿化浇灌管道应设防冻措施。

（5）室外给水点：

1）室外广场应提供促销活动用的给水点，根据项目情况进行布点，安装带锁的接驳箱，寒冷及严寒地区需考虑防冻措施。

2）接驳点的管径不小于 DN25，该管道为独立的管道，需在室内设置阀门，由物业运营部门根据使用情况开启阀门。

（6）卫生间管道敷设及洁具要求：

1）卫生间洁具和水龙头应采用节能型（如每个冲水期的用水量，坐便器不大于

6L，蹲便器不大于 8L，小便器不大于 3L）。

2）考虑后期的维修方便，建议卫生间的水平管道尽量敷设在天棚内，各用水点从天棚内垂直引下，并且控制每根埋设于墙内垂直管道的接头数不大于 2 个，以减少漏水点。

3）从施工管理和维保角度出发，卫生间给水点的施工界面，应以立管三通处的总阀为界（阀门以后的所有工作内容由精装修单位完成，阀门以前含阀门的工作内容由机电总包单位完成）。

（7）给水系统点位设置和计量要求，见表 4-6。

商业项目给水点预留方式　　　　　表 4-6

位置	水表规格	预留管径	设置要求
美食广场	DN80	DN100	租赁范围内，预留给水点（阀门和水表）
独立餐饮、西餐（1000m² 以下）	DN40	DN50	租赁范围内，预留给水点（阀门和水表）
独立餐饮、西餐（1000m² 以上）	DN65	DN80	租赁范围内，预留给水点（阀门和水表）
快餐、咖啡厅	DN25	DN32	租赁范围内，预留给水点（阀门和水表）
超市	DN80	DN100	租赁范围内，预留给水点（阀门和水表）
影院	按需求提供		租赁范围内，预留给水点（阀门和水表）
KTV（或根据提资）	DN40	DN50	租赁范围内，预留给水点（阀门和水表）
美发、美容、SPA	DN40	DN50	
健身房	DN40	DN50	租赁范围内，预留给水点（阀门和水表），需要两路进水，或设置水箱
其他商店	DN20	DN25	租赁范围内，预留给水点（阀门和水表）
湿垃圾房	DN25	N32	
停车库洗车区	DN20	DN25	租赁范围内，预留给水点（阀门和水表）
停车场地面清洗水源		DN15	需每层设置 1～2 处（或间距 100m 设置 1 个），距地成活面标高 1000mm，并且采用钥匙开启的水龙头
屋面	DN15	DN20	安装水龙头，并有防冻措施
商场管理办公室茶水间	DN15	DN20	
物业办公	DN15	DN20	

续表

位置	水表规格	预留管径	设置要求
卫生间		根据卫生间面积或用水量设置	如有条件应提供中水、热水系统,一次设计时将水源预留至卫生间区域,待卫生间精装修设计时进行二次管道设计
室外绿化		DN20	安装绿化专用水龙头,管道有防冻措施。如有条件应提供中水
室外促销和售卖亭	DN20	DN25	建议暗装在不影响室外景观效果的地方
空调机房		DN20	安装水龙头
无水源租户装修公共取水点。		DN20	后场区靠近地漏处预留,距地成活面标高1000mm,并且采用钥匙开启的水龙头

注:1. 除干管外,对特殊功能区域及独立经营区建议设置计量水表,如厨房、机房等。水表形式暂按机械普通水表设置。

2. 上述给水点应安装在不影响其他专业及维修、使用的位置(如:不阻碍停车、设备安装和检修、垃圾清运等),宜靠近排水地漏处。

4.5 雨、排水系统设计和施工控制

4.5.1 室外排水系统

(1)餐饮业态的厨房废水和油污应排往隔油池,经隔油池处理后,经过室外管网排入化粪池。

(2)隔油池的容量按整个商业租赁区域地漏排水量的50%考虑。隔油池构造必须符合规范及设计图纸要求,以保证隔油效果并达到排放标准(且应满足当地环保部门的规定),每个隔油池的有效容积应不小于4m^3。

(3)因商业项目排水管道系统过多且复杂,为便于后期检修,建议在排污井内对每个接入管道,按竣工图纸所示系统进行编号。

4.5.2 室内排水系统

1. 通用要求

(1)污/废水管不应穿越或敷设在给水泵房、配电室、电器机房、IT机房等房间的上方。

(2) 应对排水管道设置通气管,且必须要求:

1) 设置伸顶通气。

2) 卫生间器具设置环形通气及主通气。

(3) 商场餐饮类排水管道有结露可能,应作不小于10mm厚难燃B_1级闭孔发泡橡塑防结露保温。

(4) 排水系统原则上应采用重力排水;地下室集水池采用压力排水装置;每个集水池的提升泵均为自耦、带切削功能,应一用一备,并安装通风换气系统。

2. 餐饮业态排水

餐饮业态的排水点位预留要求如表4-7。

商业项目按餐饮业态排水点的预留方式　　　　表4-7

业态和项目	厨房地漏接驳点（DN100）	厨房油污废水接驳点（DN100）	卫生间污水接驳点（DN100）
中岛餐饮	1个（如条件限制可以不设）	1个（靠柱子或者隔墙角落）	
餐饮 $S<200m^2$	1个	1个	1个
餐饮 $S<500m^2$	2个,间距8~10m以上	2个,间距8~10m以上	
餐饮 $S\geqslant 500m^2$	3个,间距8~10m以上	3个,间距8~10m以上	2个,间距8~10m以上
首层一跃二的餐饮店	按面积预留在1层,2层各设1个	按面积预留在1层,2层各设1个	1个
位置要求	应设在商铺后区,不应靠近走廊通道	应设置在与厨房排油烟管井处附近,并与排污地漏距离至少8~10m以上	设在商铺后区
总管要求	排水总管不小于DN150	排水总管不小于DN150	卫生间排污管道总管不小于DN150,且不得与餐饮业态的任何排水管道连通
接入位置	接入排污系统	接入隔油池	接入排污系统

注:1. 餐饮店铺,必须预留排油接驳口,租户必须设置隔油排水设施。
2. 租户应在厨房内设置小型隔油器做初次隔油(二装团队或商场运营部门控制),处理后再经设在室外的隔油池(有效容积不小于$4m^3$)二次处理后排入污水管网,对于独立营业的大餐饮租户的独立隔油池有效容积不小于$2.44m^3$。
3. 对于自行设置内部卫生间的租户,其卫生间排污管道严禁接驳在与餐饮连接的排污和废水管道上。

3. 非餐饮商铺排水

对于下述部位的所有店铺无论当前是否包含有餐饮,均要预留排水设施(地漏),预留方式见表 4-8。

商业项目非餐饮业态排水点的预留方式　　　　　　表 4-8

位置说明	面积	预留排水接驳点	备注
B1 层为人防时,相关区域的一层店铺(即人防上方的普通店铺)应右侧面积档次预留排水点	$S < 50m^2$	1 个 (DN100) 地漏	对于暂时不用地漏的店铺,应在地漏上方设铁板封闭且应做上相应的标志,并在竣工图纸上详细标注
	$50m^2 \leqslant S < 200m^2$	2 个 (DN100) 地漏	
	$200m^2 \leqslant S < 300m^2$	3 个 (DN100) 地漏	
	$300m^2 < S$	每 100m^2 加 1 个 (DN100) 地漏	
普通店铺(非餐饮)$S \geqslant 500m^2$(所有楼层)	靠近店铺的后场区域	1 个 (DN100) 地漏	
KTV		4 处 DN150,或根据提资	
影院	卫生间	DN150,数量和位置由影院提资	
	售卖区	DN100,位置由影院提资	
超市	生鲜区	DN200 两处,位置由超市确定	
	食堂	需要厨房排油污和厨房废水,需根据超市提资	
	办公区卫生间	DN150,需根据超市提资	
除餐饮以外所有设置给水点的租户(如美发、美容、SPA、健身等)	1 个 DN100,或根据租户提资要求设置		

注:1. 上述区域以外其他楼层的非餐饮店铺同样需要预留污水接驳口,为便于控制成本和施工,解决方案为:
(1) 在店铺的后场区内安装污排水水平干管,材质为 U-PVC 加保温,作为后期业态调整式接驳用,需考虑后期接驳时的施工空间。
(2) 水平管道不可以敷设过高,避免接驳时因租户内天棚下方空间受限,导致无法接驳。
2. 上述管道及地漏还需满足规范要求。

4. 其他区域排水或地漏

见表 4-9。

商业项目其他区域地漏或排水点的预留方式　　　　表 4-9

位置	地漏	接驳口	备注	
停车库洗车区	DN100	—	位置靠近给水点	
地下停车库	DN100（数量根据现场情况设置）	—	根据项目实际情况设置，可以排入最底层的积水坑内	除最底层以上的楼层（最底层设有排水沟）
地下停车场坡道拦水沟		至少 DN150×2	在坡道的上下位置各设置一个，以接驳拦水沟排水	并应有沉砂池
卸货区	DN150	DN150	卸货区入口处排水沟	并应有沉砂池
茶水间／物业办公室茶水区	DN50	DN50	位置在给水点下方	
垃圾房	DN100		位置靠近给水点	
机房	DN100	—	除电气设备机房、电梯机房及独立的送排风机房以外的所有设备机房内	机房排水立管不小于 DN100
主次入口门斗	DN100	—	第一道、第二道防尘垫处下方基坑内	
电梯基坑	DN100			
扶梯、坡道基坑	DN100		混凝土结构的基坑内设置	
降板区域	不小于 DN50		降板区域的回填层下的最低点设置地漏，且有防堵塞措施	
安装多联机或分体空调的房间	不小于 DN100	—	或有与排水管网连接的排水沟	

4.5.3 雨水排水系统

（1）屋面面积较大的商业建筑，雨水系统宜优先采用虹吸雨水排水系统。雨水重现期按 5 年设计，溢流按 50 年重现期校核。

（2）吊顶内安装的水平及竖直管道及雨水斗下部采用 10mm 厚难燃 B_1 级闭孔

发泡橡塑防结露保温，排水立管宜集中设置于管井内。

（3）室外雨篷雨水，有人流经过的雨篷位置需按有组织排水设计，且立管与装饰效果结合。

（4）室外广场需有雨排水措施。

（5）当采用重力排水，建筑外立面有雨水立管时必须隐藏设置。

4.6 天然气系统设计要求

4.6.1 燃气系统说明

（1）城市燃气工程设计及安装应遵守国家规范及地方的有关标准规定。

（2）燃气的户外主控制箱、调压箱（站）必须隐蔽包装，但必须得到燃气公司认可。

4.6.2 燃气管道

（1）对于餐饮店铺等有燃气需求的商铺，每个店铺提供1个燃气点位至表前阀，位置于排油烟管道及排水接驳点附近（应位于店铺后侧的两个角落位置），宜沿墙或沿柱子设置，表前阀安装高度为2.2～3.5m位置。

（2）公共区域内的燃气管道的管底标高为公共区天花吊顶标高上返300mm，以预留轻钢龙骨、灯具等的安装高度。

（3）室内燃气管道不应跨越防火分区，也不能够穿越电梯前室、空调机房等。

4.6.3 天然气用量

独立餐饮、小吃店、餐厅、快餐、美食阁等餐饮业态，按商铺租赁面积确定其天然气量，见表4-10。

商业项目燃气用量预留及计算规则　　　　　　　　　表 4-10

租赁面积	用气量	说明
$S < 40\text{m}^2$	5CMH	整个项目燃气量可以按左侧标准计算总用量的 70% 报装。当项目所在地为煤气时,应按低热值进行换算
$40\text{m}^2 \leqslant S < 160\text{m}^2$	10CMH	
$160\text{m}^2 \leqslant S < 240\text{m}^2$	15CMH	
$240\text{m}^2 \leqslant S < 320\text{m}^2$	20CMH	
$320\text{m}^2 \leqslant S < 400\text{m}^2$	25CMH	
$400\text{m}^2 \leqslant S < 1000\text{m}^2$	$0.06\text{m}^3/\text{h}\cdot\text{m}^2$	
$S \geqslant 1000\text{m}^2$	80CMH	

每个餐饮租户内需提供燃气探头,在厨房内安装报警装置,达到报警及联动功能

燃气报警主机安装在消控中心内

需按照用气量标准提供燃气点到餐饮店铺的厨房区域,并安装表前阀门和预留接口,租户根据自身燃气实际用量和实际情况,自行办理挂表事宜

4.7 强电系统分类及设计施工控制要点

4.7.1 系统说明

商业项目强电专业的系统建议按如表 4-11 所列方式进行划分。

商业项目强电子系统划分　　　　　　　　　表 4-11

系统	内容
变配电系统	市政供电至低压柜之间的所有工作,包括高压柜、变压器、低压柜及相关内容等
动力配电系统	给水设备、空调设备、非消防电梯、LED 屏、其他动力设备等
消防动力电源系统	包括排烟系统设备、消防水泵、防火卷帘电源、消防电梯等与消防有关的设备及用电
商业租户配电系统	租户用电、为后期运营所预留的电源
消防照明电源系统	疏散指示、应急照明
照明系统	项目室内外所有照明、立面泛光照明、广告用电、标识导视等用电
不间断电源系统	项目重要数据设备用电
防雷与接地系统	

4.7.2 变配电系统

1. 负荷分级建议

见表4-12。

商业项目用电负荷分级　　　　　　　　　表4-12

负荷级别	范围
特别重要负荷	经营计算机系统
一级负荷	消防泵、喷淋泵、消防电梯、防火卷帘、防排烟风机、正压风机、应急及疏散照明、电话交换机系统、安保系统、BMS系统、经营计算机系统、火灾自动报警和联动控制系统、生活水泵、客用电梯
二级负荷	电动扶梯、排污泵
三级负荷	租户用电、商业一般照明、动力设备、立面泛光照明、广告照明

2. 负荷估算

为简化流程,商业项目的供电总报装负荷应按下述方式进行计算:

(1) 方式一:按不小于130VA/m² 考虑设计(计算时需包含地下停车场的面积),整合项目负荷率为85%。

(2) 方式二:按商业不小于140VA/m² 考虑设计、地下停车场50VA/m² 考虑设计,整合项目负荷率为85%。

3. 电源要求

(1) 商业项目需要有双路高压电源进线供电,双路高压电源应引自市网不同区域变电站(开闭站)。

(2) 两路电源为常用电源,优选采用全取全备的供电方式,即:两路电源平时各负担总负荷50%的负载,当其中一路市电停电时,由另一路电源通过闭合母联开关为项目全部负荷供电。

(3) 如果没有双路供电,则需提供同等功率的发电机组。

4. 变配电室设置

(1) 变配电室应设置在地下1层,负荷中心的位置。

(2) 当项目有两个以上业态(商业、酒店、住宅、写字楼),应分别独立设置变配电室,以利于后期的运营管理和产权分割。

(3) 商业部分应根据体量大小设置 2 个以上变配电室。

5. 变压器选择

(1) 为了减少系统中的三次谐波，变压器采用（干式）环氧树脂浇铸 D/Yn11 型变压器（内设两级温度保护并带强制风冷装置）。

(2) 变压器应选用最新干式节能型，配电容量单台不宜超过 2000kVA，且也不应小于 1000kVA。

(3) 当超市面积大于 10000m^2 时，需要为超市设置独立的变压器及变配电室。

6. 低压配电和运行

(1) 变压器的运行方式：低压配电采用单母线分段，中间用母联联结的运行方式，平时两台变压器同时运行，母联断路器断开；当一台变压器退出运行时，母联自动或手动闭合，由另一台变压器带载重要负荷。主进开关和母联采用自投自复、自投手复、手动投入三种方式（通过选择开关确定）。

(2) 低压柜的柜型为 GCS、MNS 或 GCK，且优选采用 GCS 型。

(3) 预留低压柜：变配电室满足商场负荷要求的情况下，需预留没有安装任何开关的空低压柜（但母排需进入），该柜作为后期租户调整时增加开关使用。预留方式一：按项目商业总面积每 5 万 m^2 设 1 面空柜不足 5 万，按 5 万计）；预留方式二：具备条件时，按照每组（两台为一组）变压器间预留一面空柜；如仍不能满足时，至少一个变配电室内需设置 1 面空柜。

(4) 备用回路预留：低压柜内需有不少于 20% 的备用回路，且应平均分布在不同组别的变压器对应的低压柜内，备用开关应为 200～630A 之间。

(5) 大负荷租户：用电负荷计算电流在 250A 以上的用户，需要直接从低压柜引出电缆直供租户，且需要在低压柜安装计量电表，低压柜内需要有安装计量电表的空间。

(6) 电源强切：考虑安全性和控制关系的梳理及成本控制，所有非消防电源的火灾切除，建议在低配室的低压柜内实施。

(7) 低压柜的出线开关选用电子脱扣器，热保护电流可调。

(8) 负荷平衡：低压配出回路设计时需要考虑负荷平衡，如：考虑季节性用电和不均衡用电，建议将部分租户、冷水机组、热风幕和活动预留用电设置在同一组变压器（两台为一组），冬季根据负荷情况只运行一台变压器。

在配电系统的干线规划时需要考虑上述的全部因素。

7. 功率补偿

（1）无功负荷集中在变配电室的低压侧补偿。采用自动补偿方式，补偿容量使功率因数 $\cos\varphi \geq 0.95$，或依据当地供电部门要求。

（2）商场的补偿电容器按照不低于总变压器容量的 25%～30% 进行补偿，且满足当地供电局要求。

（3）补偿电容器选用智能型动态补偿电容器。

8. 发电机系统

（1）按照电源负荷要求提供发电机。

（2）发电机必须满足消防验收的要求。

（3）发电机房发生火灾时要求发电机能自动停机。

（4）发电机切换要求自动切换，发电机启动时间不大于 15～30s。

（5）发电机烟道要注意防高温的要求，并且出口百叶窗的有效面积不小于井道面积的 1.2 倍。

4.7.3 商业租户配电系统

1. 供电方式说明

（1）商业租户供电建议采用水平敷设电缆 + 垂直敷设母线的方式进行供电，即，从低压配电柜引出电缆沿水平路由敷设至强电竖井，在水平与垂直交汇处设置母线转接箱，垂直部分敷设密闭母线，每层设置母线插接箱。母线应每层预留插接箱插接孔（且无论当时该楼层是否需要插接箱），不用时用盖板封闭。

（2）每层强电井内设租户总配电箱，从母线插接箱敷设电缆至租户总配电箱。

（3）再从租户总配电箱敷设电缆至租户范围内的租户配电箱。

（4）对于租户计算用电量超过 250A 的租户，需要从低压柜敷设电缆至租户内，为考虑后期运营调整，建议该电缆在强电井内设置 T 接箱中转一次，以便可以灵活应对租户业态变动对电缆造成的调整，降低浪费。

2. 一般租户用电量

见表 4-13。

商业项目租户用电电量计算指标　　　　　　　　　　　表 4-13

餐厅、快餐、西餐（按商铺租赁面积 S，350W/m²）		百货、零售、眼镜店、书店、照相馆（按商铺租赁面积 S，55W/m²）	
租户面积	租户内隔离开关	租户面积	租户内隔离开关
$S < 25\text{m}^2$	16A/3P		
$25\text{m}^2 \leqslant S < 40\text{m}^2$	20A/3P		
$40\text{m}^2 \leqslant S < 60\text{m}^2$	32A/3P		
$60\text{m}^2 \leqslant S < 100\text{m}^2$	63A/3P	$S < 150\text{m}^2$	16A/3P
$100\text{m}^2 \leqslant S < 160\text{m}^2$	100A/3P	$150\text{m}^2 \leqslant S < 200\text{m}^2$	20A/3P
$160\text{m}^2 \leqslant S < 240\text{m}^2$	160A/3P	$200\text{m}^2 \leqslant S < 250\text{m}^2$	25A/3P
$240\text{m}^2 \leqslant S < 320\text{m}^2$	200A/3P	$250\text{m}^2 \leqslant S < 320\text{m}^2$	32A/3P
$320\text{m}^2 \leqslant S < 400\text{m}^2$	250A/3P	$320\text{m}^2 \leqslant S < 400\text{m}^2$	40A/3P
$400\text{m}^2 \leqslant S < 600\text{m}^2$	300A/3P	$400\text{m}^2 \leqslant S < 600\text{m}^2$	63A/3P
$600\text{m}^2 \leqslant S < 800\text{m}^2$	400A/3P	$600\text{m}^2 \leqslant S < 800\text{m}^2$	80A/3P
$800\text{m}^2 \leqslant S < 1000\text{m}^2$	500A/3P	$800\text{m}^2 \leqslant S < 1000\text{m}^2$	100A/3P
$1000\text{m}^2 \leqslant S < 1500\text{m}^2$	630A/3P	$1000\text{m}^2 \leqslant S < 1500\text{m}^2$	125A/3P
$1500\text{m}^2 \leqslant S$	800A/3P	$1500\text{m}^2 \leqslant S$	150A/3P

注：1. 当提供燃气时，上述餐饮店铺的电量均可下降一个级别。
2. 上述餐饮用电中，250A 及以上的用户，应从低压柜出线侧敷设专线电缆引至租户内，计量电表安装在低压柜侧。
3. 上述配电中 250A 及以上的租户，电缆敷设至租户内的配电间，直接接入租户配电箱柜，不另设隔离开关，但租户内安装的总隔离开关应能够对电缆进行保护（隔离开关的大小能与电缆匹配）。
4. 以上全部为三相供电，同时租户最小电缆不小于 5×4。
5. 上述内容同样适用于特殊租户。

3. 特殊租户

见表 4-14。

商业项目特殊租户电量需求　　　　　　　　　　　表 4-14

位置区域	电量情况一	电量情况二	备注
美容院／健身院	250W/m²	或按租户提资	

续表

位置区域	电量情况一	电量情况二	备注
美食广场	20kW/档口、洗碗间50kW、美食街服务用房40kW	或350W/m²	
电玩	商场提供空调时为150W/m²	租户自行安装空调时为250W/m²	
KFC/麦当劳	250kW（含空调负荷）	或按租户提资	
溜冰场	600～700kW	或按租户提资	
电影院	影厅数量为7个时，400～600kW（含空调用电）	或按照75kW/1块屏幕，另加25kW/1块屏幕的应急用电	（含空调用电）需至少满足双路市政供电
超市	165W/m²（含空调用电）	或按租户提资	当超市面积大于10000m²时，需设置独立的变压器及配电室，且进行高压计量
电器专卖店/咖啡厅/茶馆	100W/m²	或按租户提资	
演艺吧	200W/m²	或按租户提资	
火锅店	350～400W/m²	或按租户提资	
地下停车场洗车区	预留35kW电源	从就近强电间的动力配电箱或变配电室低压柜直接引来，箱内设总隔离开关1个，配出回路租户自理	洗车区电源配电箱，需安装计量电表

4. 商场营运动力电源预留

见表4-15。

商业项目运营用电电量预留方式 表4-15

位置或区域	电量预留或计算	要求	备注
室外LED全彩屏	按屏体面积100W/m²计算电量	电源由低压柜直接引来。配电箱安装在就近的强电间内，配电箱配出开关按照屏体数量配置，同时增加1位16A/1P开关。当室内有大型LED全彩屏时，电量标准同室外，电源引至附近电井的动力箱	室内小型显示器的电源，接至公共照明配电箱，电量已经计入公共电量内，不需要另行计算和设置
屋面太阳能热水系统	电量按照120kW预留	电源由低压柜直接引来。配电箱安装在太阳能水箱间内，每台配电箱预留出线开关2个，同时增加1位16A/1P开关	当水箱容量超过18m³以上时，则每立方米增加7kW的电量

续表

位置或区域	电量预留或计算	要求	备注
地下停车场入口	每处配置 80kW 电量的配电箱	电源由低压柜直接引来，配电箱安装在就近的区域，配出开关根据项目实际情况配置	包括电热风幕、附近管道的电伴热、收费岗亭、快速堆积卷帘门等用电
一层中厅柱子	每厅预留一台 45kW 电量的配电箱	从就近强电间的动力配电箱引来，配电箱安装位置需考虑商场活动展台的摆放位置，每台配电箱预留：3P 开关 2 位 +2P 漏电保护器 2 位，从开关箱的下端预留 2 根 φ40 的线管至地面，供后期接线用	供商场活动用，配电箱不得外露（建议暗藏于柱面装饰层内）
商场公共走廊及公共区域	预留适量的 10kW 配电箱	从就近强电间的动力配电箱引来，箱内配置 3P 开关 2 位 +2P 漏电保护器 2 位	供商场维修及临时增加活动使用，配电箱安装需满足精装修效果
屋面楼体照明	预留 2～3 台 15kW 配电箱	从就近强电间的动力配电箱引来，配出开关 3P 开关 2 位 +2P 漏电保护器 2 位，箱体需预留满足后期增加开关设备及电器元件的空间	安装在屋面机房内，供大厦楼顶照明及屋面维修使用
室外促销区	提供 63A/3P 防水电源隔离开关箱	从就近强电间的动力配电箱引来，在电气间内设置漏电保护开关，平时不使用时，不得通电	在靠花池或不明显的地方
室内促销区	63A/3P 电源隔离开关箱	电源从就近强电间的动力柜引来，配出回路需满足后述要求，在促销区的中央与四个角落提供金属穿线管 40mm 沿混凝土柱体引接到距地 300mm 接线盒（管内穿铁丝），在促销区的每根柱面下部提供 1 个 10A 电源插座	一个促销区安装 1 台总开关箱，并位于推广区域范围内中心天花吊顶内柱体侧面安装（必须有检修口）
主大门入口	63A／3P 电源隔离开关箱	电源从就近强电间的照明柜引来，配出开关 3P 开关 2 位 +2P 漏电保护器 2 位	该箱可以与室外标识广告及景观照明共用一个箱体
商场办公室的 IT 机房	18kW（包括空调用电）	电源需从变配电室的低压柜直接引来	应为双电源
商场办公室	35～45kW（不包括空调负荷）	电源需从变配电室的低压柜直接引来	应为双电源

注：上述所有用电应能独立计量。

4.7.4 计量方式

1. 租户用电计费

（1）计算电流 250A 以下的电表，采用预付费插卡式电表（也可采用远程抄表）。

（2）计算电流 250A 以上特殊租户计量电表安装在低压柜内，不需采用预付费插卡式电表。

2. 电表 (16～250A)

（1）用电负荷计算电流大于 16A，小于 250A 的商铺，每间店铺的预留电源隔离开关箱安装至相应商铺的吊顶内，计量电表集中安装在各层配电小间内。

（2）电表箱不得安装在分户隔墙上，应尽量安装在后墙或结构柱的隐蔽位置。

（3）60A 以下的三相电表，采用直通式。

（4）60A 以上三相电表需要安装互感器和带分离脱扣的隔离开关，通过电表控制分离脱扣，以达到欠费时通过电表切断电源的目的。

3. 电表 (250～500A)

用电负荷计算电流大于等于 250A，小于 500A 的商铺，由低压配电柜直接引电源至相应商铺吊顶内上的隔离开关箱，在低压配电柜上进行计量。

4. 电表（>500A）

个别用电负荷计算电流在 500A（含 500A）以上的商铺，由低压配电柜直接引电源至相应商铺内租户指定位置（进线电缆留 5m 的余量），不预留开关箱。同时在低压配电柜上进行计量。

5. 商场用电计量

（1）商场的所有用电需有计量电表，以便对用电量进行内部考核。

（2）可以在低压柜侧进行计量，主机系统放在中控室，该系统可以与火灾漏电监测报警系统合并。

（3）也可以视项目具体情况，在每个动力或照明箱内安装计量电表。

4.7.5 照明系统

1. 照明设计

因商业项目的特殊性，公共区域的精装修设计会滞后于建筑设计，所以在照明设计时，应对公共区域的照明、插座、小动力采取预留的方案。其方式为：

(1) 在建筑设计阶段，强电专业对公共区域照明的供电系统进行设计，且完成干线系统的设计，公共区域照明配电箱仅标明位置、编号及预留电量即可，内部回路不需设计。

(2) 电量预留时，按照所预留配电箱服务的公共区域面积进行计算，正常照明可以按 $40\sim45W/m^2$ 进行预留，该电量包括公共区域的正常照明、插座、小型广告位、标识指引、小动力、情景照明、花车、保洁、维修插座等用电负荷。

(3) 应急照明参照上述方式，按 $5\sim6W/m^2$ 进行预留，应急照明电量包括应急照明灯具、疏散指示灯。

注：公共区域的照明可以执行两次设计一次施工原则（参见本章4.7.6节第21条）。

2. 照明系统相关技术参数

商业项目需根据照度进行照明设计，各区域照度值建议如表4-16所示。

商业项目各区域照度要求和色温选择　　　　表4-16

部位	照度值	色温
主入口大厅	400～500lux	4000K（灯带采用3000K）
公共走廊	350～400lux	4000K（灯带采用3000K）
后场走道	200lux	4000K
楼梯间	75lux	4000K
地下停车场车道	150lux	4000K
地下停车场车位	75lux	4000K
洗手间	300lux	3300K
电梯厅	400lux	3300K
电梯轿厢	300lux	3300K
扶梯/坡梯下方	300lux	4000K
扶梯/坡梯平台	400lux	4000K
室外园林（路灯）	40lux	4000K
室外走廊	40lux	4000K
广告箱（室内外）	300lux	4000K
储藏间	100lux	4000～5000K

续表

部位	照度值	色温
维修办公室	300lux	4000～5000K
管理办公室	500lux	4000K
卸货区	300lux	4000～5000K
室外雨篷下照明	至少达到300lux	4000K

注：上述照度值如果与规范相冲突时，则应取高值；所有灯具应选用节能灯具和光源。

3. 灯具、开关的要求

(1) 所有光源采用节能型，日光灯管尽量选用T5系列。

(2) 灯槽内的光带尽量采用LED灯带，需保证光源均匀、连续、饱满，如果采用日光灯管时，不得有间断的阴影出现。

(3) 如有膜灯时，膜灯内的光源照度应符合设计要求，需保证光源均匀、连续、饱满，不得有阴影出现，需要考虑灯具与膜的距离，避免灼伤灯膜。

(4) 所有安装灯具需考虑维修和更换条件，超过6m的中空需有检修马道，灯具根据现场情况调整安装方式。

(5) 当两个以上面板（包括开关、插座、温控开关等）并排安装时，需考虑美观性和统一性，相邻两面板间的间距以1mm为宜，高度必须一致。

(6) 充分考虑节能要求，选用带电子镇流器的灯具，功率因数大于0.9。

4. 插座设置

插座预留方式见表4-17。

商业项目各区域插座预留方式　　　　表4-17

部位	普通电源插座（每处）	不间断电源插座（每处）	安装要求	备注
ATM	1个	1个		
弱电间	1个	1个		
收银台	2个	2个	安装在收银台内	
总服务台	2个	2个	安装在服务台内	
花车	1个		地面插座或者安装在柱子上	

续表

部位	普通电源插座（每处）	不间断电源插座(每处)	安装要求	备注
公共区域靠中庭侧的柱子	1个		柱面面向走道侧距地300mm	
客梯候梯LED屏	1个		电梯厅中间距天棚300mm处	
休息区座椅附近	1个		柱上距地300mm	
休息区LED屏	1个		柱子上或天棚上，根据项目实际情况	
停车场柱子	25m1个		距地500mm	
柱子或墙面广告灯箱	每柱至少1个，墙面需根据实际情况考虑		公共区域柱子上方距天棚500mm处，面向公共区域的柱面每面1个	
公共区域维修插座	25m1个		公共区域柱子距地300mm，或公共区域墙面	
户外绿化带	25m1个防水插座		户外插座也可以安装在路灯灯杆里面，但电源回路需与路灯分开。为防止漏电，户外插座需在电气间内设置漏电保护开关，平时不使用时，不得通电	

5. 插座的其他要求

（1）在每个敞开式商铺（有地砖），提供1个金属穿线管40mm沿混凝土柱体敷设至距地300mm接线盒位置处，并不得影响装饰面层的安装和美观。从柱顶天棚内的接线盒到地面接线盒间敷设2根线管，预留后期穿线用。

（2）卫生间需提供插座，插座电源包括卫生间小便器感应器、小便器处预留液晶显示器、洗手盘水龙头、烘手器等。

（3）根据规范要求，为各设备机房、电梯井道、强弱电竖井等位置提供电源插座。

（4）地面插座应采用开启式地面插座，插座保护盖板应与地面持平，所有插座必须带有安全门。

4.7.6 应急照明和疏散指示

1. 设计比例和方式

见表4-18。

商业项目应急照明设计比例　　　　　　　　　　　　　　表 4-18

区域	应急照明所占比例	备注	照明系统或灯具控制方式说明
疏散楼梯间	100%		
疏散指示及安全出口	100%	EPS 备用时间 ≥ 30min	
主要设备机房	100%		
公共走道	25%～30%	将孔灯的 30% 按应急照明设计，并接入应急回路，由应急配电箱供电	平时作为商场的正常照明兼值班照明，消防状态时，消防强制点亮
强弱电配电间	100%		
地下停车场	25%		
管理办公室	30%	可以将正常照明的一部分接入应急回路	
租户		按照消防规范在租户内安装吸顶应急照明灯具，租户装修时可以下引至天花上	该灯具平时不供电，消防状态时，由消防强启供电

注：疏散和安全出口指示照明采用双回路供电，末端互投并设置集中 EPS 作为备用电源的供电系统；其他应急照明灯具采用双回路供电末端互投进行供电（参考本章图 4-5）。

2. 设计注意事项

商业项目应急照明和疏散指示应执行两次设计一次施工：

（1）第一次设计时，按照消防规范要求进行设计，满足建筑图纸审查要求即可，应将公共区域应急照明和疏散指示的回路与其他区域分开，并独立设置，满足一次消防要求即可，租户内的应急照明设计完成，且租户应急照明回路应独立设置，与其他区域分开。

（2）第二次设计时根据精装修要求，按照公共区域精装修布局及要求进行二次设计，并将公共区域 1/4 的孔灯或者其他形式的照明灯具作为应急照明（兼夜间值班照明），对公共区域的应急照明和疏散指示重新进行设计。（注意：有必要时可能会对一次设计的干线回路进行调整和增加。）

（3）一次施工：即项目公共区域的应急照明和疏散指示，实际施工按照二次设计进行施工，应急照明可以由精装修承包商项下的电气专业完成施工任务，地面疏散指示可以由消防单位完成施工，精装修单位配合（此种做法有利于施工配合、维修维保、和消防验收）。

3. 疏散指示

公共区域的疏散指示，尽量采用在地面安装无源疏散指示。

4. 应急照明系统

(1) 应急照明系统设置方式

1) 营业楼层的应急电源系统，需为双电源+EPS 的供电形式。

2) 停车场需有 1/2 的照明为双电源或灯具自带蓄电池。

3) 所有租户内的应急照明，在回路上需与公共区域分开，正常状态下灯具不点亮，当消防状态下，由消防强启点亮。

4) 影院、超市、溜冰场等特殊租户，需为独立回路，并安装计量电表。

5) 公共区域 1/3 的孔灯（不含氛围灯具，如灯带、艺术灯）及楼梯间照明由应急电源提供，平时由 BAS 集中控制，当消防状态下，该部分灯具转为消防照明，由消防强启。

6) 楼梯间灯具，需在灯具内或就地安装红外人体感应开关。

(2) 商场公共区域应急照明系统可以参考图 4-5 进行深化设计。

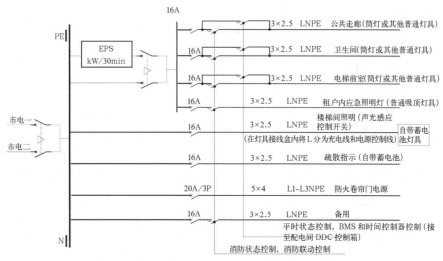

图 4-5 商业项目公共区域应急照明配电系统方案

4.7.7 商场不间断电源和UPS供电

为了保证大厦重要网络设备的安全,商业项目需要对下述部位或设备设置不间断电源:

(1) 商场(总)服务台、收银台、ATM机的插座。
(2) 商场IT主机房和商场办公室IT机房。
(3) 弱电间和IT间的插座(弱电间内的网络和语音设备电源)。
(4) 信号放大系统电源(需要安装计量电表)。
(5) 商场公共区域设置部分不间断电源插座(安装在网络插座附近)。
(6) 商场财务室插座。
(7) 其他需要提供不间断电源的设备或区域,需根据项目情况布设。

从成本控制和运营管理方面考虑,不间断电源系统的供电方式可以参考图4-6进行深化设计。

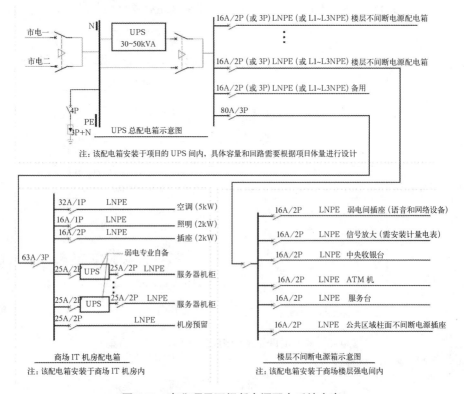

图4-6 商业项目不间断电源配电系统方案

为中控室或者消控室的弱电系统和设备提供集中 UPS 电源，其设置方式可以参考图 4-7。

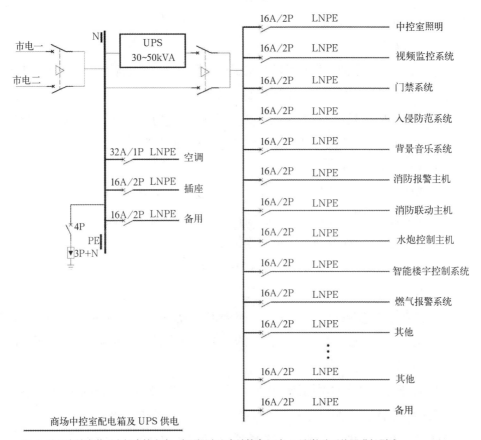

商场中控室配电箱及 UPS 供电

注：1. 该配电箱安装于商场中控室内，但项目有多个消控中心时，可以按此系统图进行删减
2. 当项目的中控中心采用此种 UPS 供电系统时，后述弱电部分所需要的 UPS 电源可以不需要按系统单独设置，以达到降低成本的目的

图 4-7 商业项目中控室配电箱系统方案

4.7.8 照明控制

（1）办公区照明：手动就地控制。

（2）特殊租户通道照明：对于营业时间与商场不同步的特殊租户，其营业通道内的照明灯具不应与商场区域灯具接在同一个回路上，并能独立控制。

（3）光感控制：靠近玻璃幕墙、采光顶下方周围、室外广场内的灯具回路要利用感光装置进行控制，根据光的强度来控制灯具的开关和开启灯具的数量；此部分照明电箱内预留继电器，可由楼宇自控控制并可采用时间控制。

（4）大厦提供的租户内应急照明：租户内的普照明由租户自行设计和自行控制，商场统一提供的租户内的应急照明灯具，平时不供电，当消防状态时，通过消防联动强启该应急灯具。

（5）室内标识：室内标识灯具的配电引自公共区域的照明箱，按照商场营业的时间进行控制，控制方式与公共走道控制方式相同。

（6）车库、停车场：灯具回路按 1/2、1/2 的形式均匀分布，且车道与车位的灯具不得共用回路，需满足 BAS 集中控制及现场定时控制功能，照明电箱配有可控继电器及手自动转换装置。

（7）商场公共区域：公共区域照明应考虑商场运营管理方式和商业营业时间等因素，对灯具开启数量和回路进行规划后，设计照明回路，并结合 BAS 进行控制逻辑设计和调整（灯带应保证光带能够连续点亮）。

（8）照明配电箱：照明配电箱内需有 BAS 集中控制及现场定时控制功能，照明电箱内预留可控继电器及手自动转换装置。

（9）室外照明：室外路灯、景观灯、室外夜间点亮的广告等回路要利用感光装置进行控制，根据光的强度来控制灯具的开关，相关照明电箱内预留继电器，由 BAS 完成控制功能。

（10）地下停车场入口雨棚处的照明灯具要利用感光装置进行控制，该光感控制器可以安装在就近区域，同时在附近的收费岗亭内有手控功能。

（11）设备机房、设备用房、电弱电间等采用就地控制。

（12）卫生间照明：卫生间的灯具和排风机不需就地安装开关，由商场集中控制，满足定时控制和 BMS 集中控制。

（13）项目需采用合理的措施改善室内或地下空间的采光效果。

4.7.9 桥架、配电箱柜、电缆敷设

1. 桥架

（1）强电专用的消防桥架和正常桥架必须分开，桥架内电缆不得超过桥架容量的 50%。

（2）需为租户配电设置单独的专用桥架，该桥架最大限度的采用直线敷设，尽量减少弯头，以方便后期线路增减时敷设和拆除电缆，该桥架不小于200×100。

（3）机房、配电间、变配电室内的垂直三通、四通、角弯等必须采用厂家制作的成品，不得现场加工。

2. 配电箱柜

（1）租户配电箱，当租户电表集中安装在楼层强电间时，租户配电箱内仅配置隔离开关即可，当采取预付费插卡电表且电表安装在租户内时，租户配电箱内安装租户电表和总隔离开关，电表应安装在该配电箱的独立隔间内，并上锁或铅封防止租户私自开启电表。

（2）照明配电箱，与公共区域照明和插座有关的配电箱，应在精装修设计期间，由与精装修配合的电气专业设计完成。

（3）所有动力箱内需预留有BMS的DDC专用电源开关及DDC接线端子。

（4）需要消防和BAS控制的配电箱（柜）内，其箱内配置需满足消防、BAS的接线要求，且必须采用端子压接，线号正确。

（5）箱体内需有二次接线图、控制原理图和一次接线图。

（6）非租户使用的配电箱、控制箱等，不应安装在租户范围内，非经常开启的配电箱可以安装在公共区域的天花内，但应考虑后期的维修方便，及在天棚上留有检修口，如安装在公共区域的柱子或墙面上，箱体需被包饰，且安装有与装饰面一致门。

（7）预留商场活动用的配电箱应安装在柱或墙上的距地500mm处，箱体需被包饰，且安装有与装饰面一致门。

4.7.10 防雷接地及等电位

（1）整个建筑物要求有防雷措施，可在建筑物顶敷设避雷带（对屋面网格线，尽量利用结构钢筋），凸出屋面的设备（如：屋顶冷却塔和太阳能集热器架）须设置针式避雷接闪器，利用建筑基础作为接地极，要求接地电阻不大于1Ω。防雷接地设施应满足国家规范要求。

（2）幕墙及室外LED需有防雷接地。

（3）在UPS间、电信运营机房、楼层强弱电井、配电小间、弱电进线室、卫生间、物业管理处的电脑机房、IT机房、电梯机房、电梯基坑等处预留等电位端子或端子箱(盒)。

(4) 在变配电房、发电机房、消防控制室、中控制室、制冷机房、压缩机房、消防泵房、生活水泵房等重要设备机房内设置周圈式接地扁钢。

(5) 在机械停车位处预留等电位端子箱。

(6) 影院需提供独立的接地系统,接地电阻不大于0.5Ω。

(7) 屋面避雷网(带)要求暗敷在楼面的保护层下或地砖下,女儿墙等高出部分可以明敷设。

4.8 弱电系统分类及建造要求

4.8.1 弱电介绍

商业项目的弱电包括如表4-19所列子系统。

商业项目弱电子系统汇总　　　　表4-19

系统名称		说明
安防系统	视频监控系统	对商场进行的安全防范,应由建设单位提出技术要求,由专业公司进行方案设计、深化设计和施工(从成本和专业技术方面考虑,不建议由建筑设计院完成该项工作的设计)
	入侵报警系统	
	门禁系统	
	电子巡更系统	
停车场管理系统	停车场收费系统	
	停车场停车引导系统	
	智能寻车系统	
楼宇自控系统	对大厦的机电、设备、照明、电梯等进行智能控制,并对相关专业进行集成。建设单位提出控制要求,专业公司完成设计和施工	
背景音乐系统	商业项目背景音乐应与消防广播合并,由建设单位提出要求,弱电单位完成设计和施工,消防单位配合施工、调试和验收	
电能智能检测系统	当项目设置电能智能监测系统时,建议与火灾漏电报警系统合并设计和施工	

续表

系统名称		说明
客流统计分析系统		根据运营需要设置
综合布线系统	商场运营管理语音和数据	根据商场运营管理提出语音和数据需要，由弱电专业进行设计和施工。建筑设计单位可以完成管线路由的规划
	租户语音和数据	可根据项目时间情况和建设单位管理方案，确认是否由运营公司负责投资建设，还是大厦自行投资建设
POS 机系统		根据运营需要设置
信息发布系统		根据运营需要设置
手机信号放大系统		为运营公司自行投资建设项目，大厦配合设计、施工
无线对讲系统		根据运营需要设置
网络系统含无线WIFI		根据运营需要设置，随着购物理念的发展，该项目逐渐成为标配项目
有线电视		随着网络技术的发展和进步，有线电视在商业项目中的重要性逐步降低，为满足个别租户的需求，可在每层弱电间里预留5个有线电视接口即可

随着技术的不断进步、商业项目的发展，弱电专业系统、项目、技术等都会有一定的调整和变化

4.8.2 安防系统

1. 视频监控系统

（1）摄像头布置

商业项目视频监控系统摄像头的设置，需要能够覆盖下述部位：

1）停车场及车道

①停车场应覆盖车位和死角（有安全隐患的地方）。

②商业的所有主次车道出入口，车道的拐弯、分叉和交汇处。

③停车场主次出入口。

④所有室外停车场主次出入口（摄像头需带自动转动功能）。

⑤停车收费站。

2）商场公共区域

①商场的总服务台。

②商场公共区开敞区域。

③所有商场公共走廊通道的转角及交汇处。

3) 电梯

①客梯和货梯的轿厢内。

②所有扶梯和步道梯上、下楼层处。

③电梯前室或电梯厅。

4) 商场后通道及消防通道

①消防通道通往室外的楼梯出口处。

②通往屋面的消防楼梯的出口处。

③室内通往消防楼梯的入口处。

5) 商场出入口及周边

①所有商场出口出租车临时停靠站，安装室外智能高速球，支持预置位、巡航功能。

②商场周围主要出入口部位。

③首层主力租户外立面上的出入口处。

6) 商场重要机房

①重要机房内及外走廊（弱电机房、直燃机房、换热站、热力冷冻机房、消防机房发电机房、生活水泵房），当机房门设有一卡通门禁时，可以在走道外对机房入口进行监视，机房内可以减少设置或者不设视频摄像机。

②变配电室、监控机房、消防控制室。

7) 其他特殊部位

①所有卸货平台。

②卸货区入口或货梯门厅。

③商场管理办公室、财务室和收银台（应设有语音录制）。

上述所有点位应合理布置，尽量避免重复和遗漏。

(2) 系统结构

视频监控系统结构主要由摄像部分、传输部分、控制部分、显示及录像部分组成。

1) 摄像部分

①依据前端设备的具体安装位置及安装环境，采用高速球、枪机、半球或室内外快球、电梯专用摄像机。

②商场内公共走廊采用半球式摄像机，电梯轿厢内选用电梯专用摄像机（半球

型），地下停车场采用枪式低照度摄像机。所有摄像机应选用540TVB线数以上。

③地库和电梯专用摄像机均可采用低照度彩转黑摄像机，建筑出入口摄像机具备红外一体半球照明。

④室外主要出入口、出租车停靠站可采用红外7寸高速球，摄像机应选用22倍低照度一体机。

⑤应采用彩色监视器，并有内置式补光功能（用于录像的目的）。

2）传输部分

①传输部分负责把摄像机输出的视频信号及控制信号上传到监控中心，安防监控制系统的传输采用以视频信号为基础的基带传输方式。

②室内有吊顶的区域设吸顶半球摄像机，线路在吊顶内线槽敷设，室外区域采用立杆安装，线路穿保护套管理地敷设。

3）控制部分

①控制部分的器件在监控中心通过有关设备对前端摄像机进行远距离遥控。

②中央控制矩阵主机，采用单独配置的微处理器，要求具有较好的稳定性和可靠性。

③矩阵主机可控制高速球、全方位摄像机及其他摄像机，进行画面切换等功能。

④矩阵需满足系统要求，如控制输出监视器上的画面路数、控制摄像机协议、巡航、画面放大缩小、对操作员分级别管理等功能。

⑤监控系统的画面显示应能任意编程、自动或手动切换，在画面上应有摄像机的编号、摄像机的部位地址等，同时可以对指定的位置实现图像移动报警。

4）显示及录像部分

①图像由多台21寸以上的监视器组成。可采用多种方式灵活显示终端图像，及可切换显示，也可全屏幕、4、9、16画面显示，同时与系统记录相联系作实时录像。每个显示屏最多只能放16个摄像头的屏幕。

②显示屏数量配置时应满足能播放所有摄像头，显示屏上必须有时间／日期／地点。

③必须设置一块42寸或以上的显示屏，能够任意切换所有摄像头。

④系统应能存储视频录像30天（每天24小时）以上，回放录像时画面应保证清晰流畅。系统要预留一定的余量，以备后期系统增加和调整。

5）商场管理办公室的监控

商场办公室内的收银室、点钞室及办公室内的其他监控摄像头应接到电脑机房,应单独提供成套设备,要求能够保存至少1个月的录像数据。

6) 不间断电源 UPS

监控系统的电脑、摄像头和链路上设备的电源必须为 UPS 不间断电源及双电源,可共用消防中心的 UPS。

2. 入侵报警系统

(1) 系统功能描述

1) 入侵报警是通过自动探测和人为触发的方式进行集中报警,并联动相对应的摄像机,将图像切换并投放至安防中心的屏幕墙上,并作报警实时录像。

2) 自动探测:主要采用红外/微波双(三)鉴探测器进行报警。

3) 人为触发:主要采用门磁报警和报警按钮。

4) 入侵报警系统可由控制中心统一进行撤防和布防操作,也可根据具体情况单独进行撤防和布防操作,可以视频监控联动。

5) 配备管理软件进行报警信息记录与电子地图显示,软件要求能与监控管理系统进行集成,满足报警时监视器可自动切换成附近的摄像机画面,并可根据需要设置各防区类型。

6) 根据具体需求设置出入口控制系统,需同火灾报警系统联动;即:消防状态能够根据消防信号解除消防通道和消防楼梯处的报警及门磁,以便人员能够快速撤离。

(2) 系统防护范围

1) 在下述部位安装双(三)鉴报警器

①商场收银台、服务台、停车收费站、停车场出入口。

②所有主次出入口。

③所有扶梯和坡梯上、下楼层。

④地下扶梯前室的入口门处。

⑤客梯和货梯轿厢外。

⑥其他重要区域。

2) 在下述部位安装门磁报警器

①通往消防楼梯前室的第一道防火门。

②通往屋面的防火门。

③首层通往室外的消防楼梯或通道的最外一道防火门。

3) 在下述部位设置手动报警按钮

①商场总服务台、收银台。

②商场管理办公室的收银台和点钞室。

③无障碍卫生间、育婴室、儿童卫生间。

(3) 特殊部位

财务室、金库需提供一套单独的"入侵报警系统"(包括但不限于：报警联动主机、防震动报警探测器及红外报警探测器、手动按钮等)，并与110接警中心连接。

(4) 应急电源

入侵报警系统单独考虑UPS电源,要求满足停电时报警系统可连续供电8小时。

3. 门禁系统

(1) 系统组成

门禁系统由门禁点、系统线路、管理主机、发卡器、管理软件、UPS电源组成，其中每个门禁点主要由控制器、读卡器、磁力锁、出门按钮和紧急按钮组成。

(2) 门禁系统功能说明

1) 管理系统设置控制中心，通过软件可显示出开门人信息，系统能对持卡人的通行卡进行有效性授权(进／出等级设置)，设置卡的有效使用时间和范围(允许进入的区域)，便于内部统一管理。

2) 有编程权限的管理人员可通过监控终端和管理主机对所发感应卡设定限时、取消和重置使用等功能。在发生意外时，可由中央控制室控制部分或全部门锁的强制开闭。

3) 系统支持远程开门、定时常开门功能，支持多卡同时开门，支持报警功能(处于长时间关开启(或关闭)、非法闯入、胁迫、剪短线路等状态下时的报警)。

4) 当设置门禁系统的机房门被强制打开时，相应的监控摄像头应能进行联动拍摄。

5) 系统应支持停电保护数据。

(3) 系统点位设置

门禁系统的设计主要包括：

1) 重点机房

在项目地下室的重要机房设置门禁系统，包括：弱电机房(不包括运营商独立使用的弱电机房)、变配电室、发电机房、变压器房、高压和主要低压配电柜房、换热站、热力冷冻机房、冷水机房、锅炉房、生活水泵房、消防水泵房、消防控制中心、安防控制中心、有线电视机房、电梯机房、气瓶储藏室、其他重要机房和区域。

2) 管理办公室

管理办公区的主次大门、财务室、物业 IT 机房、办公室里的网络机房、物业办公室的洽谈室里等。

(4) 系统管理

1) 门禁监控的主系统应设在中控室。

2) 商场办公室的人事室应有一台电脑连接到中控室的门禁系统,并能管理商场办公室人员门禁卡。

3) 门禁卡的读卡器和制卡应安装在人事室。

4. 电子巡更系统

(1) 巡更系统功能

巡更系统为离线式操作系统,使用带地址码的巡更点,要求巡更人员按照制定的路线巡逻,在限定的时间内到达巡更点,通过巡更棒阅读每一个巡更站,并记录信息。

每部记录器均能透过交接硬件及软件与保安报警系统计算主机交接,显示预设及实际巡更线路,及巡更员记录检查事项等资料,并可按要求打印报告存盘。

(2) 巡更点

电子巡更系统覆盖范围应包含整个物业管理范围。

应在建筑外围、出入口、各层楼梯、各设备机房、楼内及屋面适当设置,满足保安巡逻、机电巡检等管理需要,由物业管理部门设定管理路线,并安装巡更点。

(3) 巡更棒

巡更棒(即数据采集器)主要功能是采集前端信息点上的编码及采集时间,并需要一定的存储容量。

巡更棒(即数据采集器)的数量,应根据物业管理的实际需要进行配置,同时还应考虑一定数量的备份。

(4) 设备配置

离线式电子巡查系统除了前端信息点、数据采集器外,还需要配置数据变送器、电子巡查管理软件及计算机。其中:巡更系统的管理计算机可以与门禁系统共用一台管理计算机，不需单独设置。

（5）信息储存

电子巡查系统的信息保存要求是不少于7天。

5. 五方通话系统

见第2章2.13.3节2.电梯的弱电部分。

4.8.3 停车场管理系统

1. 系统说明

应根据项目实际情况和运营管理要求，合理选择停车场管理系统，停车场管理系统包括：

（1）停车场收费管理系统

1）停车场管理采用现场人工收费和预付费两种收费方式。

2）停车场管理系统具体包括：地感线圈、停车场入口设备、出口设备、电动栏杆、收费设备、收费软件（软件为可控制分时段收费）、图像识别设备（包括出入口摄像）、车位显示器、中央管理站、管理岗亭等。

3）建议采用影像全鉴别系统，对进出的车辆采用车辆影像对比方式，进行放行和收费，缩短车辆等候时间和节约人力投入。

（2）智能停车引导系统

系统包含以下设备：

1）数据采集系统：由车辆探测器和控制器组成、车位监测器。

2）中央处理系统：其功能对采集数据进行分析，并在相应输出设备上进行显示。

3）输出显示系统：由显示屏和引导牌组成。

（3）智能寻车系统

1）智能寻车系统：顾客进入停车场，停车后通过APP进行车辆定位，系统的记录里有该车辆所在位置的信息，在返回停车场时，可以查询车辆位置，便于顾客快速找到车辆。

2）智能寻车系统是由车位检测器、视频处理器、中央处理器、网络交换机、室内外的LED显示屏、寻车终端等硬件设备，还有就是配套的综合管理一体化软件及操作平台车位摄像头。

3) 新型二维码停车寻车系统。

2. 功能简述

（1）停车场收费管理系统主要功能

1) 图像抓拍对比功能

出入口安装高分辨率摄像机，对出入车辆自动拍照和识别，通过自动抓拍车辆的外形、颜色、车牌号码等图像信息存入电脑，在车辆出场时将系统自动分析和比较，并联动系统执行收费和放行指令。

2) 自动放行功能

对于会员客户或者办理卡客户、预付费的顾客，应满足自动识别和自动放行功能。

3) 应急疏散功能

出入栅栏门自动控制，在紧急情况下，如发生火灾，系统可将入口改为出口，及时将停车场内的车辆紧急疏散。

4) 意外报警功能

系统对于出现出入栅栏门被破坏、非法打开收银箱、用假卡出入等违规行为具有记录和报警功能。

5) 记录功能

系统应有出入记录功能和人工干预手动开闸记录功能。

6) 自动计费和统计功能

管理系统应能将车辆进入和离开的时间自动加减计算费率。

管理系统应能自动统计营收账目、车辆出入统计、现金收入记录。

7) 防砸车和砸人功能

道闸配合车辆检测器实现防砸车和防砸人功能，当道闸下有车辆（或人）时闸杆不会下落，即便当闸杆下落时有车辆（或人）行至其下面时，闸杆也会止落上抬，车辆（或人）离开后，闸杆自动下落。

8) 中文显示功能

出入口控制机箱的 LED 显示屏全中文显示欢迎词语、收费金额、卡中余额、卡有效期、充值提醒、车位已满以及停车场其他相关信息等。

9) 语音提示功能

正常操作时可语音提示放行、读卡、收费金额、有效期等相关信息，误操作或非法操作时做出相应的语音提示。

(2) 智能停车引导系统

1) 车位显示

显示停车场的车位信息，当车位库满时，自动启动车位满车显示。

2) 车位引导功能

实时检测车位的占用或空闲状态，并将检测到的车位状态变化信息由车位引导控制器即时送至车位引导显示屏，指引车辆行驶至最佳的停车位置。

3) 多区域车位计数功能

多区域停车场，利用车辆检测器及计数控制器实现各区域停放车辆的统计，通过车位信息显示屏显示引导车流。

4) 会车提醒

在车道狭窄或拐弯处安装检测器，结合声光装置提醒行驶车辆注意前方来车。

(3) 智能寻车系统

1) 逆向寻车：

购物中心的大型停车场内，车主进入停车场后，车主通过反向取车系统刷卡（或扫描二维码）签停的形式，车主返回寻找车位时通过在查询端刷卡、条形码、扫二维码等形式，显示车主及车辆所处的位置，并能迅速规划最优路线，帮助车主尽快找到车辆停放的区域。

2) 自动寻找车位：

系统同时结合车位引导功能，可以自动引导车辆快速进入空车位，消除寻找车位的烦恼。

3) 智能寻车系统应能够记录停车信息并结合客流系统进行统计分析。

4) 自动统计车位信息：

系统可以通过后台自动统计停车的车位信息，剩余车位数量、剩余车位的位置，并能实时在项目网站（或相关APP上）更新和显示，使顾客能够及时知晓停车场车位信息，提高提车效率。

3. 其他要求

(1) 管理收费亭内需要安装分体空调。

(2) 需要在商场办公室区域建立停车管理主机，以便能够实时查看停车场收费管理情况及商场管理所需要的数据信息等。

(3) 在每个停车收费站入口处安装停车费显示屏。

(4) 停车场管理室设置在停车库和停车场出入口的水平段，且满足司机停车取卡和缴费时能够方便操作。

(5) 收费系统应运行可靠，无数据丢失。运行出错后，应能准确、迅速恢复。密码确定使用权限，保护数据安全。

(6) 在停车场管理室内应预留双路电源供电的照明配电箱，为停车场管理系统提供可靠的电源装置。

(7) 联网和独立运行：停车场管理系统应能独立运行，亦可与安防系统联网，当联网运行时，应满足安防系统对该系统管理的相关要求。

4.8.4 楼宇自动控制系统

1. 楼宇自动控制系统概述

楼宇自动控制系统包括但不限于：

(1) 中央控制系统

1) 楼宇自动控制系统中央控制设备（包括系统工作站、控制器、交换机、UPS电源等）；

2) 楼宇自动控制系统中央控制系统的线槽、管线接入；

3) 从楼宇自动控制系统专用接地端子箱下接线至各需要接地的BMS设备之间的接地线路；

4) 配电箱下接线后与楼宇自动控制系统设备有关的所有线路。

(2) 传输线路。

(3) 现场控制DDC。

(4) 末端信号采取设备。

(5) 传感器和探测器、输出输入模块、传感器、接驳点。

2. 系统监控范围

(1) 对暖通空调系统的监控

从所有暖通空调设备的执行机构（包含但不限于各型电动、电磁阀门、水流指示器、压力开关、远程计量装置、控制箱内继电器等）以后至DDC和中控室之间的所有设备和线路（包括DDC、各输入输出模块、各传感器、各信号采集装置、各控制附件等）。

(2) 对给排水系统的监控

从所有给排水设备的执行机构（包含但不限于各型电动、电磁阀门、水流指示器、压力开关、远程计量装置、控制箱内继电器等）以后至 DDC 和中控室之间的所有设备和线路（包括 DDC、各输入输出模块、各传感器、各信号采集装置、各控制附件等）。

(3) 对排烟、排风、补风风机的监控

对于排烟风机、排风风机、补风风机进行监控，从配电箱接线端子以后至 DDC 和中控室之间的所有设备和线路。

(4) 对空调机组的监控

从空调机组的接口以后至中控室之间的所有设备和线路，且需要根据 BMS 的监控要求，对空调机组的接口形式进行提资。

(5) 对电梯系统的监控

从所有电梯机房、中控室、楼宇自动控制系统监控模块（包含该模块）至中控机房的所有设备和线路。

(6) 对变配电设备监视

1) 对变配电设备的工作状态监视和测量所需所有设备和所有线路，传感器、互感器等设备由变电所承包商提供，传感器、互感器后的所有线路和控制设备由 BMS 承包商提供。火灾漏电报警装置等成套设备，则需要通过网关接口连接。

2) 对变压器的温度、发电机组的故障、油箱液位进行监测。

(7) 公共照明和室外照明系统的监控

对公共区域（包括地下车库）和楼体立面照明、室外的照明系统灯具以后的监控设备和监控线路（包括 DDC、各输入输出模块、各传感器、各信号采集装置、各控制附件等）。

(8) 广告和标识指引系统的监控

对商场公共区域的广告位、指引系统进行监控，以达到商场开关店时对广告和指引系统的控制。

(9) 系统集成

系统集成包括但不限于：

1) 集成服务器，工作站、以太网集线器和打印机、接口、控制器及相关软件、相关设备及其附件、软件。

2) 将各个系统完整可靠地集成在一个系统内。

3) 协调暖通空调、给水排水、强电/BMS 等专业，使各专业设备能统一集成在系统内。

3. 控制方案要求

(1) 冷热源系统

BAS 监控点如下：

1) 冷水机组：

系统监测冷水机组的运行状态、故障状态；控制冷水机组的启/停指令；每台冷水机组进出水管上设电动蝶阀。

2) 冷冻水泵：

系统监测冷冻水总供/回水温度、压力、冷冻水总流量、冷冻水泵的运行状态、故障状态；每台冷冻水泵后设水流开关；控制冷冻水泵的启/停；分水器、集水器压差检测；根据压差调节旁通阀开度。

3) 冷却水泵：

系统监测冷却水总供/回水温度、冷却水泵的运行状态、故障状态；每台冷却水泵后设水流开关；控制冷却水泵的启/停。

4) 冷却塔：

系统监测冷却塔风机的运行状态、故障状态；控制冷却塔风机启/停；每台冷却塔进水管上设电动蝶阀，并与冷却水泵及冷却塔风机连锁。

5) 换热系统：

系统监测一次水供/回水温度、压力、流量、二次水回水温度、热水循环泵运行、故障报警及启/停控制。

(2) 空调送排风系统

BAS 监控点如下：

1) 新风机组：

①检测新风机组送风温度。

②系统依据设定值与送风温度的偏差调节电动调节水阀开度。

③系统监测过滤器压差、堵塞报警、通知清洗或更换。

④新风机组运行状态、故障状态监控及分时间段控制启停。

⑤采用开关风阀、与风机连锁、停风机后关闭风阀。

2）空调处理机：

①检测空调机组送／回风温度。

②系统依据送／回风温度值调节电动调节水阀开度。

③系统监测过滤器压差、堵塞报警、通知清洗或更换。

④空调处理机运行状态、故障状态监控及分时间段控制启停。

3）送排风机：

①系统根据排定的工作及节假日时间定时启停送／排风机；兼做消防排烟的送排风机在消防状态下应具有消防优先的控制功能。

②系统监测风机的运行状态、故障报警。

4）排油烟系统：

①系统根据排定的工作及时间及餐饮店铺的需要启停屋顶排油烟风机（如有变频风机时，不需要对风机的频率进行调控）。

②厨房补风风机的启停控制。

③事故排风风机启停控制。

④系统监测风机的运行状态、故障报警。

(3) 给水排水系统：

BAS 监控点如下：

1）水泵运行状态、故障状态。

2）生活水箱的高、低水位检测。

3）生活水池的高、低水位检测。

4）潜水泵运行状态、故障状态。

5）污水池的高、低水位检测。

(4) 变配电系统

BAS 监控点如下：

1）变压器超温报警。

2）应急电源的电池电压。

3）监测油箱液位。

4）BAS 系统预留与柴油发电机的通信接口（需确定接口形式）。

(5) 灯光、照明控制

BAS 监控点如下：

1) 监测室内公共照明、停车场的开关状态，按时间启停控制。

2) 监测户外泛光照明开关状态，按时间启停控制。

3) 监测地下室诱导风机的开关状态，按时间和区域进行启停控制。

(6) 电梯系统

BAS 系统监测电梯的运行状态、故障状态。

(7) 广告、标识指引系统

BAS 自动监测广告、标识指引的开关状态，按预设控制方式进行启停控制。

(8) 热风幕和电加热板

1) 系统根据排定的工作日和节假日时间定时启停热风幕和电加热板。

2) 系统监测热风幕和电加热板的运行状态、故障报警。

(9) 其他特殊设备机组

当项目有其他特殊设备／机组／系统时，BMS 系统需要对其运行参数、状况及相关技术数据进行采集时，建议有该厂家提供 BACnet 协议或其他通用协议形式（不建议采用 OPC 接口形式），以实现系统之间的连接。

4. 技术要求

1) 楼宇自动管理系统应对监控点位进行统计（参见参考资料附表）以便准确的设计系统和控制成本。

2) 除了已经统计的点位数量外，各个 DDC（远程处理器）应当具有至少 20% 备用容量，用于未来附加功能的扩展。

3) 除现场 DDC 外，LAN（局域网）应当具有至少 100% 备用容量，用于将来附加功能和／或 DDC（远程处理器）的增加。

4.8.5 背景音乐兼消防广播系统

1. 系统描述

（1）背景音乐系统的广播机房与消防控制中心合用。系统采用定压输出方式，具备背景音乐和消防广播两个功能。

（2）系统按照建筑物功能分区及相应楼层划分为多个广播区域，话筒音源可自由选择对各区域回路，或单独、或编程、或全呼叫和广播，且不影响其他区域组的正常广播；分区由承包商深化设计，并提交深化设计图纸审核，由建设单位审核通过后方可实施。

(3) 系统接入消防联动系统，火灾时切断背景音乐系统广播，然后消防广播系统自动或手动打开相关楼层／区域的紧急广播。

(4) 系统在由总控室（位于消防控制中心）集中控制的同时，商场服务台必须也能进行调控，在控制优先级别上总控室控制优先级高于顾客咨询台。

(5) 所有促销区域必须有就地广播功能，设置麦克风音乐输入接口（接口面板预留在促销区柱面距地 300mm 处），背景音乐必须能随时切断。

2. 系统设置要求

(1) 背景音乐系统包括音源输入装置、前置功放、功率放大器、线路及设备监控、区域选择器、消防强切装置、智能话筒、音量调谐器、音量开关及各类扬声器等。

(2) 背景音乐系统分为商场公共区域背景音乐兼消防广播、室外背景音乐、租户及机房区域消防广播三部分组成，三部分可共用一套主机设备；其中商场营业区域的喇叭需兼有背景音乐和消防广播两种功能，租户和超市区域的喇叭仅需具备消防广播功能即可，消防状态下室外背景音乐应能够强制停止播放背景音乐。

(3) 租户（如超市及一些特殊租户）自设背景音乐系统的，在正常状态下自设背景音乐系统租户可以自行任意播放音乐，当消防状态下，应通过消防主机提供的消防信号，按照消防要求强切断租户（如超市及一些特殊租户）的背景音乐，并强启商场设置的消防广播系统（本项功能可以由承包商提供最经济和最优化的控制方案和接线方式）。

(4) 主机设备和控制系统（矩阵）设在消控中心，在消控中心完成背景音乐的所有功能和设置、权限等工作。

(5) 在商场一层的总服务台，可以通过总服务台计算机或远程呼叫站完成背景音乐的全部功能。

(6) 在一层促销区和主入口的广场各预留语音接口插座 1 个，该插口为通用型话筒插口；促销或商场活动时，将现场话筒插入该插口，能通过总服务台或控制中心主机，将促销语音在商场内进行同步播放。

(7) 广播喇叭（扬声器）的设置需要满足在商场公共区域的音乐声音无死角、保证声音的均匀性和连贯性，音量大小以不影响顾客正常交谈为宜。

(8) 广播喇叭（扬声器）原则上以均匀、分散的原则配置于广播服务区。其分散程度应保证服务区内的信噪比不小于15dB。

3. 功能要求

(1) 背景音乐状态下的功能和要求

1) 应采用合理且适用的系统,以便于维护和扩展。所有设备配置均应考虑冗余和备用,当某局部设备出现故障时,不会影响整个系统的使用,主设备全部采用标准机柜安装。

2) 采用有线定压广播系统,必须首先能够提供清晰的语音广播通信,其次是能够提供良好的背景音乐和消防广播。

3) 广播控制台上应该有带标识的选择键,以便易于进行语音呼叫、公共广播、区域选择和紧急广播等操作。

4) 系统具有优先选择开关,通过控制键盘可以优先控制整个系统。在紧急情况下,可选择每个广播分区的所有扬声器,进行呼叫。每个广播区域的背景音乐音量调谐器不会影响紧急呼叫的功能。

5) 在计算机和总服务台的控制管理下,系统用于播送商场促销信息、背景音乐,同时还可提供寻呼、通告、紧急广播等服务。

6) 系统(除租户、停车场、机房等区域的喇叭以外)在正常状态下播放背景音乐,当发生火灾或其他紧急情况下,背景音乐系统可进行紧急广播,指导顾客和营业员工疏散,调度工作人员进行应急处理工作。

7) 系统必须考虑充分扩展容量,主要设备机柜一般应该有足够的尺寸,允许将来扩容20%的设备。

8) 应配置主／备功放和相应的自动切换设备,至少备用1台功率放大器,单个功放失效不应导致整个广播系统瘫痪。功放的额定功率不应小于所带扬声器功率总和的1.5倍。

9) 有水火灾害隐患的广播区,其广播扬声器应通过6级以上的防水认证,以便在短期喷淋的条件下(如自动喷淋系统启动)仍能工作。单个扬声器失效不应导致整个广播分区失效,配置线路监测设备。

10) 背景音乐系统共有自动、人工2种广播模式:

①自动广播模式:系统能根据由预先设定的广播内容进行播放,并有多种设置模式。

②人工广播模式:利用本地智能麦克风进行人工广播。

11) 系统能够自由灵活地对麦克风、广播分区进行编组，任何一个广播音源信号均可自由地分配至任一广播分区或多个广播分区。

12) 系统需要具备临时插播功能，用户可以在总服务台或消控中心完成临时插播功能，满足商场临时寻人和广播要求，在进行分区插播时，系统可以不终止自动广播的播放，仅在相对应的分区内进行插播。

13) 系统对广播音源信号进行 4 级以上的优先级设定。优先级的排列顺序如下：

① 消防紧急广播；
② 紧急事故广播（总服务台控制）；
③ 紧急事故广播（消控中心控制）；
④ 背景音乐。

14) 背景音乐系统在主控室能对任一广播分区的输出进行监听，且能对每一广播分区的广播音量进行调节。

(2) 紧急广播状态下功能和要求

1) 消防广播系统仅在紧急情况下才投入使用。紧急广播启动后，能根据需要强行切入相应广播分区进行紧急广播，紧急广播分区内的其他广播均会被切换，直至紧急广播结束或被取消，其他广播分区的正常广播保持不变。

2) 消防广播具有最高级的优先权。系统应能在操作者将系统置于紧急状态下或接到来自火警和其他监测系统信号的 3 秒内播放警示信号或警报语音文件。

3) 消防自动紧急广播：背景音乐系统通过消防自动广播接口设备接收到火灾报警系统发来的火灾报警确认信号和火灾区域信号后，依据预先设定的广播方式和广播内容，对相应的广播分区进行自动紧急广播。

4) 消防手动紧急广播：操作人员确认火灾后，使用消防控制中心设备（智能麦克风）手动选择广播分区并通过话筒进行人工紧急广播。

5) 火灾发生时，在消防控制室能自动或手动启动相应防火分区的功率放大器，并将背景音乐系统的功率放大器和扬声器强制进入紧急广播状态，旁路扬声器本地调控开关，自动调至最大音量。

6) 在其他紧急广播事件发生时，在广播分控室能自动或手动启动相应广播分区的功率放大器，并将背景音乐系统的功率放大器和扬声器强制进入紧急广播状态，旁路扬声器本地调控开关，自动调至最大音量。

7) 在环境噪声大于 60dB（A）时，扬声器在其播放范围内最远点的声压级应高于背景噪声 15dB（A）。

8) 分区报警功能：

① 全区报警—配合报警发生器，任意一路短路报警就可自动触发整个系统启动并接入报警广播；

② 分区报警—任意一路短路报警，相对应的分区自动触发报警广播；

③ 邻层报警—可预先设置报警模式 N 预先、$N+1$ 预先、$N-1$ 预先、$N\pm1$ 预先模式，当任一路短路触发时实现上下邻层报警广播。

4. 消防广播工作原理

由于消防与背景音乐共用一套功放与喇叭，所以只要由消防联动主机提供短路信号即可，不需另加消防功率放大器等设备。

5. 喇叭的设置要求

背景音乐系统应按不同功能需求对终端喇叭进行选择，从成本控制角度考虑，消防广播的喇叭选用普通型，且满足消防要求的即可，不需过高要求。

(1) 按照背景音乐兼消防广播设置的区域有（喇叭按照背景音乐的标准配置）：

1) 公共走廊（包括扶梯、电梯前室）等区域，需要满足声音的连续性和均匀性。

2) 敞开式店铺的背景音乐，满足声音的连续性和均匀性。

3) 商场卫生间内需要设置喇叭，安装在洗手区域且保证在厕格内能够听见广播声音。

(2) 按照背景广播设置的区域有（喇叭按照背景音乐的标准配置）：

1) 室外景观绿化音响，根据景观需要设置与景观效果相配套的音响设备。

2) 在电梯轿厢内设置有广播喇叭、吸顶安装，选用电梯内专业喇叭。

(3) 按照消防广播功能设置的区域有（喇叭选用普通型，且满足消防要求的即可）：

1) 机房及机房区域，按照消防要求进行设置。

2) 租户区域（含超市）。

3) 非顾客经过的后场通道。

4) 租户面积在 150～300m² 内，每户设置 1 个喇叭，300m² 以上的租户按照独立消防区域的要求设置。

(4) 地下停车场：

1）地下停车场可以根据项目实际情况确定是否设置背景音乐，考虑成本，停车场区域可不设背景音乐，其扬声器及间距满足消防要求即可，并考虑安装号角式扬声器。

2）如果设置背景音乐，则：地下停车场按照满足声音的均匀性和连续性。

6. 背景音乐工作范围

背景音乐系统应包括：

（1）中控室设备（机房设备包括：UPS及电池，广播主机及主机扩展机箱，遥控话筒输入模块，遥控话筒，音源输入设备，前置功放，功率放大器，传输光端机，区域选择器，监听/监测设备，广播机柜，消防强切装置等设备及其相关附件、软件）。

（2）一层总服务台设备（包括：遥控话筒输入模块、遥控话筒、服务台控制电脑）。

（3）公共广播专用扬声器、接线端子箱等。

（4）室外背景音乐音响设备。

（5）促销区及室外活动区话筒接口、话筒设备等。

（6）所需线缆。

（7）消防广播切换装置等。

4.8.6 商场综合布线系统（语音点和数据点）

1. 系统设计

（1）综合布线系统为智能化应用提供开放式结构化布线，系统应配置灵活、易于管理、易于维护、易于扩充。

（2）综合布线系统包括工作区子系统、水平布线子系统、垂直干线子系统、管理（配线）子系统、设备间子系统。

（3）在商业项目地下室弱电机房，运营商的市政信号通过主干线桥架从室外引至相应的弱电机房。

（4）根据项目的实际特点，确定综合布线的线缆和设备是由运营商投资建设还是建设单位自行投资建设，从运营管理角度，建议由建设单位投资建设。

2. 管线路由

（1）水平路由

在营业楼层根据商业租赁线，沿商业公共通道敷设综合布线桥架引至弱电间，水平桥架应能覆盖所有的租赁店铺,且需要考虑线缆敷设长度对桥架路由的影响。

(2) 垂直路由

1) 根据综合布线系统的需求,在弱电井内敷设垂直桥架。该垂直桥架连通各楼层的水平桥架,并在弱电机房所在楼层汇聚,然后引至弱电机房。

2) 在各层弱电间内需要考虑综合布线机柜的安装位置、空间,及所需电源条件。

(3) 机房系统

至少提供2个不少于24m^{2}的弱电机房供运营商使用,并提供运营商所需电源设置计量电表),该机房内的设备、空调、装修等应由运营商自行提供。

(4) 楼层弱电井

1) 弱电井内建议设置2~3个落地网络机柜。

2) 弱电井内的网络配线与语音配线宜分为2个不同机柜。

3) 弱电井内,配线柜旁边安装3个不间断电源插座和1个检修插座。

4) 弱电井内,安装环状接地汇集线,接地电阻小于1Ω。

(5) 进线路由

从弱电的市政引入口敷设弱电系统的干线桥架至弱电机房,线缆由运营商自行敷设。

3. 其他要求

(1) 如果路由合适,对于综合布线系统的水平桥架、垂直干线桥架,可以提供给无线WIFI、信息发布、客流统计等系统共用。

(2) 所有线缆和光纤必须完全端接到相应的配线架上,不允许光纤只端接部分芯数,不允许双绞线做水晶头而不打接到配线架上。

(3) 综合布线的所有端口、配架、机柜等必须标记正确、清晰,并不宜被污损或破坏。

(4) 综合布线系统在设备选型时需要有20%的冗余量。

4. 商场租户语音、数据点

(1) 开敞店铺和促销区

1) 商场开敞店铺和促销区(柱子上)的信息插座面板或模块颜色要和柱子颜色一致或白色。

2) 开敞店铺和促销区(柱子上)的信息插座面板应安装在混凝土墙或砌体墙体上,高度为距地300mm处(在天棚内设置接线盒,为后期穿线提供预留条件)。

3) 促销区每个柱子内侧安装数据点、语音点、应急电源插座。

4) 如果促销区多于5根柱子,则只在位于四角和中央的5根柱子内侧安装数据、语音和电源点(距地300mm并与装饰完成面保持一致)。

(2) 商铺

1) 点位位置:商铺内(开放式中岛商店除外)的数据和语音面板底盒安装原则为"有柱靠柱,无柱靠梁,无梁则固定在顶棚上",商铺内(且距租赁线≥1.2m)的任何位置(首选较容易维护的位置),与强电配电箱同侧。

2) 线管敷设:根据业态布置图,从公共区域的水平桥架敷设1根(或2根)KBG20线管至租户(商铺)范围内的结构柱、混凝土墙或砌体墙体上,高度为天棚上300mm处(高度参照公共区域精装修天花高度)。

(3) ATM机

从就近的商业弱电井内各敷设1根KBG20线管至规划ATM机所在位置的结构柱、混凝土墙或砌体墙体上,高度为距地300mm处(在天棚内设置接线盒,为后期穿线提供预留条件)。

(4) 商业项目租户语音和数据点位预留标准如表4-20(D 表示语音、T 表示数据):

商业项目租户语音和数据点位预留方式汇总　　　　表4-20

序号	名称	类别及数量	单位	安装位置	其他
1	商铺>250m²	1D, 1T	个	商铺内(且距租赁线≥1.2m)的柱子上方	
2	250m²<商铺<1000m²	2D, 2T	个	商铺内(且距租赁线≥1.2m)的柱子上方	两组语音数据点应在租户内不同的地方,便于后去店铺拆分时能够满足需求
3	开放式商铺	1D, 1T	个	商铺内(且距租赁线≥1.2m)的柱子上方	
4	ATM机	1D, 1T	个	安装在柱子上,无柱子靠墙距地300mm	2个电源插座,须为不间断电源
5	促销区	1D, 1T	个	安装在促销区柱子上,距地300mm	每根柱面下部提供1个10A电源插座

(5) 商业运营管理语音和数据点位设置标准如表4-21（D表示语音、T表示数据）：

商业项目运营管理语音数据点位预留方式汇总　　　　　　表4-21

序号	名称	类别及数量	单位	安装位置	其他
1	客户咨询台（总服务台）	2D, 4T（内线2个）	个	须安装在桌子上，其中1个内线电话接至商场管理办公室	6个双电源电插座
2	变配电室	1D, 2T（内线1个）	个	安装在值班室，办公桌侧墙上距地300mm	2个电源插座
3	消防控制中心、监控中心	1D, 2T（内线1个）	个	靠近办公桌墙上距地300mm	2个电源插座
4	直燃机房	1D, 2T（内线1个）	个	靠办公桌侧墙上距地300mm	2个电源插座
5	停车场管理收费站（每处）	1D, 2T（内线1个）	个	安装在停车场收费亭，室内距地300mm	不出租时预留
6	商场管理办公室（另行纳入商场管理办公语音数据系统）	1D, 2T（内线1个）	个	办公室办公桌	2个电源插座
		2D, 4T（内线1个）	个	总经理办公桌	4个电源插座
		4D, 2T（内线1个）	个	复印区	4个电源插座
		2D, 2T（内线1个）	个	每会议室（会议桌下边）	2个电源插座
		2D, 4T（内线2个）	个	前台服务台	4个电源插座
	物业电脑机房	1D, 2T（内线1个）	个	靠近办公桌侧墙上距地300mm	2个电源插座
7	中央收银系统	2D, 2T	个	安装在柱子上，无柱子靠墙距地300mm	4个电源插座，须为不间断电源

5. 商业管理办公室IT机房

(1) 在商场办公室设IT机房（面积$4\sim6m^2$），机房应设置不间断电源和独立的空调系统，地面为静电地板，并有防潮措施。

(2) IT机房访问必须通过门禁系统。

(3) 为商场办公室IT机房提供15kW专用电源，配电箱内应按规范安装浪涌。

(4) 商场办公室IT机房内，安装环状接地汇集线，接地电阻小于1Ω；机房内的地板支架、线槽、线管、配电箱等金属物体均应做好接地连接。

(5) 商场办公室IT机房内应安装独立空调机，如有供电中断，在电源恢复时，独立空调机应可自动重启动。

(6) 机房内插座面板要求：UPS插座和市电插座面板应在颜色上予以区分，避免错用。

(7) 机房照明全部采用应急电源，或安装蓄能式应急照明灯。

(8) 机房交付时，模块和线缆具备专用标签打印机或纸质的永久标签。

(9) 系统在设备选型时需要有20%的冗余量。

4.8.7 无线WIFI系统

为保证进入商场的客户可以随时随地自由接入无线网络，应为商业项目提供免费无线WIFI满足用户在公共区域无线上网需求。

商场进而可以根据网络对用户位置信息的收集，提供需要应用的推广和客流分析，对商场内的人员或物品进行实时定位，发布商业信息等。

无线WIFI应覆盖项目内的所有区域：

(1) 地下停车场（可选，当采用二维码智能寻车系统时，WIFI需要覆盖停车场的所有角落）。

(2) 首层的各主次入口及公共区域。

(3) 营业楼层的公共区域（租户内不需覆盖）。

4.8.8 客流统计系统

1. 系统概述

(1) 在商业区设置一套客流分析系统，优先选用视频客流统计系统，视频客流量统计分析系统主要由前端采集单元、客流检测及分析统计单元、后端分析管理单元以及远程监控客户端软件等组成。

(2) 要求计数准确稳定、系统组网灵活、数据实时性强、报表实用性强、数据安全可靠、维护成本小，系统能满足更新换代需求。

2. 客流统计系统的布点原则

(1) 地下层的商业出入口。

(2) 停车场商业入口。

(3) 首层商业主次出入口。

(4) 当大门宽度大于 2m 时,需按每 2 米一个统计点进行设置。

3. 系统要求

(1) 客流系统最晚必须在试营业前 2 周完工。

(2) 客流统计系统应从商场办公室电脑机房集中取电。

(3) 客流统计系统在商场办公室电脑机房端的每一条同轴电缆须有 BNC 接头。

(4) 客流统计系统线缆两端预留足够的长度以便随后移动。

(5) 客流统计系统视频线缆中间不能有接头,必须每根都是完整线缆。

4. 系统功能

客流统计分析系统至少应满足下述功能:

(1) 双向客流量统计功能。

(2) 客流保有量计算功能。

(3) 客流数据查询功能。

(4) 数据对比分析功能。

(5) 数据报表导出功能。

4.8.9 商场信息发布系统

1. 系统说明

(1) 信息发布系统应能向来访公众提供告知、信息发布、演示及查询等功能,系统应由信息采集、编辑、播控、显示和信息导览系统组成,应根据观看范围、距离、安装位置及方式等条件合理选用显示屏的类型和尺寸,显示屏应配置多种输入接口方式,系统应能支持多通道显示、多画面显示、多列表播放,支持所有格式的图像、视频、文件的显示,支持同时控制多台显示屏显示相同或不同的内容,系统播放内容应流畅清晰,满足相应的播放质量要求。

(2) 在底层主要门厅等处安装若干台室内全彩电子显示屏(包括等离子、DLP、液晶及条形屏等多种形式),显示屏与信息中心计算机联网,定时向来访者及办公人员发布各类信息(包括有偿广告、大楼设施分布等),具有直观、形象、生动的特点。

(3) 系统以语音、画面、视频等,向来访者提供优质、形象、多方位的多媒体信息服务。

2. 点位预留

(1) 考虑商场的运营扩展，在商场建设期应对信息发布系统进行数据点位和电源预留，在没有规划项目信息发布的前提下，建议在表 4-22 所示位置预留数据点和电源。

商业项目信息点位预留方式汇总　　　　表 4-22

序号	部位	信息点	电源	备注
1	商场主次入口	各设 1 个	15A、220V 插座 1 个	安装在地面或装饰柱上
2	首层各扶梯入口附近	各设 1 个	15A、220V 插座 1 个	安装在地面或装饰柱上
3	营业楼层扶梯口	各设 1 个	15A、220V 插座 1 个	安装在地面或装饰柱上
4	观光电梯	各设 1 个	由电梯厂家提供电源（与电梯照明联动控制）	安装在电梯轿厢内
5	中庭柱子（靠近中庭侧的中间柱子）	每个中庭的二层各设 1 个	电源预留箱，380V 电源	安装在地面或装饰柱上
6	室外 LED 屏		根据屏体需求提供电源，并接受 MBS 的监控	室外 LED 屏的控制主机应设置在系统的管理中心

(2) 信息发布系统的管理中心应设置在商场管理办公室内，由播放管理工作站、服务器、媒体制作工作站等部分组成。播放管理软件安装播放管理工作站和服务器上，系统的架构灵活，可以采用分布式体系。管理员通过局域网可以实现对播放器的集中管理和控制，如素材管理、节目单编辑、节目内容传输、实时监播等。媒体制作工作站主要功能包括视音频的采集、非线性编辑、后期制作、媒体格式转换等。

3. 网络

信息发布系统的管理工作站不可以与外网连接，以防止黑客入侵，发布不良信息。

4.8.10 对讲机信号放大系统

1. 系统要求

（1）对讲信号放大器一般安装在弱电井、配电间，以覆盖商场内所有范围为基准，达到商场任何角落无盲区，通话流畅、清晰。

（2）覆盖区域为项目的地下室、商业区域及设备机房、通道、楼梯和电梯内以及室外建筑红线范围以内。

（3）整个对讲机覆盖系统采用室内吸顶天线和同轴电缆组成的室内无源分布系统来实现信号的覆盖。

2. 设计原则

（1）在保证系统覆盖信号质量的前提下，尽可能降低工程造价成本，采用适宜的线缆及器件。

（2）场强与信号情况：设计中尽量做到室内场强均匀，并有足够的边缘信号强度，合理选择天线的类型和规划天线的输出功率及布放位置，使在满足设计要求达到良好均匀覆盖的同时，采用的天线数量最少。

（3）控制信号泄漏：为建立较完美的无线覆盖网络，在设计时兼顾边缘场强的计算，保证不会产生明显的信号泄漏，同时覆盖网络必须对外界的干扰小，并且不易受到其他同类设备的干扰。

3. 频道的规划和使用

整个项目一般规划四个频道，可提供给四个部门同时在线使用，其他临时部门可通过脱网频道在大楼的部分区域进行通信，既节约了有限的频率资源，又可以不受干扰地通信。

商业项对讲频道分配　　　　　　　　　　　　表 4-23

频道分配	使用部门	通信范围
1 信道 1 间隙	A 部门内部通信，可切换频道呼叫其他部门	整个项目内部区域及室外建筑红线范围以内
1 信道 2 间隙	B 部门内部通信，可切换频道呼叫其他部门	整个项目内部区域及室外建筑红线范围以内
2 信道 1 间隙	C 部门内部通信，可切换频道呼叫其他部门	整个项目内部区域及室外建筑红线范围以内
2 信道 2 间隙	D 部门内部通信，可切换频道呼叫其他部门	整个项目内部区域及室外建筑红线范围以内
脱网	其他临时部门	项目内及室外部分区域

4. 系统覆盖的范围及效果

系统设计对项目做完全的覆盖，设备发射功率在 3 瓦档时，通信的质量都达到话音 5 分标准，并无断续，建筑内 95% 以上的区域信号场强高于 −75dBm，建筑红线外 100m 以外信号场强低于 −105dBm，符合当地无线电管理局对企业对讲机对外界电磁泄漏的规定，同时也要保证企业的调度保密性。

5. 使用合法的频率及系统许可证

无线对讲机覆盖系统所使用的频率应向当地无线电管理局申请，并由无线电管理局指派频率，并取得该频率的使用许可证。同时，该系统的承包商有责任采用技术措施来避免在合法频段上来自外界的频率干扰，并避免建筑内的信号向外界泄漏。

4.9 节能项目（选择性项目）——中水和太阳能热水

4.9.1 中水系统

（1）根据项目情况和当地雨水情况，确定是否设置中水系统。

（2）如项目设有中水系统，采用回收优质杂排水（空调冷凝水、盥洗、冷却水、淋浴等），且中水原水量应为不小于总用水量的 40%；另可根据不同区域的气候条件、水源情况确定中水的收集范围。

（3）使用中水的区域有：公共区马桶冲水、植栽浇灌、停车场冲刷地面、洗车等。

（4）采用 MBR 膜的处理方式以减少机房面积，调节池和 MBR 水池采用混凝土水池，中水供水池建议采用不锈钢水池，机房内的相关要求参考给水泵房。

4.9.2 太阳能热水系统

（1）寒冷及严寒且日照充足的地区宜采用太阳能热水，最终是否设置可根据项目时间情况确定。

（2）冬季热水用水点为公共区域卫生间洗手盘、办公室的洗手盆、员工淋浴间；夏季热水用水点为美食广场区域的洗碗间等。

（3）热水水量需经过计算核实，应估算每个洗手盆每天的用水量（按照 10 小时的运营时间）。

（4）太阳能要有独立的水箱间，水泵、水箱等设备需做 150mm 高混凝土基础；变频器、电控箱等电气控制柜墙或柱面挂设，室外管路要求同层铺设，集热器考虑朝向及检修。

（5）集热器的基础需要与结构配合设置，并需要考虑防水。

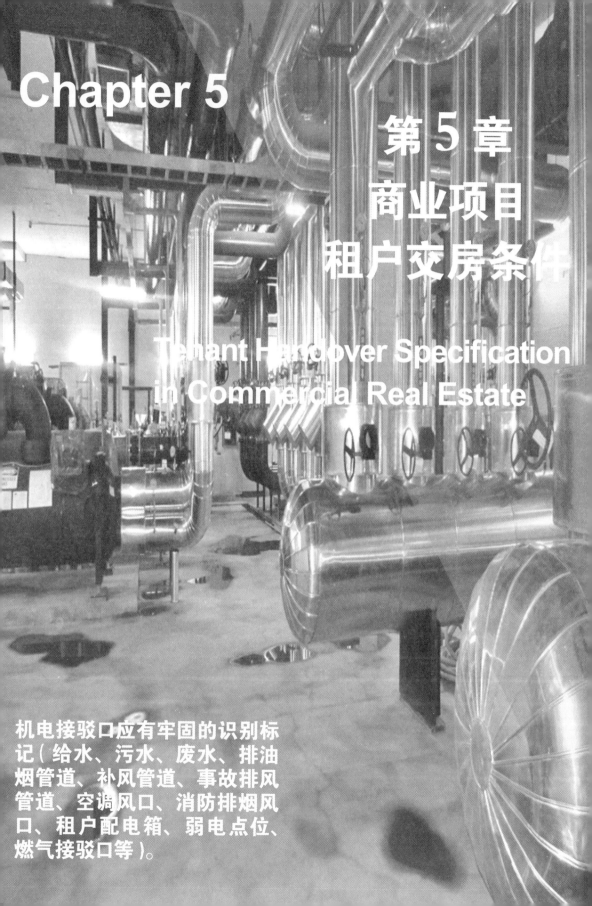

Chapter 5

第 5 章 商业项目租户交房条件

Tenant Handover Specification in Commercial Real Estate

机电接驳口应有牢固的识别标记(给水、污水、废水、排油烟管道、补风管道、事故排风管道、空调风口、消防排烟风口、租户配电箱、弱电点位、燃气接驳口等)。

5.1 通用交房条件

交房时必须具备的前提条件：所有工程项目依据施工图纸施工并验收完毕，提供与项目相关的各参与方及政府部门验收合格的关于项目各专业及分部\分项\总体工程的审核意见及验收报告，保证工程项目实体与工程文档齐全。

5.2 租赁线上的机电管线要求

（1）预留租户卷帘门或租户门头的安装空间：当机电管道从商铺租赁线中间穿越时，必须预留防盗卷帘门或租户门头的安装高度。在空间高度允许的条件下，控制区域（租赁线以内≤0.6m区域）在吊顶以上必须预留550mm的高度作为防盗卷帘的安装空间。

（2）如受标高或空间影响，不能满足上述第（1）条要求时，管道与空调通风设施宜在<30%门面宽度的区域，以免影响防盗卷帘的安装。

（3）当管道的安装不能够满足上述第（1）、（2）条要求，按照机电管线和设备的服务范围确定空调设备安装在租户内侧还是公共走道区域（其原则是：尽量减少公共管线及设备设施安装在租户范围内，以减少后期的维修难度、减少因维修对租户造成的影响），当空调设备安装在商铺内时，不得影响租赁区的吊顶标高，同时设备运行的噪声需满足商业要求，应不大于55dB（A）。

（4）租赁线以内≤1.0m的区域内不应有机电设施、风口、喷淋头、烟感等，且内侧喷淋头应距离租赁线1.0m以上。

（5）租赁线外侧0.3m的区域内不允许有设施、灯具、自动喷淋系统、烟感、扬声器、回风、出风口等（因装饰效果需要而设置的条形风口和灯带除外）。

（6）店铺内喷淋、烟感、出风口等设施应统一标高，并与公共走道的吊顶齐平，标高施工误差应减小到最低，且<3mm/2m。

（7）租户内的空调设施不得与公共区域共用，避免控制和计费混乱。

（8）所有管道穿租户墙体部位必须封堵密实，租户内的通风道距离外幕墙玻璃至少 1500mm。

（9）租户面向公共区域的门面不可以有任何的机电立管，或在需要时应靠柱安装并进行装饰。

5.3 末端机电设施要求

（1）风机盘管的温控器，应设置在商铺内距离租赁线 1.0m～1.5m，且在从天花标高下返 150mm 处；吊装式空调组的温控器应设置在设备的面板上，立柜式空调机组的温控器设置在机房内，由商场统一控制。

（2）风机盘管的恒温器选择节能及带密码锁定功能，应设置在商铺内距离租赁线 1.5m 的柱子或墙面，距地面标高 1.4m，风机盘管的温度设置只能由物业通过密码进行温度控制，但开关和风速可由租户自行调整，风机盘管电源开关应集中设置在每层的强电间内且由 BAS 控制。吊装式空调机组的温度传感器放置回风管内（上），并提供检修口。

（3）租户内的风机盘管和吊式机组，其送风口和回风口处预留租户接驳风管的空间和距离。

（4）配电箱位置应设在店铺内租赁线 1.0～1.5m 内，底标高应高出公共吊顶标高 100mm。

（5）电话宽带线模块盒安装在租赁线内 1.0～1.5m 内（且在配电箱附近），底标高应高出公共吊顶标高 100mm。

（6）给水点（计量水表和总阀）应安装在租户天棚上，且对应在排水点位的上方区域。

（7）排水接驳口应设置盲板封闭，租户需要时由租户自行打开（从管理角度，应告知商场管理部门）。

（8）机电接驳口应有牢固的识别标记（给水、污水、废水、排油烟管道、补风管道、事故排风管道、空调风口、消防排烟风口、租户配电箱、弱电点位、燃气接驳口等）。

（9）租户内所有的明敷设机电管线均应喷涂或张贴识别标识。

（10）交房时应对公共机电管线和提供给租户独立使用的机电管线、设备等进行详细说明，并附有相关图纸或书面资料。

(11) 公共区域和租户内的阀门、配电箱、空调设备及设备配线等需充分考虑维修空间。所有预留的机电接驳口和管井必须在施工图中详细说明。

5.4　建筑和装修要求

(1) 地面：独立租户交房时的地面为混凝土地面（应低于公共走道 50mm），为保证租户地面的平整度，在结构施工时应对标高和水平度进行严格把控。公共区域的铺装应铺到租赁线位置；公共区域与租户的边界线位置设 5mm 宽不锈钢镶嵌条。在租户范围内的地面上，所有与该租户无关的孔洞必须封堵密实，避免租户装修及后期使用过程中渗水或通过孔洞掉落杂物。

(2) 柱子、天棚：独立租户交房时柱面和天棚均为毛坯交房，即混凝土浇筑完成模板拆除后，进行打磨平整即可。

(3) 防火墙：因防火分区而设置在租赁线上或租户内的防火墙，应按规范砌筑完毕，并完成墙面抹灰。墙体上机电管线的套管应按规范要求封堵密实且美观。墙体砌筑必须按抗震规范要求设置圈梁及构造柱。

(4) 分户隔墙：考虑租户分隔的灵活性，租户内非防火墙，建议采用轻钢龙骨石膏板（双面双层 12mm 石膏板）分隔，并分隔到顶（不需要刮腻子和涂刷乳胶漆）。采用轻钢龙骨石膏板隔墙时，与地面连接处设置 300mm 高的防止返潮的措施（如：浇筑混凝土地脚或者安装 300mm 高水泥压力板）。墙面机电管线安装完成后的孔洞应封堵密实、牢固。靠近公共区域侧的分户隔墙的端头，应由大厦统一装修，以便能清晰明确地划分各租户的门脸装修界面。

(5) 租户隔墙施工：应根据业态图纸仔细核对租户隔墙，且租户隔墙应严格按照业态图纸和交房图纸的定位尺寸和户内面积进行施工，面积误差不得超过 ±2%，如果现场不能满足时，应及时反馈，调整业态图纸和交房图纸，如有必要应调整租户租赁合同内的相关条款，这些工作必须在租户收房前完成。

(6) 租户内隔墙：任何普通独立租户交房时均不提供内部隔墙，唯有影院、超市等主力租户除外。

(7) 防火分区：防火分区的划分，应尽量避免设置在店铺内及店铺门脸位置。

(8) 租赁线上的消火栓：租赁线上的消火栓，如果在租赁线之内，应由租户将消火栓门与租户门脸一同设计和施工,且大厦在交房时应提供不锈钢消火栓门。租赁线之外则由大厦统一装修。

(9) 首层临街店铺的门扇:在外立面设计和施工时需预留临街店铺的门洞,门扇和门框等由租户自理。

(10) 租户范围内的沉降缝处理:一般应避免租户内出现沉降缝,当不可避免时,交房时大厦应将沉降缝处的封堵及成品沉降缝安装完毕,后期的铺装由租户自行解决。

(11) 玻璃幕墙处地台和防护栏杆:租户外墙为玻璃幕墙时,幕墙处的地台完成混凝土浇筑和抹灰即可,后期的装修及防护栏杆由租户自行处理。

5.5 交房图

应提供租户交房图,以供租户进行二次装修设计和施工参考,交房图应提供PDF版和CAD版(其中CAD版中与租户无关的信息应删除),全套交房图包括如下:

(1) 建筑平面图:需显示租户的位置(标准轴线即可)、租赁线范围、面积等信息。

(2) 暖通空调平面:提供给租户使用的空调设备、空调管道、风口、排油烟、防排烟、送风、补风、挡烟垂壁、事故补风,提供给租户的空调参数等信息。

(3) 强弱电平面:提供给租户的租户配电箱、电缆、电量、弱电点位和数量等信息。

(4) 给排水及燃气平面:提供给租户的给水、排水、燃气点位位置及管径规格等。

(5) 消防水平面:租户内的消火栓、喷淋点位等,租户内的喷淋管应预留下喷三通或四通(交房时用堵头堵住)。

(6) 消防电平面:租户范围内烟感和温感探头、消防广播、手报、消防栓按钮等。

(7) 结构图纸及详细机电图纸只有一些特殊的主力租户才需要提供,但提供之前必须进行筛选、审核,相对隐私或保密信息应予以保留。

(8) 应确保交房图与现场所施工和交付的内容一致。

Chapter 6

第6章
部分租户租赁条件
和交房要求参考

Reference of Leasing Requirement and Tenant Handover Specification

某冰场工程条件：根据滑冰场方需求，在墙体、楼板及屋面预留风井、水井及相关孔洞，提供并设置空调水管到滑冰场租区域内的指定位置，并安装空调末端（通风、水系统）。

6.1 健身类

某健身房的交房要求见表 6-1。

某健身房交房要求　　　　　　　　　　　　表 6-1

项目	要求标准
面积需求	2000～5000m²
停车场	提供足够的停车位
物业条件	层高：健身会所的层高至少应在 3.7～4m，柱间距不应小于 7m，楼板载荷：4～4.5kN/m²
供水	给水接驳口两个，管径为 $DN50$ 或 $DN100$；废水及排污各两个
热水	部分物业无热水设计，而健身客户需要有热水，这样就需要加锅炉，而使用锅炉最好要有低谷电，以便降低能耗，还要有相应的适合摆放锅炉的位置
电量	200W/m²，或者 2000m² 350～400kW、4000m² 500kW
新风量	一般要求新风量要达到 30m³/人/m²
广告标示	需要有外墙广告位
泳池趋势	客户都希望选择有泳池设计的健身房

注：SPA 馆可参考健身中心的供水及用电标准。

6.2 KTV 与影院

(1) 某 KTV 交房要求见表 6-2。

某 KTV 交房要求　　　　　　　　　　　　表 6-2

项目	要求标准
面积需求	1000～1500m²
土建结构	按照基本标准
空调系统	按面积核定，供应量充足即可，营业时间较长需要提供独立的空调

续表

项目	要求标准
供电系统	电源380V,电量550kW,并由业主方提供独立计量表具
给水系统	给水管径 DN50
排水系统	污水排水管径 DN150
天然气	供应量 32CMH
消防系统	按照国家有关消防规范执行
弱电系统	店内需提供数据线
电话系统	提供4对或以上的电话线路预留至租赁场地

(2) 某国内电影院交房要求见表 6-3。

某国内电影院交房要求　　表 6-3

项目	要求标准			
面积需求	放映厅	座位数	长×宽(m)	面积 m²
	小厅	80~150	(13~20)×(8~11)	150~250
	中厅	150~250	(18~24)×(11~15)	250~350
	大厅	250~350	(24~30)×(15~17)	350~450
层高	电影院大厅:高于7~9m;电影院放映厅:10.5m 以上,理想高度(楼板到楼板):12.5m
荷载	楼板载荷:4~4.5kN/m², 空调设备室:5kN/m²
空调系统	室内温度:冬天 21-1℃,夏天 23+1℃ 风速:0.25m/s;噪声标准:电影院内低于 Noice Cover 30 输送管内风速:S 最快 5.0m/s,R 最慢 1.75m/s
电量要求	常规电力:75kW/银幕,380/220V;应急电力要求 35kW/银幕,380/220V

(3) 某国际品牌影城交房要求见表 6-4。

某国际品牌影城交房要求 表6-4

项目	要求标准
商圈辐射范围	3～5km
周边业态布局	影院周边业态：聚集人气，不能与影院太冲突；娱乐业为主，书店、音像店、餐厅可占一定比例
层高要求	一般层高最好为10m，现多为9m，宽度与柱距有关，屏幕的宽度决定的屏幕的高度，厅的比例多为2∶3
楼板荷载	4～4.5kN/m²
楼层	倾向单层面积大的物业，一般在三层以上或地下一层
停车场	提供足够的停车位
设置基本标准	总面积约4000m² 共7个厅：大厅容纳400～800人（1个），中厅容纳200～400人（4个），小厅容纳200人或以下（1个），VIP容纳50人（1个）
出入口设置	平进平出，方便设置影院的座椅。如双层设置出入口，最好采用上进下出的方式，首层售票，二层进人，看完电影从首层出来后可选择再次观看或购买电影相关的物品，增加客群二次消费的机率

6.3 电器卖场

见表6-5。

某电器卖场交房条件 表6-5

项目	要求标准
城市商圈选择及要求	人口规模在30万以上的地级或县级地区。 城市商圈选择及要求：商圈必须为城市主商圈或区域商圈，且商圈内商业气氛浓厚，客流量大，周围商业企业集中且较成熟；各种商业业态较丰富且较具规模
面积 层高要求	楼层要求为1～3层，经营面积为2500～5000m² 层高3.5m以上
楼板荷载	3.50kN/m²
给排水/排污	有给排水管道
供电	150W/m²
柱距	8m以上
物业形状要求	方正为宜
内装要求	60×60抛光地砖，石膏板或矿棉板吊顶，墙刷白

6.4 餐饮类

(1) 某美食广场交房条件见表6-6。

某美食广场交房条件　　　　表6-6

项目	要求标准
面积	1500m^2以上的场地
土建结构	无特殊要求
空调系统	供冷量不低于150Rt（含AHU/FCU）
厨房总通风	厨房排风达到32m^3/S（含油烟净化器），补风24m^3/S
供电系统	650kW（不含动力电）；应急电源30kW
给水系统	供水管径不少于DN100(2×65)，流量5.5L/S
排水系统	提供隔油池总容积5m^3，排水点按各厨房分布预留排水管
天然气	提供高峰容量150CMH，天然气接驳点（含自动控制阀）
消防系统	按照国家有关消防规范执行
弱电系统	提供消防紧急广播切换信号
电话系统	提供10条直线电话，并提供接驳配线架
其他	业主负责提供所有系统，并接驳至租赁区域边缘或指定位置。

(2) 某中式餐厅交房条件见表6-7。

某中式餐厅交房条件　　　　表6-7

项目	要求标准
面积	1000～3000m^2
土建结构	无特殊要求

续表

项目	要求标准			
空调系统	$\geqslant 250 \sim 350W/m^2$ 制冷要求的热泵空调系统；满足 $3m^2$/人、$30m^3$/人的新风系统			
	风机盘管加新风中央空调系统			
	完整的中央空调系统及始端、终端设备配置；满足 $5 \sim 8$ 次/h 排风量要求的排风系统			
厨房通风	$S \leqslant 1000m^2$，风量 $=50000 \sim 40000m^3/h$；$S \geqslant 1000m^2$，风量 $=70000m^3/h$ 左右，提供上述要求的排油烟设备及系统，风压根据管道距离长短一般在 $700Pa \sim 1200Pa$ 左右，排烟竖井截面面积 $\geqslant 1.5m^2$			
	补新风设备及风量：提供经冷却的补新风能力及系统，补风量为排油烟风量 75%，静电油烟净化器与排油烟风量匹配			
供电系统	面积 用电量	$\leqslant 1000m^2$	$1000 \sim 2000m^2$	$3000 \sim 5000m^2$
	餐厅及厨房设备插座照明用电量	150kW/3P	300kW/3P	$400 \sim 700$kW/3P
	厨房排油烟用电量	20kW/3P	$20 \sim 25$kW/3P	35kW/3P
	餐厅排风用电	6kW/3P	10kW/3P	按实际计算
	如商场大厦无空调设施	空调总用电量120kW	空调电量 $120 \sim 200$kW	按实际计算
给水系统	按面积供水管径，$S \leqslant 1000m^2$，给水管径 $DN80$，配备水表及阀门 $S > 1000m^2$，给水管径 $DN100$；配备水表及阀门			
排水系统	提供预留隔油池及 $DN200 \sim DN250$ 排水管，接驳位置预留于租区内；卫生间排污管立管 $DN150$，支管 $DN100$			
天然气	$S \leqslant 1000m^2$，$DN100m^3/h$；$S \geqslant 1000 \sim 3000m^2$，$DN150 \sim 180m^3/h$			
消防系统	按照国家有关消防规范执行；整楼消防已验收，或具备验收条件，并提供消防水电系统及租区消防终端设施到位。如烟感、喷淋、温感、应急广播、消火栓、煤气报警联动等			
弱电系统	提供消防紧急广播切换信号			
电话系统	提供 10 条直线电话，并提供接驳配线架			

(3) 某西式快餐—交房条件见表 6-8。

某西式快餐一交房条件　　　　　　　　　　　　　　　　　　　　表 6-8

项目	要求标准
供电	提供电容量 280kVA，三相五线 380V/220V、50HZ、每年 800000kWh 平价电量指标。需要峰谷平计量电表，电表安装在变配电室，租户承担损耗。在租户内预留 5m 电缆
楼板荷载	用餐区不小于 3.5kN/m²；厨房区不小于 4.5kN/m²
供水	提供 1 条独立接驳管径为 DN50 的不间断供水水管，每月用水量为 750m³
排水	DN150 排水管 1 根或 DN100 排水管两根
排污	DN150 排污管 1 根，并就近接入排污化粪池
垃圾房	垃圾房一个 (3.5m²，净高 2m)，有水有电设备
电话	电话 1 部，线路包括市内及长途电话
空调制冷	就近提供 50m² 场地放置室外机组（包括空调机、制冷机组、排烟设备），并保证提供室外机正常运转所需的散热、回风空间
排油烟风井	提供合适空间供乙方单独使用，用以设置排油烟风井（净空 500mm×1200mm）

(4) 某西式快餐二交房条件见表 6-9。

某西式快餐二交房条件　　　　　　　　　　　　　　　　　　　　表 6-9

项目	要求标准
供电	提供三相五线 380V/220V;50Hz、用电量 280kW，需要峰谷平计量电表，电表安装在变配电室，租户承担损耗；在租户内预留 5m 电缆
楼板荷载	用餐区不小于 3.5kN/m²；厨房区不小于 4.5kN/m²
供水	提供 1 条独立接驳管径为 DN50 供水水管
排水	DN150 排水管 1 根并需接隔油池
排污	DN150 排污管 1 根，并就近接入排污化粪池
电话	3 条电话线，1 条宽带，2 个有线电视广播接口
空调制冷	300W/m²；就近提供 50m² 场地放置室外机组（包括空调机、制冷机组、排烟设备），并保证提供室外机正常运转所需的散热、回风空间
排油烟风井	提供排油烟量 12000m³/h

(5) 某日本某拉面店交房条件见表 6-10。

某日本拉面店交房条件　　　　　表 6-10

项目	要求标准
建筑结构	建筑物顶面管道或风管最低点离地面高度大于 3.8m，楼板荷载不小于 3.5kN/m^2，楼梯位置按设计开洞并制作安装
空调系统	提供中央空调设施，按图纸施工（包括风管、出风面板、回风面板等），冷量 350Kcal/(m^2·h)，出风口位置租户设计调整，提供一台 14P 空调室外机位置，空调开启时间为 AM9：30～PM22：00，春秋季空调也应满足租户要求
通风系统	排风提供：外接排风口 1000×700，排风量 12000m^3/h，风口进入承租区域内，并接入业主油烟集中处理系统； 新风提供：从室外直接取新风的新风口，风口进入承租区域内，约 1000mm×500mm，及安装于室外的新风机，约 1000mm×1000mm×1000mm
供电系统	提供 170kW 电量，三相五线制，电缆选用 YJV4×120+1×70，主进开关 300A，一路入户（不含空调），计量表到租户，电缆送入租区内指定位置预留 5m
给水系统	给水 DN50，计量表到租户
排水系统	排水 DN150，铸铁排水管到租户，接入污水集中处理系统
天然气	提供 30m^3/小时天然气，并提前一个月到租户指定位置
消防系统	喷淋主管入户，提供接点，并入总系统，协助报建并按租户设计要求完成消防喷淋、报警、烟感的施工，并符合国家相关规范
车位	8t 车卸货停车位及通道
电话系统	提供 2 门外线电话，具备宽带功能
其他特殊要求	提供集中处理垃圾的运输通道；租户附近 50m 内有公共卫生间

(6) 某日本快餐店交房条件见表 6-11。

某日本快餐店交房条件　　　　　表 6-11

供电系统	（有煤气、甲供空调）电量：125kW；空开：250A；电缆：4×95+1×50
	（有煤气、自设空调）电量：160kW；空开：300A；电缆：4×120+1×70
	（无煤气、甲供空调）电量：155kW；空开：300A；电缆：4×120+1×70
	（无煤气、自设空调）电量：190kW；空开：400A；电缆：4×150+1×95
供水	管径：DN40；压力：0.3（0.25）MPa；供水能力：10t/日

续表

厨房排水管	DN150 接往大厦隔油池
卫生间排水	DN150 接往大厦化粪池
煤气	燃气量：16CMH
空调	冷量 300W/m²
排烟	管道截面 400mm×500mm；风量：6000m³/h
结构	楼板承载力：4.5kN/m²
消防系统	有喷淋、烟感、温感、消火栓，并可以改造
各位置标高	净高：4.25m；梁底标高：−0.550m；最低点：3.0m

（7）某中式豆浆店交房条件见表 6-12。

某中式豆浆店交房条件 表 6-12

项目	要求标准
土建结构	租区范围为独立空间
空调系统	如提供中央空调则按面积核定，供应量充足即可，或提供室外机组安装位置提供≥8000m³/h 标准的独立新风管径或位置，并提供必要的机组安装位置
厨房通风	提供≥15000m³/h 标准的独立排风管径或位置，并提供必要的机组安装位置
供电系统	供电容量不少于 150kW/380V，并由业主方提供独立计量表具
给水系统	提供≥DN25 管径的给水管道，供应量充足
排水系统	提供 DN150 管径的排水管道，并预留不小于 1m³ 的隔油池安装位置
天然气	按需求核定，供应量应充足
消防系统	按照国家有关消防规范执行
弱电系统	暂无
电话系统	提供 2 对或以上的电话线路预留至租赁场地
其他特殊要求	提供店内卫生间位置，并预留排污管线及化粪池位置

6.5 面包、冷饮、咖啡类

（1）某面包店交房条件见表 6-13。

某面包店交房条件　　　　　　　　　　　　　　　　　　表6-13

项目	要求标准
土建结构	无
空调系统	冷量需求：70kW（20ton），冷冻水供回水总管至少DN65 采暖量需求：30kW
供电系统	三相200A用电量，4×95+1×50连三相隔离开关及电表，留20m电缆在店铺内
给水系统	一根DN32给水管、阀门、水表，在店铺内留一个阀门
排水系统	至少3个DN75地漏（打粉间1个，厨房工作区2个）及多个DN50排水接驳口，位置与厨具配合。由业主负责在位置指定开洞，接驳在下层高位。厨房内的地坪高度与外场的地坪高度一致
弱电系统	电话线2条，数据线1条。大楼应提供紧急广播信号及消防强切干触点供项目使用
消防系统	要求符合消防规范

（2）某咖啡品牌店交房条件见表6-14。

某咖啡品牌店交房条件　　　　　　　　　　　　　　　　表6-14

项目	要求标准
面积	100～150m²
供电系统	电源380V，电量100kW，敷设专用电缆至承租人租赁区域内指定位置处承租人的配电柜上口，并为承租人单独设置计量电表
供水	管径不小于DN32，不间断供水的自来水管接到承租人租赁区域指定位置，并保证该自来水符合国家相关饮用水卫生标准，水压不小于0.3MPa且不大于0.5MPa，并为承租人安装独立水表
排污	出租人同意承租人在租赁场地内设洗手间，并在租赁区域内指定位置为承租人提供一处洗手间排污接口，接口管径不小于DN100
排水	出租人为承租人在租赁区域指定位置提供三个排水接口，接口管径不小于DN100
消防	出租人按照承租人租赁区域的天花和墙面设计布置及消防部门要求，对租赁区域内原有消防设施进行改造，改造后的自动报警系统和喷淋系统由出租人接驳至大楼消防系统（并入大楼消防控制中心运行）
弱电	提供承租人外线直拨电话线路4对
空调	出租人在室外屋面（或室外墙面、地面位置）提供给承租人不低于6m²的位置供承租人安装空调和设备室外主机
通风	出租人同意承租人在租赁区域之外墙设置排风口（400mm×800mm×1个）和空调的新风口（400mm×800mm×1个）

续表

项目	要求标准
招牌和室外形象	出租人提供双方确认的招牌位置供承租人安装招牌,且租赁区域外墙面不得有其他广告、饰物及任何宣传物品。 出租人同意承租人将租赁区域的外立面及室外台阶、地坪装修按照承租人的标准和设计图纸进行装修布置

(3) 某冰淇淋店交房条件见表 6-15

某冰淇淋店交房条件　　　　表 6-15

项目	要求标准
供电系统	电量 35kW
供水	管径:$DN25$；压力:0.3(0.25) MPa；供水能力:2t/日
排水	管径:$DN100$
空调	冷量 300W/m²
结构	楼板承载力:3.50(4.00) kN/m²
各位置标高	净高:4m；梁底标高:+4.05m

6.6　普通店铺

(1) 某洗车店交房条件见表 6-16。

某洗车店交房条件　　　　表 6-16

项目	要求标准
面积	8~10 个停车位(80~150m²)
供电系统	电源 380V，电量 28kW
供水	管径:$DN25$；压力:0.3(0.25)MPa
排水	排水地漏 $DN150$ 一个，需增加沉沙池
空调	无
结构	无

(2) 某眼镜店交房条件见表 6-17。

某眼镜店交房条件　　　　　　　　　　表 6-17

项目	要求标准
面积	80～100m²
供电系统	电源 220V，电量 10kW
供水	管径：$DN25$
排水	管径：$DN50$
空调	按面积核定，供应量充足即可

(3) 某干洗店交房条件见表 6-18。

某干洗店交房条件　　　　　　　　　　表 6-18

项目	要求标准
面积	80～100m²
供电系统	电源 380V，电量 20kW
供水	管径：$DN50$
排水	管径：$DN100$
空调	按面积核定，供应量充足即可

(4) 某美发店交房条件见表 6-19。

某美发店交房条件　　　　　　　　　　表 6-19

项目	要求标准
面积	100～150m²
供电系统	电源：380V，电量 10～35kW
供水	管径：$DN50$

续表

项目	要求标准
排水	管径：$DN100$
空调	按面积核定，供应量充足即可

6.7 品牌店铺

（1）某港资化妆品牌店交房条件见表 6-20。

某港资化妆品牌店交房条件　　表 6-20

项目	要求标准
面积需求	$400m^2$
土建结构	按照基本标准
空调系统	按面积核定，供应量充足即可
供电系统	供电量不少于 55kW，并由业主方提供独立计量表具
给水系统	给水管径 $DN50$
排水系统	污水排水管径 $DN100$
天然气	暂无
消防系统	按照国家有关消防规范执行
弱电系统	暂无
电话系统	提供 2 对或以上的电话线路预留至租赁场地

（2）某服装快销品牌交房条件见表 6-21。

某服装快销品牌交房条件　　　　表6-21

项目	要求标准				
面积	1000~2000m²				
建筑结构	租户内地面低于公共区域完成面50~80mm				
电梯、楼梯	该店铺一般是一拖二的形式,需要预留扶梯、楼梯的基坑和安装洞口				
供电系统	面积(m²)	照明 插座电气容量(W/m²)	照明 插座电气总容量	空调电气总容量(kW)	电气总容量(kW)
	1000	90	90	25	115
	1200	90	108	25	133
	1400	90	126	25	151
	1600	90	162	50	194
	1800	90	162	50	212
	2000	90	180	50	230
	注:1. 租赁面积在两档之间的按上限选取技术参数; 　　2. 此表包括照明、插座和过渡季节空调用电,不包括增加内部电梯时所需电量				
给排水	提供一根DN20给水管到员工休息室。 提供一根DN75排水管安装在指定位置,排水口防水施工完毕				
空调	1. 甲方需提供满足正常营运所需要的中央空调系统和设备:包括新风、制冷、制热,并满足卖场的温度要求(夏季24~26℃,冬季20~22℃),并且制冷量达到250W/m²(不含新风的冷负荷);甲方提供空调系统其噪声必须符合国家规范要求;甲方提供空调系统的用电由甲方负责。 2. 如甲方不能按照乙方要求提供制冷量,乙方自行安装某分体空调,所产生的工程费用及新装分体空调运行所产生的用电费用都由甲方承担。过渡季节如乙方需单独安装分体空调,则乙方自行安装,相关费用双方在商务条件中明确。甲方确保提供给乙方空调外机位置,并确保空调内、外机距离不超过120m,高度在50m以内;空调冷凝水管必须安装在乙方租赁区域内				
电话网络	甲方需提供电话线(15门)至乙方指定的区域,并预留5m的长度				
消防	甲方在乙方进场前,确保乙方租赁区符合消防法规验收要求(烟感、喷淋、消火栓、消防排烟等设施完好),并提供该工程项目的《建筑工程消防验收意见书》;如甲方租赁给乙方的区域内有防火、防烟分区变更等相关情况,则由甲方负责在乙方进场前施工完成(包括因楼板开洞而相应变更的消防工程,如增加消防卷帘、模块等)				

6.8 冰场与滑雪场

(1) 某滑雪场交房条件见表 6-22。

某滑雪场交房条件　　　　表 6-22

项目	区域	面积	高度及其他要求
面积要求	区域	面积	高度及其他要求
面积要求	雪覆盖区域	雪覆盖面积区域 5000m²	
面积要求	制冷机房	面积不小于 300m²（位置靠近雪场雪道下层面，需要另设立独立操作间）	机房高度不低于 5m。设备机房做减震及防噪声处理，做环氧树脂地面
面积要求	压雪车房	应满足（长 10m× 宽 6m）	净高 4m，门高 4m
面积要求	压雪车房	压雪车房临近雪场。楼面应满足压雪车重量，并做防水处理。压雪车房需有给排水	
面积要求	融雪槽	压雪车房内做一个融雪槽（长 1.2m× 宽 5m× 深 0.4m）	
荷载要求	区域	荷载要求	
荷载要求	雪场	雪场内楼板静荷载为 10.0kN/m² 雪场过道活荷载为 8.0kN/m²	
荷载要求	制冷机房	静荷载 10kN/m²（不含楼板重量），活荷载 8.0kN/m²（含制冷机重量）	
荷载要求	压雪车房	静荷载 10kN/m² 压雪车房及过道区域活荷载 6.0kN/m²	
荷载要求	服务配套区	配套服务区域活荷载 5.5kN/m²，未列入区域按照国家标准要求执行	
雪场区域	项目	要求	
雪场区域	雪场预降板	雪场区域降板 400mm，用于雪场地面防结露和冷源补偿制作，完成后平整度误差不超过 ±2cm。雪场原基础面全部做防水处理	
雪场区域	雪场外侧管沟	靠近雪场一侧做长 N× 宽 1500mm× 深 500mm 的主管沟，管沟内需做防水处理，上盖便于检修的可随时拆除的盖板，在压雪车进出口的位置要能承受压雪车重量，其他位置能承受人的行走及活动的荷载	
雪场区域	雪场立面基础	混凝土制作，表面喷涂不小于 100mm 厚聚氨酯保温层，密度 40～50kg（部分层面可装中空玻璃）	
雪场区域	雪场挑空区域	雪场区域挑空落差 15～20m 以上，顶层桁架结构，顶面应做厚度 120mm 以上的彩钢聚氨酯保温层	

续表

项目	要求标准
配套服务区域	配套服务区域除练功房铺设高强度复合木地板外，其他位置满铺 20mm 地胶，与公共区域连接处安装不锈钢扣槽或其他相近似材料
混凝土结构层浇筑	雪场区域的混凝土采用防冻抗渗混凝土；混凝土表层的标高高差不应超过±5mm；混凝土层应一次浇筑完成。所有雪场区域楼板混凝土均需具有一级防水功能
屋顶	屋顶设计时应避免阳光能够直接照射雪面。 屋顶室内设置照明灯光，灯光照度值 350lx
供电系统	在商场变配电室的低压柜侧为雪场设立独立的配电柜，并安装计量电表 应提供双电源至雪场设备机房配电间内，提供总电量 1000kW、380V
接地要求	大厦提供一个接地端子到雪场范围内供雪场弱电系统连接（电阻小于 1Ω）
弱电系统	敷设电话 6 条、网络数据线 3 条及电视接线点 1 个于雪场区域内指定位置
给排水	<table><tr><td>项目</td><td>给排水点</td></tr><tr><td>雪场区</td><td>在指定位置设置 10 个排水点，管径不小于 DN100</td></tr><tr><td>雪场区管沟</td><td>管沟内设 DN100 的排水地漏 4 个，两端各设一个管径 DN00 的排水管</td></tr><tr><td>压雪车房</td><td>压雪车房内设 DN25 冷水接口 1 个，表压 0.3MPa 并提供防回流装置给水水阀；压雪车房门口设排水沟长度与房门同宽，宽 300mm，深 200mm，上盖水箅子，设排水管防止房间内的水外流</td></tr><tr><td>融雪槽</td><td>给水 DN40 接口 1 个；设排水管接口一个，管径 DN100</td></tr><tr><td>制冷设备机房</td><td>设一个 DN40 的给水点，表压 0.3MPa，并提供防回流装置给水水阀，用于系统补水。 机房内设排水沟，宽 300mm，深 200mm，上盖水箅子，管径 DN100，地面找坡</td></tr><tr><td>冷却塔</td><td>设给水 DN40 接口 1 个，表压 0.3MPa 并提供带有防回流装置的给水水阀，设置排水管 DN100 接口 1 个</td></tr><tr><td colspan="2">雪场排水需接至大厦总排水管</td></tr></table>
空调	雪场附属区域的空气温度及湿度要求：22±2℃，相对湿度低于 60%。 后勤用房的空调需独立控制，安装 FCU。 尽量在商场全部营业时间内全程有效供应。 压雪车房设置排风口，制冷机房需设置空调风口
冷却塔	在屋顶或者地面通风良好处提供冷却塔的设备基础，尺寸由租户提资
消防	提供满足当地"土建一次消防"要求的必要消防设备，并负责完成该商铺的"土建一次消防"验收工作。"土建一次消防"设计必须结合雪场区域的布局设计图设计。 提供消防广播的强切信号至租户 DJ 室，且能够满足消防状态强切租户的背景音乐。 提供并安装预留合理的消防模块，以满足雪场系统扩容需求

(2) 某室内真冰场交房条件见表 6-23。

第6章 部分租户租赁条件和交房要求参考

某室内真冰场交房条件　　　　　表 6-23

项目		要求标准	
	房间	面积要求	高度及其他要求
机房面积要求	制冷机房	冰面面积≥1000m² 时，机房面积不小于100m²	制冷机房内需设立独立操作间，机房高度不低于4m
		冰面面积＜1000m² 时，机房面积不小于80m²	
	独立操作间	面积约16m²，且至少墙体两面透明	独立操作间要做隔音防噪处理
	整冰车房	冰车房面积大于35m²（冰车房长7m、宽5m）	冰车房净空3.8m，门高2.8m以上，门宽3.2m以上
		冰车房与冰面直接接入，冰车房做全封闭处理，在与冰面接入位置设置卷帘门。冰车房楼面应满足铲冰车的重量要求，并做防水处理，地面做法与车库相同。冰车房地面标高与冰面相同，墙面需耐水冲洗	
	整冰车房融冰池	整冰车房内应设置融冰池（大小约：长4m×宽1.1m×深0.8m），位置与铲冰车房门相对，融冰池需有给水排水	
降板要求	冰面	为保持未来之冰面与周边结构平齐，冰面区域的结构需要做预降板处理，一般为400～450mm（具体根据不同的做法有所区别）	
	外侧管沟	冰面外侧设置有管沟（冰场的长边外侧），管沟降板为600mm，管沟宽1.5m（或降板660mm，管沟宽1.2m）。管沟上盖盖板，在铲冰车进出口的部分要能承受铲冰车的重量，其余部分能承受人的行走及活动的荷载	
室内条件要求		冰面上空4m以内，应保证如下条件： 温度：最佳温度＜24℃，不能超过26℃； 湿度：最佳湿度＜50%，不能超过55%； 为避免溜冰场起雾，中央空调系统应设计、安装除湿系统。 风速：根据空调的防雾及防结露要求＜0.2m/s； 辐射：冰面照明采用冷光源，无太阳直射，建议使用低透射屋顶	
荷载要求	区域	荷载要求	
	冰面区域	楼板静荷载为7.5kN/m²（不含楼板重量）；冰车动载荷为6.0kN/m²；人员载荷0.35kN/m²	
	制冷机房	静荷载10kN/m²（不含楼板重量），活荷载8.0kN/m²（含制冷机重量）	
	整冰车房	临近冰面静荷载8.0kN/m²； 冰车房及冰车房连接冰面过道区域的活荷载6.0kN/m²	
	配套服务区域	活荷载3.5kN/m²	

续表

项目	要求标准			
层高要求	冰面区域建议挑空 8.5m 以上，却因困难时，最低不能低于 6m。 机房净高度不低于 4m			
混凝土结构层浇筑	冰场区域的混凝土采用防冻抗渗混凝土；混凝土表层的标高高差不应超过 ±5mm；混凝土层应一次浇筑完成			
屋顶要求	顶部预制桁架用于架设照明及舞台灯光音响，并应考虑维修方便。 顶部结构达到 120kg/m² 的承重要求，便于后期悬挂和安装灯具及装饰物			
入口通道	单体建筑入口的门口通道宽度应保证不少于 6m，且上端装有同等宽度的风幕			
给排水	位置	给水接口	流量 (m³/h)	排水接口
	冰面	—	—	$DN100×4$（指定位置设置）
	冰场主管沟	—	—	管沟内设地漏 $DN100×4$ 管沟两端各设一个 $DN100$ 排水管接口
	制冷机房	$DN50×1$ 个	10	$DN150×2$
	整冰车房	$DN50×1$ 个	5	$DN100×2$
	冷却塔	$DN40×1$ 个	4	$DN100×1$
	冰面围挡出口处			冰面外侧过道每 20m 设置 $DN75$ 排水点 1 个
配电	类别	容量	电压	位置
	动力电源	600kW	380V	双路供电，电缆敷设至设备间配电柜
	应急电源	300kW	380V	电缆敷设至设备间配电柜 在商场变配电室的低压柜侧为冰场设立独立的配电柜，并安装计量电表
空调要求	冰面上方的空气温度及湿度要求：25±2℃，相对湿度低于 55%，除湿系统安装在冰面上空四周。 提供并安装独立给滑冰场区域使用的空气调节系统主机、除湿主机、空调冷热水源以及相关辅助设备（水泵、水塔、换热器）。 根据滑冰场需求在墙体、楼板及屋面预留风井、水井及相关孔洞。 提供并设置空调水管到滑冰场租区域内的指定位置，并安装空调末端（通风、水系统）			
冷却塔	在屋顶或者地面通风良好处提供冷却塔的设备基础，尺寸由租户提资			
接地要求	大厦提供一个弱电接地端子到滑冰场租赁范围内的 DJ 室供滑冰场方连接（电阻小于 1Ω）			
弱电要求	制冷机房的独立操作间内设置专用网络数据线一条和专用电话线一条，敷设电话、数据及电视接线点于滑冰场区域内指定位置（DJ 室）。 电话线 4 条，电视信号线 1 条，网络数据线 4 条			

续表

项目	要求标准
冰面灯光要求	竞技用冰场照度不低于1000lx，训练用冰场照度不低于500lx；建议采用金卤灯
消防	提供满足当地"土建一次消防"要求的必要消防设备，并负责完成该商铺的"土建一次消防"验收工作。 "土建一次消防"设计必须结合滑冰场区域的布局设计图。 提供消防广播的强切信号至租户DJ室，且能够满足消防状态强切租户的背景音乐。 提供并安装预留合理的消防模块，以满足冰场系统扩容需求

注：因篇幅有限，本处仅列出部分类别的租户条件；且因地域情况、市场调整及具体项目实际调整，租户条件可能会与实际租赁有所出入。

参考资料

Reference material

本参考资料是对前述正文的补充，可以在项目方案设计时参考应用。

附图一：空调风系统示意图

附图二：空调水系统示意图

附图三：防排烟系统示意图

附表：某项目 BMS 系统监控功能点位表

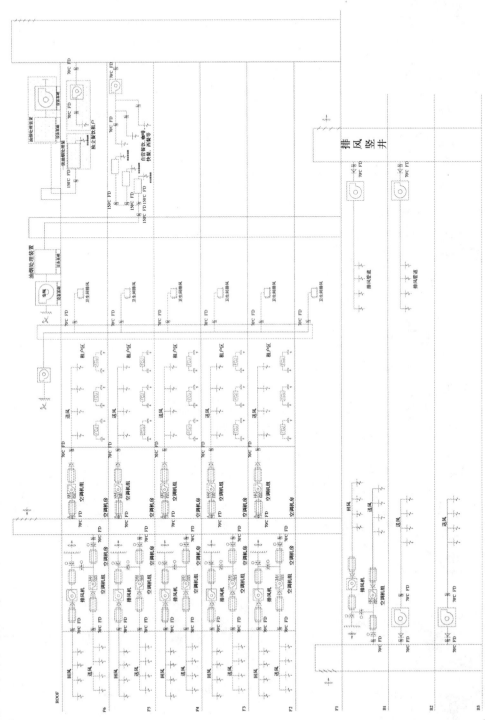

附图一：空调风系统示意图

附图二：空调水系统示意图

附图三：防排烟系统示意图

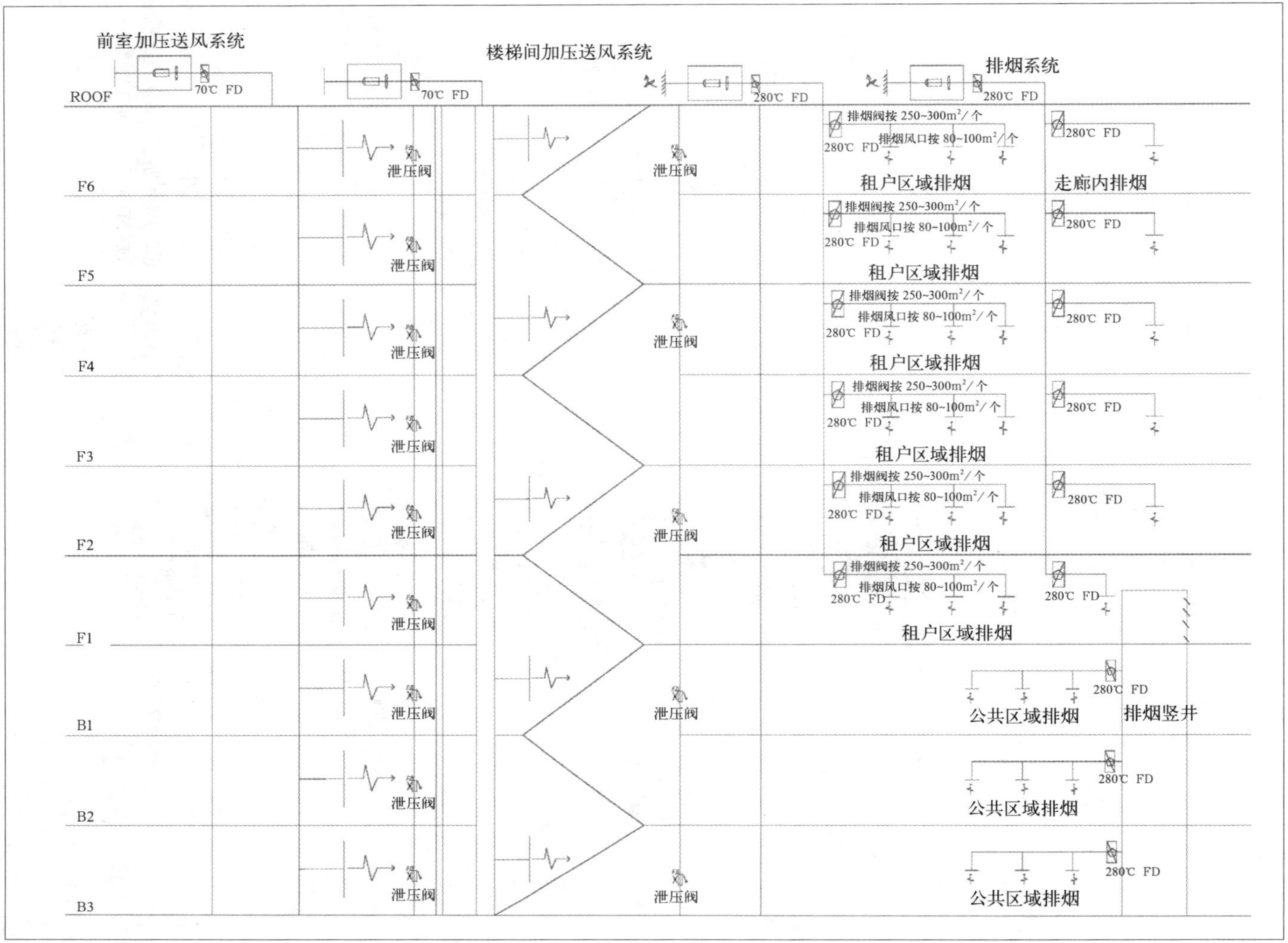

附表

某项目 BMS 系统监控功能点位表

系统	BA系统接入方式	受控设备名称	功能内容	监测 DI	监测 AI	控制 DO	控制 AO	现场设备连接	备注
空调冷冻系统	空调冷冻水系统子站	冷水机组（按单台）	冷水机组运行状态	1		0	0		
			冷水机组故障报警	1					
			冷水机组手/自动状态	1					
			冷水机组启/停控制			1			
			冷冻机冷冻水出水水流开关	1				水流开关	
			冷冻机冷却水出水水流开关	1				水流开关	
			进冷冻机冷冻水电动蝶阀手自动状态.开关控制及阀位	2		1		电动开关电动阀（带手动功能）	提供电阀配电箱及管线
			进冷冻机进冷却水电动蝶阀手自动状态.开关控制及阀位	2		1		电动开关电动阀（带手动功能）	提供电阀配电箱及管线
			冷冻机冷冻/冷却进水温度		2			水管温度传感器	
			冷冻机冷冻/冷却出水温度		2	0		水管温度传感器	
			主机配备网管接口	0	0	0	0	通信接口	配备网管
			单台设备小计	9	4	3	0		
		冷冻水管网系统	冷冻水总回水温度		1			水管温度传感器	
			冷冻水总供水温度		1			水管温度传感器	
			冷冻水总供水流量		1			水流量变送器	
			冷冻水系统压差		4			水管压差传感器	有3个在末端
			冷冻水温控旁通调节阀控制（冬季兼做热水循环）	0	0	0	1	电动调节阀	
			单台设备小计	0	7	0	1		
		冷却塔（按单台）	超高液位报警	1				液位开关	
			超低液位报警	1				液位开关	
			冷却塔进水电动阀手自动状态开关控制及阀位	4		2		电动开关电动阀（带手动功能）	提供电阀配电箱及管线

续表

系统	BA系统接入方式	受控设备名称	功能内容	监测 DI	监测 AI	控制 DO	控制 AO	现场设备连接	备注
空调系统	空调冷冻水系统子站	冷却塔（按单台）	冷却塔出水电动阀手自动状态开关控制及阀位	2		1		电动开关电动阀（带手动功能）	提供电阀配电箱及管线
			冷却塔风机运行状态	3				配电箱接触器辅助触点	
			冷却塔风机故障报警	3				配电箱热保护辅助触点	
			冷却塔风机手/自动状态	3				配电箱手自动转换开关辅助触点	
			冷却塔风机启/停控制	0	0	3	0	配电箱接触器控制线圈	
			单台设备小计	17	0	6	0		
		冷却水管网系统	冷却水总回水温度传感器		1			水管温度传感器	
			冷却水旁通阀调节控制	0	0	0	1	电动调节阀	
			单台设备小计	0	1	0	1		
		冷却水泵（按单台）	冷却水泵运行状态	1				配电箱接触器辅助触点	
			冷却水泵故障报警	1				配电箱热保护辅助触点	
			冷却水泵手/自动状态	1				配电箱手自动转换开关辅助触点	
			冷却水泵启/停控制	0	0	1	0	配电箱接触器控制线圈	
			单台设备小计	3	0	1	0		
		冷冻水泵（按单台，变频控制）	冷冻水泵运行状态	1				配电箱接触器辅助触点	
			冷冻水泵故障报警	1				配电箱接触器辅助触点	
			冷冻水泵手/自动状态	1				配电箱接触器辅助触点	
			冷冻水泵启/停控制			1		配电箱接触器辅助触点	
			变频器频率控制				1	配电箱留有变频控制接点	
			变频器频率显示	0	1	0	0	配电箱留有变频显示接点	
			单台设备小计	3	1	1	1		

续表

系统	BA系统接入方式	受控设备名称	功能内容	监测 DI	监测 AI	控制 DO	控制 AO	现场设备连接	备注
空调系统	空调冷冻水系统子站	软水软化水箱	高、低液位报警	2	0	0	0	液位开关	
			单台设备小计	2	0	0	0		
		补水泵	补水泵运行状态	1	0	0	0	配电箱接触器辅助触点	
			补水泵故障报警	1	0	0	0	配电箱接触器辅助触点	
			单台设备小计	2	0	0	0		
		膨胀水箱	高、低液位报警	2	0	0	0	液位开关	
			单台设备小计	2	0	0	0		
	换热站	热交换器	一次供水侧热源电动蝶阀调节控制				1	电动调节阀	
			二次侧热水供水温度		1			水管温度传感器	
			二次侧热水回水温度		1			水管温度传感器	
			二次侧进热交换器电动蝶阀手自动状态.开关控制及阀位	2	0	1	0	电动开关电动阀（带手动功能）	提供电阀配电箱及管线安装
			水流开关	1					
			单台设备小计	3	2	1	1		
		热水管网	一次供水热源总供回水压力		2			水管压力传感器	1.6MPa
			一次供水热源总供／回水温度		2			水管温度传感器	耐温120℃
			二次侧总供／回水温度		2			水管温度传感器	
			二次侧总供水流量	0	1	0	0	水流量变送器	
			单台设备小计	0	7	0	0		
		空调热水循环泵（变频）	循环泵手自动状态	1				配电箱接触器辅助触点	
			循环泵故障报警	1				配电箱接触器辅助触点	
			循环泵运行状态	1				配电箱接触器辅助触点	
			循环泵启／停控制	1				配电箱接触器辅助触点	
			变频器频率控制				1	配电箱留有变频控制接点	
			变频器频率显示	0	1	0	0	配电箱留有变频显示接点	
			单台设备小计	4	1	0	1		

续表

系统	BA系统接入方式	受控设备名称	功能内容	监测 DI	监测 AI	控制 DO	控制 AO	现场设备连接	备注
空调系统	DDC控制箱	空调机组（不含回风机）	送风风机运行状态	1				配电箱辅助触点	
			送风风机故障报警	1				配电箱热保护辅助触点	
			送风风机手/自动状态	1				配电箱手自动转换开关辅助触点	
			送风风机启/停控制			1		配电箱接触器控制线圈	
			防冻报警	1				防冻开关	楼宇提要求接至配电柜
			过滤网状态	1				空气压差开关	
			送风温度		1			风道温度传感器	
			回风温度		1			风道温度传感器	
			新风温度		0			风道温度传感器	
			冷水阀/热水阀调节及位置反馈		0		1	电动调节阀	
			新风阀调节		0		1	电动调节风阀（空调承包商提供）	楼宇提要求
			回风阀调节		1		1	电动调节风阀（空调承包商提供）	楼宇提要求
			回风CO_2监测	0	1	0	0	CO_2传感器	
			单台设备小计	5	4	1	3		
		空调机组（带回风风机）	送风风机运行状态	1				配电箱辅助触点	
			送风风机故障报警	1				配电箱热保护辅助触点	
			送风风机手/自动状态	1				配电箱手自动转换开关辅助触点	
			送风风机启/停控制			1		配电箱接触器控制线圈	
			防冻报警	1				防冻开关	楼宇提要求接至配电柜
			过滤网状态	1				空气压差开关	
			送风温度		1			风道温度传感器	
			回风温度		1			风道温度传感器	
			新风温度		0			风道温度传感器	
			冷水阀/热水阀调节及位置反馈				1	电动调节阀	

续表

系统	BA系统接入方式	受控设备名称	功能内容	监测 DI	监测 AI	控制 DO	控制 AO	现场设备连接	备注
空调系统	DDC控制箱	空调机组（带回风风机）	新风阀调节				1	电动调节风阀（空调承包商提供）	楼宇提要求
			回风阀调节				1	电动调节风阀（空调承包商提供）	楼宇提要求
			排风阀调节				1	电动调节风阀（空调承包商提供）	楼宇提要求
			回风CO_2监测	0	1	0	0	CO_2传感器	
			回风风机运行状态	1				配电箱辅助触点	
			回风风机故障报警	1				配电箱热保护辅助触点	
			回风风机手/自动状态	1				配电箱手自动转换开关辅助触点	
			回风风机启/停控制			1		配电箱接触器控制线圈	
			单台设备小计	8	3	1	5		
		吊顶空调机组（不带新风）	送风风机运行状态	1				配电箱辅助触点	
			送风风机故障报警	1				配电箱热保护辅助触点	
			送风风机手/自动状态	1				配电箱手自动转换开关辅助触点	
			送风风机启/停控制			1		配电箱接触器控制线圈	
			防冻报警	1				防冻开关	楼宇提要求
			过滤网状态	1				空气压差开关	
			送风温度		1			风道温度传感器	
			回风温度		1			风道温度传感器	
			冷水阀/热水阀调节及位置反馈	0	0	0	1	电动调节阀	
			单台设备小计	5	2	1	1		
		新风机组	送风风机运行状态	1				配电箱辅助触点	
			送风风机故障报警	1				配电箱热保护辅助触点	
			送风风机手自动状态	1				配电箱手自动转换开关辅助触点	

续表

系统	BA系统接入方式	受控设备名称	功能内容	监测 DI	监测 AI	控制 DO	控制 AO	现场设备连接	备注
空调系统	DDC控制箱	新风机组	送风风机启停控制			1		配电箱接触器控制线圈	
			防冻报警开关	1				防冻开关	
			过滤网状态	1				空气压差开关	
			送风温度		1			风道温度传感器	
			新风温度		1				
			冷水阀／热水阀调节及位置反馈	0	0	0	1	电动调节阀	
			单台设备小计	5	2	1	1		
		厨房补风机组	送风风机运行状态	1		0		配电箱辅助触点	
			送风风机故障报警	1		0		配电箱热保护辅助触点	
			送风风机手自动状态	1		0		配电箱手自动转换开关辅助触点	
			送风风机启停控制			1	0	配电箱接触器控制线圈	
			防冻报警开关	1		0		防冻开关	
			过滤网状态	1		0		空气压差开关	
			送风温度		1	0		风道温度传感器	
			新风温度		1	0			
			冷水阀／热水阀调节及位置反馈	0	0	0	1	电动调节阀	
			单台设备小计	5	2	1	1		
		排风风机	风机运行状态	1				配电箱接触器辅助触点	
			风机故障报警	1				配电箱热保护辅助触点	平时补风，消防补风
			风机手自动状态	1				配电箱手自动转换开关辅助触点	
			风机启停控制	0	0	1	0	配电箱接触器控制线圈	
			单台设备小计	3	0	1	0		
		诱导风机（共分六组）	风机运行状态	1				配电箱接触器辅助触点	
			风机故障报警	1				配电箱热保护辅助触点	
			风机手自动状态	1				配电箱手自动转换开关辅助触点	

续表

系统	BA系统接入方式	受控设备名称	功能内容	监测		控制		现场设备连接	备注
				DI	AI	DO	AO		
空调系统	DDC控制箱	诱导风机（共分六组）	风机启停控制	0	0	1	0	配电箱接触器控制线圈	
			单台设备小计	3	0	1	0		
		补风风机（地下室）	风机运行状态	1				配电箱接触器辅助触点	
			风机故障报警	1				配电箱热保护辅助触点	平时补风，消防补风
			风机手自动状态	1				配电箱手自动转换开关辅助触点	
			风机启停控制			1		配电箱接触器控制线圈	
			单台设备小计	3	0	1	0		
		排烟排气共用风机（地下室）	风机运行状态	1				配电箱接触器辅助触点	
			风机故障报警	1				配电箱热保护辅助触点	
			风机手自动状态	1				配电箱手自动转换开关辅助触点	
			风机启停控制			1		配电箱接触器控制线圈	
			单台设备小计	3	0	1	0		
		排烟排气共用风机（地下室双速）	风机运行状态	1				配电箱接触器辅助触点	
			风机故障报警	1				配电箱热保护辅助触点	
			风机手自动状态	1				配电箱手自动转换开关辅助触点	
			风机启停控制			1		配电箱接触器控制线圈	只控制低速
			单台设备小计	3	0	1	0		
		暖风机	回风区域温度		1			室内温度传感器	
			风机启/停控制			1		配电箱接触器控制线圈	
			风机故障报警	1				配电箱接触器辅助触点	
			风机手/自动状态	1				配电箱手自动转换开关辅助触点	
			风机运行状态	1				空气压差开关	
			单台设备小计	3	0	1	0		

续表

系统	BA系统接入方式	受控设备名称	功能内容	监测 DI	监测 AI	控制 DO	控制 AO	现场设备连接	备注
空调系统	DDC控制箱	排油烟风机（变频，人工手动设定）	风机运行状态	1				配电箱接触器辅助触点	
			风机故障报警	1				配电箱热保护辅助触点	
			手自动状态	1				配电箱手自动转换开关辅助触点	
			风机启停控制	0	0	1	0	配电箱接触器控制线圈	
			单台设备小计	3	0	1	0		
		热风幕（电热）	热风幕运行状态	1				配电箱接触器辅助触点	
			热风幕故障报警	1				配电箱热保护辅助触点	
			热风幕手/自动状态	1				配电箱手自动转换开关辅助触点	
			热风幕启停控制	0	0	1	0	配电箱接触器控制线圈	
			单台设备小计	3	0	1	0		
给排水系统		中水水箱	高低液位报警	2				液位开关	
		污水池	高低液位报警	2				液位开关	
		调节池	高低液位报警	2	0	0	0	液位开关	
			单台设备小计	6	0	0	0		
		中水供水水泵	运行状态	1				配电箱辅助触点	
			故障报警	1	0	0	0	配电箱辅助触点	
		中水加压、自吸、反冲洗B泵和风机	预留DI	8	0	0	0		
			单台设备小计	10	0	0	0		
		生活水箱（超市及商业）	高液位报警	1				液位开关	
			低液位报警	1	0	0	0	液位开关	
			单台设备小计	2	0	0	0		
		生活加压机组（超市及商业）	运行状态	1				配电箱辅助触点	
			故障报警	1	0	0	0	配电箱辅助触点	
			单台设备小计	2	0	0	0		

续表

系统	BA系统接入方式	受控设备名称	功能内容	监测 DI	监测 AI	控制 DO	控制 AO	现场设备连接	备注
给排水系统	DDC控制箱	太阳能热水系统水箱	高液位报警	1				太阳能热水系统控制盘输出信号	
			低液位报警	1	0	0	0		
			单台设备小计	2	0	0	0		
		太阳能加压机组	运行状态	1					
			故障报警	1	0	0	0		
			单台设备小计	2	0	0	0		
		太阳能加热器及温度	电加热器工作状态	1					
			电加热器故障报警	1					
			水箱温度	0	1	0	0	由太阳能提供温度传感器	
			单台设备小计	2	1	0	0		
		太阳能供水压力	单台设备小计		1	0	0	由太阳能提供压力传感器	
		潜污泵	运行状态	1				配电箱接触器辅助触点	按着每坑两泵配置
			故障报警	1	0	0	0	配电箱热保护辅助触点	
			单台设备小计	2	0	0	0		
		集水坑	超高液位	1	0	0	0	液位开关	
			单台设备小计	1	0	0	0		
		人防坑	超高液位	1	0	0	0	液位开关	
			单台设备小计	1	0	0	0		
变配电	DDC控制箱	变配电系统	直流屏电池低压报警	1	0	0	0	直流屏留有辅助接点	
			单台设备小计	1	0	0	0		
		变配电系统	低压主进开关状态	1	0	0	0	配电箱留有辅助接点	
			单台设备小计	1	0	0	0		
		变配电系统	低压母联开关状态	1	0	0	0	配电箱留有辅助接点	
			单台设备小计	1	0	0	0		

续表

系统	BA系统接入方式	受控设备名称	功能内容	监测		控制		现场设备连接	备注
				DI	AI	DO	AO		
变配电	DDC控制箱	能量检测	设备回路电能电压电流及功率因数						预留智能电表(有楼控通信接口)或者采用低压配电监控管理系统(预留楼控的通信接口)
			单台设备小计	0	0	0	0		
		变配电系统	变压器温升超限报警	1	0	0	0	配电箱留有辅助接点	
			单台设备小计	1	0	0	0		
		柴发	柴发启停状态	1				配电箱辅助触点	
			柴发故障报警	1				配电箱辅助触点	
			油罐高/低液位	2				液位开关	
			单台设备小计	4	0	0	0		
照明系统	DDC控制箱	公共区域照明和应急照明	开关状态	1				配电箱接触器辅助触点	
			手自动状态	1				配电箱手自动转换开关辅助触点	每个配电间预留4个照明点位
			远程控制(开关控制)	0	0	1	0	配电箱接触器控制线圈	软件平台可以对指定区域灯光进行远程控制,同时,可任意设定自动控制时间
			单台设备小计	2	0	1	0		
		室内广告灯箱照明	开关状态	1				配电箱接触器辅助触点	每个配电间预留1个室内照明点位
			手自动状态	1				配电箱手自动转换开关辅助触点	先按20套估算
			远程控制(开关控制)	0	0	1	0	配电箱接触器控制线圈	软件平台可以对指定区域灯光进行远程控制,同时,可任意设定自动控制时间
			单台设备小计	2	0	1	0		

续表

系统	BA系统接入方式	受控设备名称	功能内容	监测		控制		现场设备连接	备注
				DI	AI	DO	AO		
照明系统	DDC控制箱	室外泛光、景观	开关状态	1				配电箱接触器辅助触点	
			手自动状态	1				配电箱手自动转换开关辅助触点	先按10套估算
			远程控制（开关控制）			1		配电箱接触器控制线圈	软件平台可以对指定区域灯光进行远程控制，同时，可任意设定自动控制时间
			单台设备小计	2	0	1	0		
电子屏幕系统	DDC控制箱	LED	运行状态	1				配电箱接触器辅助触点	
			LED屏的温湿度						
			单台设备小计	1	0	0	0		
电梯/扶梯系统	网关	电梯	1.电梯的状态信息，如额定运行速度、当前运行速度、当前所在楼层、轿厢当前负载、电梯当前运行方向、自动、检修、故障等系统状态					每台电梯都可配置一个通信监视接口，用于和楼宇监控系统BMS连接。此接口基于RS485总线的，并符合MODBUS标准通信协议	每个电梯网管由电梯厂家提供，并编制网管号码，每个电梯机房的网线串联由本承包商提供
			2.电梯轿厢内指令的登记情况						
			3.电梯厅外指令的登记情况						
			单台设备小计	0	0	0	0		
其他		室外温湿度			2			室外温湿度传感器	
		室内温湿度传感器			8				
		室内压力传感器			6				

续表

系统	BA系统接入方式	受控设备名称	功能内容	监测		控制		现场设备连接	备注
				DI	AI	DO	AO		
其他		光照度传感器			6			区域光照度	主要设置在商场主入口、车库主入口、天窗周围、玻璃幕周围，根据太阳光照强度，自动调整照明回路以达到节能目的
		地下室CO监测			12			CO传感器	每个防烟分区安装一个

后记

写这本书稿既是偶然也是必然，之所以必然，这得益于我有着对每一个完成项目进行总结和经验分享的良好习惯，偶然是因为在最近的一个项目中出现了诸多问题，在我将之前的技术标准与该项目进行对比分析时，我的一位家人建议我将这些经验分类整理成书并与大家分享。所以在之后的几个月当中，我整理思路，将之前的经验和现在的项目进行对比汇总，得以编制出了书稿。

经过近半年的等待，本书终于可以面世了，等待的过程好似等待婴儿的降生，有期待、有忐忑、有惊喜、有欢愉。

常怀敬畏之心、聊表感恩之情，感谢从业近二十年来各位领导的培养和关爱，感谢凯德商用、TESCO、瑞士国际等公司给予我锻炼和成长的机会。

在我成长过程中需要重点感谢杨明磊、张耀光、李水良、张华等领导及前辈。杨明磊的包容、信任和培养，使得我有了施展抱负的机会和空间；张耀光带领我跨入商业地产之门，才有了今天我与大家分享商业项目经验的机会，当年您招聘我进入凯德商用的情景还历历在目；感谢李水良和张华带领我进入工程领域与房地产行业。

感谢曾经一起工作的同事，怀念和他（她）们一起做项目的时光，有了与李明纲为追求更加完美的功能各抒己见而发生的激烈争论、与姚益一起对工程细节的精细研究，才使得我对商业项目实施过程中各项技术和节点有了如此之深的感受。

感谢后期编制过程中 Andrew、于鹏博、薛东、王芸菲、李明纲、王哲、孔令志的良好建议。

感谢在策划选题过程中牛之遥的辛苦熬夜。

或有遗漏，请您联系，本人在此表示歉意。

邓国凡
2015.07.23